上承战略 下接运营

集成绩效管理

徐均颂　赵成◎著

电子工业出版社
Publishing House of Electronics Industry
北京·BEIJING

图书在版编目（CIP）数据

上承战略　下接运营：集成绩效管理 / 徐均颂，赵成著. -- 北京：电子工业出版社，2025. 10. -- ISBN 978-7-121-51265-0

Ⅰ. F272.5

中国国家版本馆 CIP 数据核字第 2025PY4575 号

责任编辑：王陶然　　　　　　特约编辑：田学清
印　　刷：三河市鑫金马印装有限公司
装　　订：三河市鑫金马印装有限公司
出版发行：电子工业出版社
　　　　　北京市海淀区万寿路 173 信箱　　　邮编：100036
开　　本：720×1000　　1/16　　印张：15.25　　字数：273 千字
版　　次：2025 年 10 月第 1 版
印　　次：2025 年 10 月第 1 次印刷
定　　价：88.00 元

凡所购买电子工业出版社图书有缺损问题，请向购买书店调换。若书店售缺，请与本社发行部联系，联系及邮购电话：（010）88254888，88258888。

质量投诉请发邮件至 zlts@phei.com.cn，盗版侵权举报请发邮件至 dbqq@phei.com.cn。

本书咨询联系方式：（010）68161512，meidipub@phei.com.cn。

推荐序

集成绩效管理——实现业绩破局

"你如果无法度量它，就无法管理它。"从戴明博士提出这个命题，到卡普兰在《平衡计分卡》中一再强调，绩效管理成了管理理论和实践一个绕不开的话题。大家认定：好的绩效管理就像企业的"引擎"，为其提供源源不断的动力和活力；反之，则让企业举步维艰。一家企业，如果不做绩效管理，就会被视为"异类"。但是，在绩效管理大行其道的同时，针对绩效管理的批评铺天盖地。很多企业在绩效管理上投入大量的资源后，发现业绩并没有获得提升，感慨绩效管理是"食之无味，弃之可惜"的鸡肋。2007年，索尼公司前常务董事在日本《文艺春秋》上发表《绩效主义毁了索尼》一文，痛批绩效管理如何让索尼一步步丧失创新活力，一步步滑向衰败的深渊。

为什么会这样呢？

作者抽丝剥茧，问题的根源并非在于绩效管理是乱人心志的"地心说"，而是落实环节中的种种脱节。所谓脱节包括几个层面，如战略、组织、岗位职责等，简单地说就是上不能承接企业战略，下不能衔接企业日常运营职责，导致"所考非所担责或能影响的指标"。在诸多问题的影响下，在实际做绩效考核的时候，不时会出现各个部门、各个员工的绩效目标全部达成，但企业业绩不尽如人意的情形。

如何解决这些问题呢？"集成"是钥匙。集成在这里有三层含义：第一，这是立足绩效管理全业务链条的、系统化的管理体系；第二，集成意味着不局限于单一的方法、工具，而是"集百家之长，成一家之言"；第三，方法、工具不是简单地叠加，也非各成体系（"画地为牢"），而是借助流程管理工具实现有机融合，与业务运营结合形成合力，发挥最大的效能。简单地说，就是将各种方法、工具的精华巧妙地串联成一整套解决方案。通过集成的管理方式，可以有效解决当前绩效管理中遇到的各种问题，确保企业"力出一孔"。

另外，作者在书中列举了诸多翔实的案例，并用大量图、表进行呈现，一方面方便读者阅读、理解，另一方面也为读者提供了通用的模板，为其未来的实操提供了实实在在的参考资料。

彼得·德鲁克有言："管理是一种实践，其本质不在于知，而在于行；其验证不在于逻辑，而在于成果；其唯一权威就是成就。"对集成绩效管理来说，亦然。期待各位读者在与本书作者的"对谈"中，不仅能深化对绩效管理的理解，也能在绩效管理的实践中取得丰硕的成果。

廖 斌

李宁有限公司集团原副总裁、CHO

前　言

大学毕业后开启"打工人"模式，从那一刻起我就与绩效管理结缘，一晃已过二十年。我在二十年的职业生涯中，每年都将不少时间花在绩效目标制定、绩效评估、绩效沟通等相关工作上，不管是一开始作为职场新人，还是后来有幸成为部门的管理者，这些都是必不可少的程序。在企业任职期间，我曾在不同文化背景的公司工作，被绩效管理工作反复锤炼。最近几年，作为咨询公司顾问，我也见识过各类绩效管理模式，积累多年经验后，如今对绩效管理有了自己的理解和感悟。

为何编写本书

作为人力资源管理领域的"扛把子"，关于绩效管理的论述可谓汗牛充栋，且至今还在不断推陈出新，其重要性不言而喻。罗伯特·卡普兰、大卫·诺顿在《战略地图：化无形资产为有形成果》中写道："你无法描述的，就无法衡量；你无法衡量的，就无法管理。"彼得·德鲁克等大师也都有过类似的论断。

但作为绩效管理的参与者、推动者，我在过往接触到的大部分企业中发现，无论是一般的中小型企业，还是当今管理领先企业，不得不说的是，在绩效管理方面都普遍存在不少问题，归结起来核心问题有三个：脱节、孤立和错配。

脱节。脱节包括战略、组织、岗位职责等层面，简单地说就是上不能承接公司战略，下不能衔接日常运营职责，导致所考非所担责或能影响的指标。在绩效考核的时候，不时出现各个部门、各个员工的绩效目标都能达成，但公司业绩不尽如人意的情形，也就不足为奇。

孤立。孤立是指在业务关联紧密的领域（需要多个部门、岗位协作完成），关键绩效指标（Key Performance Indicator，KPI）的设置却是孤立的。战略、组织、岗位之间的脱节是纵向的割裂，而 KPI 的孤立则是横向的割裂。在很多企业中，员工很努力却得不到好的结果，根源之一就在这里。

错配。绩效管理的职责不清、指标设置不合理等都会导致人力、资源投入的错配。比较典型的是 KPI 设置不当，在指标的牵引下，大家朝着错误的方向用力过猛，最后陷入"一顿操作猛如虎，一看战绩零杠五"的困境——资源都被消耗在无用功上。正如任正非所言："把煤炭洗白这种考核指标，再努力也是白搭。"

脱节、孤立和错配的原因是多方面的，管理理论、技术（方法、工具）、管理原则等都会影响绩效管理最后落地的效果，并最终体现在公司的经营成果上。

如何通过改变绩效管理方式改善经营成果呢？这是众多企业管理者迫切期望解决的难题，也是我们在明知介绍绩效管理方法、工具的书籍已经琳琅满目的情况下仍决心编写本书的初衷，是目标，更是鞭策。

我们期望通过总结管理领先企业（如华为、IBM 等）在绩效管理领域的实践经验，提炼其做得好的方面，同时也识别不足之处，并最终形成新的、具有普遍指导意义的绩效管理模式，以帮助广大企业提升绩效管理水平。新的绩效管理模式建立在现有的最佳实践之上，同时整合战略解码、流程绩效等管理要素，实现了绩效管理流程的端到端拉通，更重要的是各个要素不再是独立支撑，而是"集成"在一起共同发挥作用。通过绩效管理模式优化，提升了组织能力，改善了经营成果。

管理优化从来不是一件容易的事，我们希望通过把绩效管理的方法、工具汇编成册，为读者提供一份"操作指南"，使其可以在处理实际问题的时候拿来即用，做到游刃有余。

本书主要内容

本书共八章，第一章至第三章由赵成执笔，第四章至第八章由徐均颂执笔。第一章是基础知识导入。从第二章开始本书阐述了绩效管理端到端拉通的流程，涵盖目标制定、执行管理、考评管理、改进管理和结果应用，这是绩效管理的主流程。第七章介绍质量运营管理，它对绩效管理起到补充和支撑作用。第八章讲述组织保障与文化赋能，它是绩效管理体系得以平稳运行的基础。另外，我们将相关的"绩效管理的发展历程、绩效管理工具箱"放到附录中，方便读者查阅。

第一章，从绩效管理到集成绩效管理。回答绩效管理是什么、绩效管理的发展趋势等问题，了解这些基本概念是正确认识绩效管理的开始，也是用好绩效管理的基础。另外，我们在附录 A、附录 B 中展现"绩效管理的发展历程、绩效管理工具箱"内容，作为补充阅读。经过管理学先贤们的不断努力，绩效管理领域已经发展出很多优秀的管理工具，包括目标管理（Management by Objectives，MBO）、目标与关键成果法（Objectives and Key Results，OKR）、平衡计分卡（Balanced Scorecard，BSC）、绩效棱柱模型（Performance Prism）、KPI、经济增加值（Economic Value Added，EVA）等。这些工具各有优劣势，也都在实践中得到了验证，我们需要站在前辈们的肩膀上展望绩效管理的未来，寻找更好的出路。

第二章，集成绩效管理：目标制定。目标制定是集成绩效管理的源头，从战略解码开始，目标被层层分解到个人，并与员工的日常工作建立起联系。简单地说，就是上承战略，下接业务运营，流程作为媒介贯穿其中。

第三章，集成绩效管理：执行管理。目标制定后，管理者不能被动等待考评周期结束时自然有一个好的结果。执行管理是至关重要的，包括绩效辅导、绩效审视和绩效变更。其中最为关键的是绩效辅导，这是提升组织能力的重要抓手。

第四章，集成绩效管理：考评管理。执行是价值创造的过程，考评管理则是价值评估，无论执行效果是好还是不那么理想，都需要在这个阶段"过过秤"。评估是手段不是目的，评估完成后管理者需要与被评估对象沟通，同时，开通申诉渠道，以免员工遭受不公正对待，确保绩效管理体系公平、公正地运行。

第五章，集成绩效管理：改进管理。考评打分，不可避免有高分、有低分，即使员工暂时得到了一个不错的分数，也不代表今后没有改进空间。如何改进？这需要从绩效改进计划入手：首先，通过绩效分析帮助员工制订绩效改进计划；然后，跟进计划执行情况，并实时进行反馈；最后，依据改进计划进行验收，评估最终的结果。

第六章，集成绩效管理：结果应用。绩效评价和改进评价的结果都会被应用起来，包括不合格者调整、薪酬福利和人才发展。

第七章，质量运营管理。绩效管理不可能面面俱到，尤其是面对众多的过程指标，显得有些"力不从心"。但不可忽视的是，过程监控不好结果就很难有保障。参考华为公司质量运营的实践，我们将质量运营管理纳入管理的范畴，以更好地支撑绩效目标的达成。

第八章，组织保障与文化赋能。再好的方法、工具也需要有组织来承载，否则都是空谈。如何搭建合适的组织来支撑集成绩效管理落地？集成绩效管理需要什么样的企业文化来支撑？如何营造这样的文化氛围？我们会在最后一章中给出建设性方案，为读者提供"操作指南"，助力集成绩效管理成功落地。

我们在编写本书的过程中，力求以实战视角展开阐述，融合了在华为公司推动变革的经验、中小型企业的实践经验及近年来做咨询的经验，目的是更贴近读者的业务场景，满足"拿来即用"的需求。当然，由于每个企业的文化背景、发展阶段、运作模式等存在差异，方案不适配在所难免。从过往实践经验来看，管理方法、工具的导入切忌生搬硬套，这往往也是失败的根源，只有根据企业实际情况因地制宜地制定合适的方案才能成功。我们诚挚希望本书提供的方法、工具和案例对读者有所启发，助力企业持续提高绩效管理水平。

本书阅读说明

本书第一章是绩效管理基本概念及发展趋势说明，旨在方便读者快速了解绩效管理的基本定义、存在的问题及未来的解决方案，帮助读者建立起绩效管理的业务框架。对于初次接触绩效管理的读者，可以通过阅读附录 A、附录 B 增加对绩效管理发展历程、常用绩效管理工具的了解。

第二章引入战略解码工具 BEM（Business Execution Model，业务执行力模型）和流程绩效管理的概念，综合性比较强，初次接触的读者建议精读，做到充分理解。流程绩效管理部分的内容，可以结合我们前期出版的《打造流程型组织：流程管理体系建设实操方法》一书一起阅读，以加深理解。

第三章至第八章，由于流程衔接性比较强，无论之前是否接触过相关专业知识，都建议通读一遍，避免在关键流程节点上出现断点、盲区。绩效管理流程化是本书的特色，端到端拉通的流程是本书的主线，以确保内容与实际运营保持一致，帮助读者快速实现从理论到实战的转化。

本书读者对象

企业管理人员，包括董事长、CEO、CHO、各业务部门负责人、各层级管理者、业务骨干。

人力资源管理从业者，包括绩效管理专员/主管/经理/专家/总监、薪酬管理人员、人力资源业务合作伙伴（Human Resource Business Partner，HRBP）、组织发展管理人员等。

关联专业领域人员，包括战略管理、流程管理、质量运营管理从业人员等。

致谢

在本书撰写过程中，我们查阅了诸多管理领域书籍、硕博论文和期刊文章，同时引用了部分素材，包括华为公司前领导及同事分享的战略管理、绩效管理、流程管理等相关的内容，在此表示衷心感谢。与此同时，我们还组织了多次小范围的人力资源负责人、战略管理负责人的研讨会，听取他们反馈的问题、建议，并将其融入书中，力求原汁原味并寻求最优的解决方案，在此一并致谢。我们为本书的撰写投入了大量的时间和精力，在此特别感谢家人、同事、合作伙伴和朋友们给予的理解与支持。

由于能力有限，本书可能有遗漏或不完善之处，恳请广大读者不吝指正，以便再版时能更上一层楼。

展望未来，我们期望围绕卓越运营体系（Operation Excellence System，OES）框架，完善各个模块的内容，适时出版战略管理、数字化转型、人力资源管理等其他模块内容及业务领域流程（B2B、B2C）等相关内容，以飨读者。

徐均颂

目　录

第一章 从绩效管理到集成绩效管理

绩效管理是一个古老而又年轻的话题。往前可以追溯到先秦时期；而往后看，新的方法、工具还在不断涌现。在实践中有争论，在争论中有发展，这是绩效管理的常态。

近年来，质疑绩效管理的知名人物屡有发声，从索尼公司前常务董事天外伺郎（笔名，原名为土井利忠）提出的"绩效主义毁了索尼"，到万科公司创始人王石直言"绩效主义是企业的'脓包'"，再到小米公司掌门人雷军称"KPI 是万恶之源"，无不引发广泛讨论。而绩效管理改革的声音更是不绝于耳，埃森哲（Accenture）、德勤（Deloitte）、通用电气公司（GE）等大型企业都启动过绩效管理的深度变革。

事实上，关于绩效管理的争论从来都不是什么新鲜事。往往是争论的正方、反方各执一词，但彼此都说服不了对方。比如，有人认为"无绩效不管理"，也有人认为"其不增值，浪费时间"；有人认为"奖功罚过要有依据，绩效就是依据"，也有人认为"考评导致明争暗斗，会破坏组织氛围"。虽然每次的争论点都不同，但归结起来就是在两种极端观点之间游动：一种是"绩效万岁"，另一种是"绩效致死"。同时，这些争论还会衍生出很多新的议题，使得每次争论都引发广泛关注。

如何看待这些争论呢？我们认为首先要回归绩效管理的本质，正所谓追本溯源。通过了解绩效管理的定义、特征等，关于"什么是绩效管理""要不要做绩效管理"等问题，自然就有了答案。下面，我们从绩效管理的基本概念开始，重新认识绩效管理。

第一节 绩效管理定义

我们在为企业提供管理咨询服务时发现，说到绩效管理的话题，人们经常会产生误解、分歧。比如，将绩效管理等同于绩效考评、将绩效管理等同于 KPI，诸如此类，沟通起来很困难。因此，无论导入何种管理工具，统一"语言"是首要的，可以减少沟通障碍。下面我们来看看什么是绩效、什么是绩效管理、什么是绩效主义，以及一些常见的理解误区，以重新认识绩效管理。

一、什么是绩效

绩效是绩效管理的核心概念，无论在管理实践中还是在理论界，都没有形成完全统一的定义。比如，在《现代汉语词典（第 7 版）》中，绩效的定义是成绩、成效。在《牛津现代高级英汉双解辞典》中，绩效（Performance）被释义为执行、履行、表现、成绩，定义相对宽泛一点。美国学者罗杰·爱迪生（Roger Addison）和卡罗·海格（Carol Haig）在《绩效构建：提升组织绩效的科学与艺术》一书中引用国际绩效改进协会（International Society for Performance Improvement，ISPI）的定义，认为绩效是由系统内人员创造的有价值的结果。绩效改进之父托马斯·F. 吉尔伯特（Thomas F. Gilbert）认为绩效是行为与成果的组合。不同组织、个人对绩效的看法不同，通常来说有如下几类观点。

（1）绩效是结果。该观点的信奉者认为，绩效是工作达到的结果，是一个人工作成绩的记录。

（2）绩效是行为。该观点的信奉者认为，绩效就是工作行为或过程。

（3）绩效是结果和行为的统一体。该观点的信奉者认为，绩效既包括工作结果，又包括工作行为。简单地说，绩效就是"结果+行为"，即既看结果，又看过程，避免出现不劳而获、付出没有回报和走歪门邪道的情形，相对来说更加公平、公正。

上述三种类型是当前主流的观点，除此之外还有诸如绩效是个人素质、能力等观点。比较而言，"绩效是结果和行为的统一体"的观点在实际操作中更容易被大家接受。当然，"千企千面"，每个企业的发展阶段、绩效管理目的等不尽相同，可以根据实际情况选择适合的绩效定义。

需要补充说明的是，绩效是组织期望的结果，是组织为了实现其目标而展现在不同层面上的有效输出。有效输出就是衡量的结果，是绩；效则是投入与有效输出的比，投入是指人、财、物等资源。即绩效是成绩与效率的统称。在评价绩效好或不好的时候，不仅要看最终的结果，还要看付出了多大的代价才得到这个结果，需要计算投资回报率（Return on Investment，ROI）。

绩效的内涵不是一成不变的，需要用发展的眼光来看待。影响绩效的因素既有主观的，如个人兴趣、工作动机等；也有客观的，如岗位的适配性、激励机制、工作环境（软性、硬性）等。因此，我们在进行绩效设计的时候要考虑其多维性和动态性等特征。同时，按照管理考察内容和管理方法的不同，绩效可以分为组织绩效（公司级、部门级、小团队级）、流程绩效和个人绩效。企业的战略目标需要分解到部门、流程、个人，通过流程形成有机整体，最终才能获得好的绩效表现。

二、什么是绩效管理

与绩效的定义一样，绩效管理的定义也是见仁见智，比较典型的有如下几种。

赫尔曼·阿吉斯（Herman Aguinis）认为："绩效管理是指识别、衡量及开发个人和团队绩效，并使这些绩效与组织的战略目标保持一致的一个持续性过程。"这里有两个关键词，一个是持续性过程，另一个是与组织的战略目标保持一致。持续性过程是指绩效管理从设定目标、绩效辅导、绩效评价、绩效反馈到绩效应用的全流程。与组织的战略目标保持一致是指绩效目标必须紧紧围绕战略目标，确保员工的工作投入和产出与组织的目标一致，为组织总体目标的达成服务。

美国学者罗杰·爱迪生（Roger Addison）和卡罗·海格（Carol Haig），在《绩效构建：提升组织绩效的科学与艺术》一书中提出"绩效技术"的概念。他们认为，所谓技术，是一套经验与科学原理的知识体系及其应用。同时，他们强调"通过系统思考，我们可以将企业看成由多个部分组成的一个完整系统。"为此，他们还构建了系统模型、系统方法等。

赫尔曼·阿吉斯强调过程，而另外两位学者则强调系统。在实际的管理实践中，绩效管理不仅是企业在经营过程中进行绩效计划、执行、评估、改进和应用的持续性过程，也是提升组织能力、达成经营成果的系统化管理方法。绩效管理不仅要关注过程，还要考虑如何将战略目标落实到绩效管理过程中，以及构建支撑绩效过程运行的管理体系。

与绩效相似，绩效管理也可以分为组织绩效（公司级、部门级、小团队级）

管理、流程绩效管理和个人绩效管理。在实际操作过程中，这三者通常会作为一个有机整体协同运作。与此同时，绩效管理还必须基于公司全局视角进行规划，明确其在公司整体管理体系中的位置，尤其是在人力资源管理体系中的位置，包括绩效管理的目的、意义、特征等。

与绩效管理相关的另外一个概念是"绩效管理体系"，所谓体系是指在一定范围内或同类事物按照一定的秩序和内部联系组合而成的有机整体。从定义上看，绩效管理体系比绩效管理更宽泛，一般在讨论具体的绩效管理工作任务、活动的时候用绩效管理，在把绩效管理所有相关业务作为一个整体来看的时候用绩效管理体系，有些语境下两者会通用。

三、什么是绩效主义

说起绩效主义，不得不提的是索尼公司。2007 年，天外伺郎在日本《文艺春秋》上发表了一篇名为《绩效主义毁了索尼》的文章，将索尼公司陷入困境归因于绩效管理，这篇文章产生了很大的影响。多年后，万科集团创始人王石在发微博说"绩效主义是企业的'脓包'"时，也引用了天外伺郎的说法。

什么是绩效主义呢？天外伺郎所说的绩效主义指的是将业务成果和金钱报酬直接挂钩，职工为了拿到更多报酬而努力工作的管理方式。他在文章中提道：从 1995 年左右开始，索尼公司逐渐推行绩效主义，成立了专门机构，制定了非常详细的评价标准，并根据对每个人的评价确定报酬。但是井深大（索尼公司创始人之一）的理念与绩效主义截然相反，他有一句口头禅——"工作的报酬是工作。"即如果你干了一件受到好评的工作，下次你还可以再干更好的工作。在井深大时代，许多人为追求工作乐趣而埋头苦干。但绩效主义推行后，职工逐渐失去工作热情。在这种情况下是无法形成"激情集团"的。为衡量业绩，首先必须把各种工作要素量化，但是工作是无法简单量化的。索尼公司为了统计业绩耗费了大量的精力和时间，反而导致职工在真正的工作上敷衍了事，出现本末倒置的倾向……

简单地说，绩效主义是指单纯地将绩效考核结果作为各种资源分配的决定因素的绩效管理行为，绩效主义唯绩效是举，仅以绩效考核结果论英雄，是病态的绩效管理。绩效主义提醒我们，绩效管理要有度，过犹不及。

四、常见的理解误区

尽管绩效管理已广泛应用于企业管理实践，但许多企业往往在投入大量人力、物力之后收效甚微，甚至出现员工反感、抵制的情况。这主要是由于大家对绩效管理理念、方法的认识还不到位，在认知上还存在偏差，如绩效管理等同于绩效考评、指标越多越好（精细化管理）、绩效管理等于扣钱、没有功劳也有苦劳、绩效管理都是人力资源部的事等，下面我们来进行逐一澄清。

（1）绩效管理等同于绩效考评。产生这个误解的原因一方面是大家对绩效管理的定义理解不到位，另一方面是绩效管理人员在实际操作的时候仅执行了部分流程，让员工有了错觉。事实上，绩效考评仅仅是绩效管理的一个环节，不能以偏概全。

（2）指标越多越好。产生"指标越多越好"误解的主要原因是管理者没有识别到工作重点，"眉毛胡子一把抓"。通常情况下，个人绩效指标控制在5~7个是比较合理的，当然，不同的员工负责的业务不同，承担的职责范围不同，指标的数量也会有所不同。

（3）绩效管理等于扣钱。将绩效与工资、奖金建立起关联是比较常见的操作，通常员工也能理解，但问题是考核的指标设计与工作并非强相关，同时指标值又定得太高，美其名曰"狼性文化"，这导致员工无论怎么努力都无法达成目标，形成"绩效管理就是企业扣员工工资的手段"的认知偏差，进而抵触绩效管理。

（4）没有功劳也有苦劳。在传统观念里，这是非常正常的，但在绩效管理实践中，关键不在于区分"功劳"和"苦劳"，而在于在制定绩效指标的时候达成共识——基于所负责工作的目标来制定指标，指标达成的情况就是绩效结果，让数据来说话。

（5）绩效管理都是人力资源部的事。对大部分企业来说，绩效管理应该由人力资源部主导，这个主导指的是制定规则（或方案），并统筹安排绩效管理工作的稳步推进。人力资源部在其中起到 COE+PMO（Center Of Expertise 专家中心+Project Management Officer 项目管理办公室，即赋能与统筹安排）的作用。对业务部门来说，绩效管理是牵引业务目标达成的手段，也是使组织目标与员工目标达成一致的一种方式，只有方向正确、目标清晰，才能行稳致远。

类似的理解误区还有很多，我们在微信公众号"荔园管理评论"中有推送专题文章辅助阅读。

绩效管理相关概念的定义是绩效管理的基础，在开始推行绩效管理的时候就要制定并实施如《绩效管理制度》《绩效管理规范》等文件以清晰地定义这些概念，在公司内部统一"语言"，以利于后续工作的开展。

绩效管理相关的基础知识，包括绩效管理的发展历程、绩效管理常用的工具分别在附录 A 和附录 B 中阐述，作为补充阅读资料供有需要的读者查阅。

第二节　绩效管理的出路：集成绩效管理

随着管理实践的不断推进，绩效管理是人力资源管理的核心环节、战略落地的关键抓手之一等理念已经深入人心，但理想与现实总有差距，即便是看起来很好的方法、工具，在实践的过程中也总会存在这样或那样的问题。识别问题是首要的，只有找到问题及其根源，才能"对症下药"。

一、当前绩效管理的主要问题

作为企业运营管理中的老大难问题，绩效管理让人力资源管理者和各级管理者既爱又恨，这种复杂情结又往往使企业掉进绩效管理的"陷阱"——论功行赏的"功"评估不准就容易引发争议，进而导致员工流失或激烈冲突，可谓步步惊心。

绩效管理的"陷阱"又称误区或问题，即在绩效管理选用的原则、管理工具、方法或流程上出现偏差，导致绩效管理没有达到预期的目标，常见的"陷阱"有脱节、孤立、错配等。

（1）脱节。脱节包括战略、组织、岗位职责等层面。首先是战略脱节，在我们服务过的绩效咨询客户中，常常存在这样一种现象：公司制定了战略目标（如长期战略规划、年度经营计划），同时也为此制定了一连串的 KPI。看似一切按部就班，可是仔细分析这些 KPI 之后，往往会发现它们与战略目标并无太多关联，这样的结果往往是员工的考核结果都很好，但是战略目标并未达成。

其次是组织脱节，即组织的目标（承接公司战略目标）与制定的组织 KPI 并无关联或关联性极弱，甚至有不少公司没有组织绩效的概念，将部门负责人的个人绩效等同于部门（组织）绩效的做法普遍存在。与此同时，组织层面的 KPI 与战略层面的 KPI 没有建立起联系，同样处于"脱节"状态。

最后是岗位职责脱节，即给员工制定的 KPI 与其实际负责的工作并无强关联，甚至毫无关联。从本质上看，岗位职责脱节是绩效管理与业务的脱节，绩效管理与业务运作"两张皮"。比如，在有些企业中，负责仓库产品包装的员工要考核销售业绩指标、利润指标，虽然不能说毫无关联，但大部分业务场景下负责仓库产品包装的员工只要按要求的时间、成本、质量完成产品的包装就算符合要求，不涉及销售业绩、利润率指标，他们并没有能力去影响这些指标的达成情况。类似这种考核指标与员工实际做的事情脱节的情况并非少数，员工承担了太多与他们工作毫无关联的责任，经常有员工戏谑"工资之薄如纸，责任之重如山"。这并非个例，在我们服务过的客户中，不少企业存在这种情况。

（2）孤立。战略、组织、岗位职责（个人）三个层面的脱节，导致绩效管理形同虚设，没有起到应有的作用。而绩效管理存在的另外一个问题是孤立，即在业务关联紧密的领域，KPI 的设置是孤立的。战略、组织、岗位职责（个人）之间的脱节是纵向的割裂，而 KPI 孤立则是横向的割裂。

横向的割裂可能带来很多问题，举一个简单的例子。

在手机行业，会涉及售后维修服务，顶层绩效指标通常会有消费者售后满意度，是消费者满意度的一部分。要提高售后满意度，维修服务的满意度就是至关重要的一环，而下一层绩效指标中会牵涉库存、维修及时率等问题，库存是内部的管理指标，通常用库存周转率（Inventory Turn Over，ITO）来考核。库存多，维修及时性相对就高；库存少，维修及时性相对就会低，两者是负相关的。实际在设置 KPI 的时候，如果没有考虑其关联性，就会出现两个部门资源、指标"打架"的情况，到最后大概率不会有好的结果。

孤立的 KPI 对个人、组织、战略目标的达成都有较大的影响，如果没有比较强的外力牵引，绩效管理很难攻克这个难关。在很多企业中，员工很努力依然得不到好的结果，根源之一就在这。

孤立还有一层含义是绩效管理各个环节是断开的，如绩效目标的制定、绩效指标的执行监控、绩效的考评等环节，单独来看都很好，但没有形成一致性方案，导致效果大打折扣。

（3）错配。绩效管理的职责不清、指标设置不合理等都会导致人力、资源投入的错配。比较典型的是 KPI 设置得不当，在指标的牵引下，大家朝着错误的方向用力过猛，最后陷入"一顿操作猛如虎，一看战绩零杠五"的困境——资源都被消耗在无用功上。正如任正非所言："把煤炭洗白这种考核指标，再努力也是白搭。"

"绩效导向冲锋"是绩效管理的基本原则之一，"失之毫厘，谬以千里"，一旦冲锋的方向出现偏差，往往就会导致无功而返。

除了前面提到的"脱节、孤立、错配"，绩效管理还存在其他问题，如长期目标与短期目标平衡问题、业绩与能力建设平衡问题、评价的客观性问题等，限于篇幅，不展开说明。总的来说，绩效管理问题是多元的，产生的原因也各不相同，如管理理论、技术（方法、工具）、管理原则等都会影响绩效管理最后落地的效果，并最终体现在公司的经营成果上。

二、绩效管理的发展趋势

尽管绩效管理实践还存在很多问题，但其发展趋势是良好的。从人事考核到绩效考核、绩效管理、战略绩效管理，再到各种方法、工具组合的创新应用，我国企业的绩效管理水平实现了跨越式提升。

近年来，随着我国企业发展更加综合化，国际化、多行业、多业务模式等的经营形态也已成为常态，管理的复杂度进一步加大。与此同时，以人工智能（Artificial Intelligence，AI）为代表的新技术迅猛发展，也正在影响企业的运营。在各种因素的冲击下，绩效管理应该何去何从？企业需要结合自身的特点和环境的变化去审视它，总的来说，其发展将呈现以下几个特点。

（1）更加关注企业健康。"健康当发财"这句话适用于个人，对企业同样重要。绩效管理对战略目标达成的重要性是毋庸置疑的，但是如果过度关注业绩目标的达成而忽略了企业的可持续发展与组织的健康，就会导致企业未老先衰。

（2）更加关注过程。"我只要结果"是很多管理者的信条，坚持结果导向本身没有什么问题，但如果过程是错误的，拿什么保证结果的正确性呢？越来越多的管理者意识到了这个问题，开始转向对过程的管理。关注过程并非不要结果，恰恰相反，通过加强对过程的管理可以保证最终取得想要的结果。

（3）更加重视赋能。将战略目标分解到组织、组织目标分解到个人，这并不能保证目标的达成，工作实效还是取决于员工个体，让每个员工有能力、有意愿做好工作是个人目标达成的基础保障。赋能员工而非仅仅安排任务，"甩手掌柜"式的管理方式已经无法满足企业发展的需要。

（4）更加注重反馈。管理者单向听取汇报的模式已经不合时宜，双向奔赴的沟通将成为时代的潮流。

（5）更加重视相关性。建立战略目标、组织目标、个人工作之间的强关联，是战略绩效管理的延伸，也是当前绩效管理的难点，只有解决个人工作与公司战略相关性的问题，战略绩效管理才能真正落地。

（6）更加关注全方位考核。当前，无论使用哪种绩效管理工具，考核的指标数量都是较少的，设置 5~7 个指标是普遍现象。没有纳入考核范围的指标是否就不重要了呢？其实不然，根据矛盾论的观点，主要矛盾和次要矛盾是相对的，在一定条件下是可以相互转化的，对绩效指标来说也是如此。随着数字化程度的加深，360 度全方位管理将成为趋势之一。

随着第四次工业革命的深入发展，商业模式、管理手段都在发生变化，绩效管理同样需要顺应潮流，与时俱进，应需而变。

三、集成绩效管理全景图

当前绩效管理的现状可以简单总结为：管理方法、工具丰富，但发挥的作用比较有限；实践中遇到很多问题，包括脱节、孤立和错配等；企业普遍希望绩效管理驱动业绩提升，但期望与结果差距不小。要解决这些问题，需要从整体看待绩效管理，通过流程集成拉通，将绩效管理与业务运营融合起来，发挥绩效管理"导向冲锋"的作用。为此，我们基于华为公司等管理领先企业的最佳管理实践，结合企业的普遍特性，总结了一套端到端集成拉通的绩效管理方法，如图 1-1 所示。

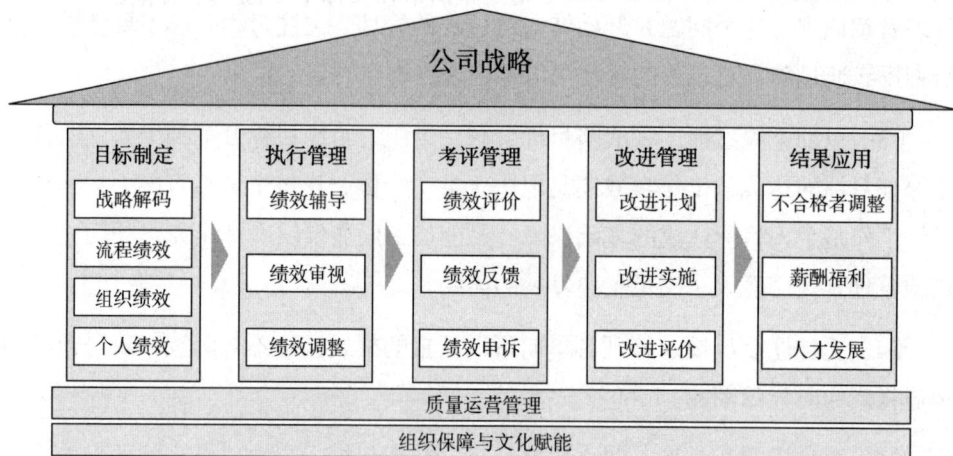

图 1-1　集成绩效管理全景图

图 1-1 集成绩效管理全景图由四个部分组成，分别为公司战略、绩效管理端到端流程（目标制定、执行管理、考评管理、改进管理和结果应用）、质量运营管理、组织保障与文化赋能。公司战略为绩效管理明确了方向、目标，绩效管理端到端流程是绩效管理运作的主体，质量运营管理是支撑，组织保障与文化赋能是基础。

绩效管理前面为什么要加"集成"？有三层含义。第一，这是立足绩效管理全业务链条的模型，是系统化的管理工具；第二，集成意味着不局限于单一的方法、工具，而是"集百家之长，成一家之言"；第三，方法、工具不是简单地叠加，而是借助流程管理工具实现有机融合，与业务运营结合形成合力，发挥最大的效能。

集成绩效管理（Integrated Performance Management，IPM）借鉴了华为公司在集成产品开发（Integrated Product Development，IPD）、集成供应链（Integrated Supply Chain，ISC）、集成财经服务（Integrated Financial Service，IFS）等成功实践经验，期望使各个要素发挥出最好的水平，其最终的目标是提高组织能力、改善经营成果、为战略目标的达成提供保障。

四、集成绩效管理内容概览

在正式介绍集成绩效管理模型之前，我们先从总体上了解一下其内容。

（1）公司战略。对集成绩效管理而言，公司战略是关键的输入，起到牵引作用。但这部分内容属于战略管理范畴，本书不展开介绍。

（2）目标制定。目标制定上承战略下接运营，从战略到组织、个人，是集成绩效管理的核心。在实际操作中，常常出现脱节的情形，要破解这个难题，一方面需要导入战略解码工具，解决向上承接的问题；另一方面需要导入流程作为媒介，实现与运营的衔接，通过流程实现绩效管理端到端的拉通。

（3）执行管理。绩效管理中一个普遍的现象是目标制定得很美好，但结果不是那么理想，根源在于执行管理的缺失。执行管理包括绩效辅导、绩效审视和绩效调整。其中最为关键的是绩效辅导，这是提升组织能力的关键抓手。

（4）考评管理。执行是价值创造的过程，考评管理则是价值评估，论功行赏的"功"要通过考评得出。具体内容包括绩效评价、绩效反馈和绩效申诉。进行绩效评价需要基于事实，反馈的目的是沟通与赋能，申诉则是保证每位员工得到公平对待，确保考评的公正性。

（5）改进管理。考评打分、排名不是目的，基于考评结果驱动绩效改善，进而促进经营成果改善才是目的。如何改进？这需要从绩效改进计划入手。首先，通过绩效分析，帮助员工制订绩效改进计划；然后，对绩效改进计划进行执行监控，实时沟通、赋能；最后，验收改进结果，对于合格的，恢复到正常绩效管理，对于不合格的，采取其他必要措施。

（6）结果应用。绩效考评结果、绩效改进评价结果都会被应用起来。具体内容包括不合格者调整、薪酬福利和人才发展。

（7）质量运营管理。KPI之外的指标并不意味着不重要，"关键"存在的必要性，一方面是资源的有限性，需要优先解决关键问题；另一方面是指标太多，显得有些"力不从心"。参考华为公司质量运营管理的实践，我们将更多指标纳入管理范畴，以更好地支撑绩效目标的达成。

（8）组织保障与文化赋能。绩效管理涉及企业管理的方方面面，涉及决策者、组织者和被考评对象，需要有组织来支撑其运作。绩效管理仅有方法、工具是不够的，还需要有良好的文化导向。"蓬生麻中，不扶而直"说的就是这个道理，营造高绩效的文化氛围，对于绩效目标的达成至关重要。

集成绩效管理模型是一个系统化的管理工具，需要有步骤、有节奏地推进。从第二章开始，我们将围绕集成绩效管理全景图展开。

第二章　集成绩效管理：目标制定

没有明确的目标，就无法取得真正的成功。对集成绩效管理来说，目标制定是首要任务，它向上承接公司战略要求，将中长期战略要求分解到组织层面，并进一步分解到个人，流程作为媒介、载体参与其中。目标制定是基础也是核心，执行管理、考评管理、改进管理等工作都围绕它展开。

在第一章第一节"绩效管理定义"中，我们明确了绩效的层级，根据管理考察内容和管理方法的不同，绩效可以分为组织绩效（公司级、部门级、小团队级）、流程绩效和个人绩效。在制定绩效目标的时候，同样需要按照这样的层级，但并非简单地做加减法，而是用科学的方法来支撑分解。绩效目标源自战略要求，所以首先要进行战略解码，战略解码的指标如何落地？需要通过流程匹配到组织。对组织和个人来说，同样需要通过流程的执行完成绩效目标，流程是贯通战略、组织和个人的关键，这是集成绩效管理模型设计的核心理念。

目标制定分为战略解码、流程绩效、组织绩效和个人绩效。战略解码对应第一节到第四节的内容，流程绩效对应第五节的内容，组织绩效对应第六节到第七节的内容，个人绩效对应第八节的内容。

第一节　战略解码概览

战略解码是战略管理的业务范畴，为什么要放在绩效管理来讨论呢？主要原因是它起着承上启下的关键作用。战略解码是组织绩效目标的关键来源，要做好绩效管理，必须清楚它的来龙去脉，知其然并知其所以然，才能行稳致远。

一、为什么要进行战略解码

斯图尔特·克雷纳在《战略制胜》一书中提供了一个信息：最近的一项研究显示，90%的高管承认他们制定了成功的公司管理战略，但是在执行战略的过程中出现了问题。这给公司造成了资金浪费、生产力破坏及员工士气受到打击等负面影响。战略如何有效落地执行，成为首席执行官（Chief Executive Officer，CEO）们的心头病。

由经济学人智库（Economist Intelligence Unit，EIU）和美国项目管理协会（Project Management Institute，PMI）合作开展的一项研究表明：88%的公司高管表示，如果一个公司想在未来几年内继续保持竞争力，那么将管理者的战略思想成功地执行下去是非常必要的，也是至关重要的；大概三分之二的企业高管表示，日常的战略实施环节不仅耗费大量的精力，而且令人非常头疼；超过一半的企业高管认为，在战略实施过程中出现的各种问题将会使企业处于竞争劣势。

华为公司在管理实践中提出"一分规划，九分执行"。相比于传统的"三分规划，七分执行"理念，华为公司更看重战略的执行。战略执行是关键，但其落地之难已成为中外各企业的共识。

那么，怎样才能更好地将战略落地执行呢？罗伯特·S.卡普兰（Robert S. Kaplan）和戴维·P.诺顿（David P. Norton）在《战略中心型组织》中提到了以下五项基本原则。

（1）原则一：把战略转化为可操作的行动。

（2）原则二：使组织围绕战略协同化。

（3）原则三：让战略成为每一个人的日常工作。

（4）原则四：使战略成为持续的流程。

（5）原则五：高层领导推动变革。

原则一、原则三和原则四的落脚点是战略解码，通过战略解码将长期规划和短期行动衔接起来，并落实到流程中，战略执行要和日常管理体系有效结合，让战略真正成为每一位员工的日常工作。

战略解码的方法、工具很多，其中较常用的有 OGSM、OCOSA 和 BEM 等，下面我们分别做简要的说明。

二、战略解码工具：OGSM

OGSM 是既常用又实用的目标管理工具。它的理论渊源可以追溯至 1954 年彼得·德鲁克的 MBO。到 20 世纪 60 年代，在约翰·肯尼迪总统的太空计划推动下，美国航空航天局（NASA）使用类似 OGSM 的目标分解方法，推进整个登月项目执行，最终于 1969 年完成人类历史上首次登月任务。之后，OGSM 逐步形成较为完善的分解方法及实施细则。

OGSM 由 Objective（目的）、Goal（目标）、Strategy（策略）和 Measurement（绩效考核）四个英文单词的首字母组成。在实际使用过程中，有些公司会将其演化成 OGSM-T，这个 T 指的是 Tactics，即行动方案，是对策略的进一步分解。表 2-1 所示为 OGSM-T 通用模板。

表 2-1　OGSM-T 通用模板

目的 （Objective）	目标 （Goal）	策略 （Strategy）	绩效考核 （Measurement）	行动方案 （Tactics）

Objective（目的）是指要实现的长期战略方向与成果，如成为全球领先的 3C 数码品牌。

Goal（目标）是指为了遵循战略方向，而需要在中短期内达到的目标，例如，在未来三年要实现国内市场份额 X%（线上、线下合计），进入某个或某几个欧洲国家市场并获得 X% 的市场份额。

Strategy（策略）是指为实现目标而需要采取的路径或行动，如提高品牌知名度、优化线上渠道布局等，同时，还需要考虑实现目标的时间表和需要的资源（如其他部门的配合工作、资金投入等）。

Measurement（绩效考核）是对目标完成度进行衡量的手段，通常体现为 KPI，如市场占有率、线上销售额占比等。

Tactics（行动方案）是对 Strategy（策略）的进一步分解，以"调整线上、线下渠道布局，拓展线上市场"策略为例，具体的行动方案可以包括："进入天猫、京东、拼多多等国内主流搜索电商平台，线上、线下一盘货；组建视频带货团队，与搜索电商平台形成合力；布局亚马逊、Lazada、Shopee 等海外电商平台，建设海外前置仓，确保库存周转效率，满足海外市场需求等。可以基于实际业务将策略分解得更细致，支撑业务实际执行。

OGSM 自上而下逐层分解，同时自下而上层层支撑，上一层的 Strategy（策略）转化为下一层的 Objective（目的），上一层的 Measurement（绩效考核）对应下一层的 Goal（目标），如图 2-1 所示。

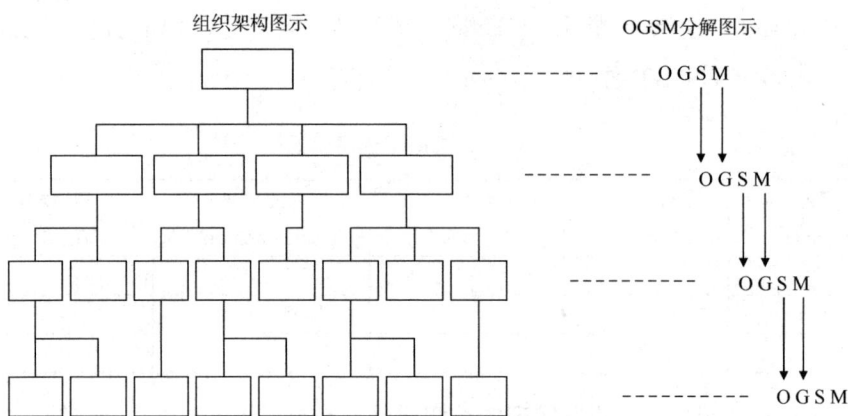

图 2-1　组织架构与 OGSM 分解对照图

为了方便理解，举一个与日常生活相关的例子说明，如表 2-2 所示。该例子虽小，但其底层逻辑与商业实践是一样的。

由于逻辑清晰，并且操作相对比较容易，OGSM 作为通用的战略解码工具被广泛应用到全球企业中，如美国的宝洁及可口可乐、德国的大众汽车、法国的欧莱雅、中国的万科及香江集团等。

表 2-2　OGSM-T 案例说明

目的 （Objective）	目标 （Goal）	策略 （Strategy）	绩效考核 （Measurement）	行动方案 （Tactics）
使孩子成为学习好、身体棒的好榜样	**学习好** • 语言、数学、英语在期末考试中年级排名前三 • 历史、地理在期末考试中年级排名前十 • 综合排名年级前五	1. 扬长：语文、数学、英语保持年级排名领先优势 2. 补短：集中力量将暂时处于劣势的历史、地理排名提升到年级前十	• 语言、数学、英语排名年级前三的达成比例：100% • 历史比当前排名前进 15 位，到当年级排名第八的位置 • 地理比当前排名前进 10 位，到年级排名第五的位置	• 报名参加写作能力提升班，请专业老师指点 • 买数学辅助教材，拓宽视野 • 多渠道提升英语口语，听力及写作能力 • 重新梳理历史脉络，复习前面几个学期的知识，做到融会贯通 • 订阅地理知识相关杂志，拓宽地理知识面
	身体棒 • 年内体重减少＞10kg，同时控制在正常的体质指数（BMI）内 • 血压，血脂等指标恢复到正常水平	3. 迈开腿：有计划地增加运动量，确保脂肪的有效消耗 4. 管住嘴：均衡营养，杜绝暴饮暴食	• 每天运动量＞25,000 步（以消耗能量计算） • 每天摄入卡里路＜3000 焦	• 每天早晨跑步 5 千米 • 每天晚上做深蹲 10 分钟 • 引体向上每天 30 次以上 • 每周打球 1 次，每次不少于 2 小时 • 饮食规律，早、中、晚餐时间固定 • 杜绝油炸食物 • 不喝高热量的饮料，如可乐等

三、战略解码工具：OCOSA

相较于 OGSM 的名满天下，OCOSA 的知名度较低。尽管如此，但并不影响它存在的意义和使用价值。

与 OGSM 一样，OCOSA 也是由几个英文单词的首字母组合而成的。其中，O 代表 Objectives（目标），C 代表 Critical Successful Factors（关键成功要素，简称 CSF），O 代表 Obstacles（障碍），S 代表 Strategy（策略），A 代表 Action（行动方案）。在实际操作的时候，通常用表格的形式呈现这几项内容。表 2-3 所示为 OCOSA 通用模板。

表 2-3　OCOSA 通用模板

目标 （Objectives）	关键成功要素 （Critical Successful Factors）	障碍 （Obstacles）	策略 （Strategy）	行动方案 （Action）

与 OGSM 相较，OCOSA 比较突出的优点是导入了 CSF 和障碍（Obstacles），这使得策略（Strategy）的制定不仅更具有针对性，也更精准、更具有可落地性；而不足的是没有绩效考核（Measurement）栏位，在实际操作的时候，通常会增加这个栏位，使之更加完善，也更符合企业管理的实际需要。与 OGSM 相似，OCOSA 的分解也与组织架构相关联，自上而下分解的同时自下而上支撑。

为了方便大家理解 OCOSA 模板的填写逻辑，举一个例子说明。案例的背景如下。

张幺妹在一家传统的制造企业上班，由于行业衰退，订单数量急剧下滑，短期内看不到好转的迹象。公司调整了上班时间，从原来的 996 变成了 965，偶尔还放假调休，张幺妹的空闲时间多了。闲得慌了神的她决定开展副业，利用空闲时间摆水果摊，主营老家当季的新鲜水果，当地采摘后快递，次日即可售卖。张幺妹的目标是通过摆摊实现每月大于 4 万元的销售额，同时获得一定数量的固定客群，以便日后做私域运营。

用 OCOSA 对张幺妹的目标进行简要的分解，如表 2-4 所示。

表 2-4　OCOSA 案例说明

目标 （Objectives）	关键成功要素 （Critical Successful Factors）	障碍 （Obstacles）	策略 （Strategy）	行动方案 （Action）
通过摆摊实现每月销售额达到4万元以上，获得一定数量的固定客群（销售额=人流量×转化率×客单价，客单价=果品量×价格）	水果摊位置好，有效人流量大	• 好的流动摊位容易被抢占 • 固定摊位的收费较高 • 同行竞争激烈，客流比较分散	• 差异化选址 • 线下、微信联合推广 • 搜集周边写字楼的下午茶需求，争取获得稳定订单	• 踩点周边小区、学校、娱乐场所等，筛选人流量大的地方（选择几个备用） • 根据不同时段各个地方人流的集中度选择摆摊的时间，根据人流动摆摊，比如早上7~8点在学校附近，晚上在广场附近（相对固定）等 • 印发宣传单，在不同地点散发 • 加入周边各种生活相关微信群，逐渐建立自己的私域流量池 • 利用工作便利，向朋友、同乡、校友等打探各个公司的下午茶需求
	果品种类丰富，鲜甜度够	• 果品种类取决于老家成熟的水果种类 • 鲜甜度取决于水果采摘时与售卖时间差，难点在于对采摘时间的控制	• 以老家水果为主，适当用其他地区域水补充 • 严格控制采摘时间段 • 选择优质快递公司	• 调查周边水果店，摊此经常卖的果品，确定售卖较好的果品，据此拟定自己的产品矩阵 • 通过给产品打上产品标签，打造差异化优势 • 与果农约定采摘时间段，在当地兼职人员帮忙监督 • 与优质快递公司签订长期合作协议，争取获得更大的价格折扣，同时确保时效
	价格亲民，服务好	• 价格受到货价和快递费影响，量小价就高 • 价低可能引发同行竞相"杀价"，最后无法盈利	• 扩大进货渠道（合作的果园数增加） • 采商市场定价法 • 采取试吃、保质等服务策略	• 除了自己熟悉的果园，与规模更大、果品更好的果园合作 • 与当地的农村合作社合作，获得更多进货渠道 • 测试价格敏感度，根据测试结果制定水果售卖价格 • 采取差异化服务策略，通过服务赢得更多粉丝，为私域流量池储备资源

注意，以上仅限于案例展示说明，不能作为指导实际业务依据。

OCOSA 虽然知名度没有 OGSM 高，但有以波士顿咨询公司（The Boston Consulting Group，BCG）为代表的知名咨询公司作为主要推手，仍然有不少拥趸，企业可以基于实际需要导入使用。当然，如果能做适当的改良，添加绩效考核（Measurement）栏位后使用，效果更佳。

四、战略解码工具：BEM

在拥有较为久远历史的 OGSM、OCOSA 面前，BEM 算是名副其实的"后起之秀"，其在国内真正成名也不过十来年时间。BEM 是英文 Business Execution Model 首字母的缩写，中文译为业务执行力模型，大家习惯以其缩写 BEM 指代这个工具，它是战略解码工具的"新锐"。

BEM 是华为公司在导入业务领导力模型（Business Leadership Model，BLM，又译为业务领先模型）后，为了支撑战略规划更好落地而导入的配套解码工具。后来，由于华为公司在商业上获得了巨大的成功（这些成功源于其在管理上具备领先优势），BEM 获得了业界广泛认可，被广为传播。

与 OGSM、OCOSA 相比，BEM 要稍微复杂一点，分为三个模块。第一个模块是战略衡量指标导出，第二个模块是重点工作项目导出，第三个模块是执行与管理，如图 2-2 所示。

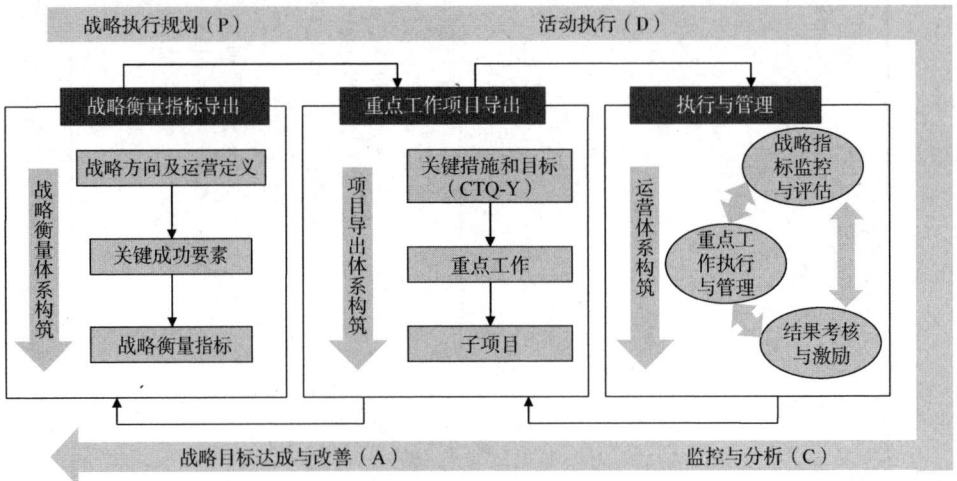

图 2-2　BEM

BEM 是一套完整的战略执行运营方法论，通过 PDCA［分别对应 Plan（计划）、Do（执行）、Check（检查）、Act（处理）］形成管理闭环。

（1）结构化的战略解码方法：将战略按一定的逻辑顺序分解到战略衡量指标、重点工作（P）。

（2）重点工作执行的方法：以项目形式执行与管理重点工作（D）。

（3）战略量化监控与改进的方法：定义战略衡量指标并进行闭环监控，针对差距进行持续改进（C、A）。

BEM 的基本思路是将战略方向、目标分解到每一层组织、每一个员工的管理和考核要求上，映射到组织关键绩效指标、重点工作清单、员工的个人业务承诺等日常管理体系中，实现战略和执行的紧密衔接。

BEM 闭环管理涉及的内容比较多，受限于篇幅，本书选择战略衡量指标导出部分内容进行详细说明。战略衡量指标导出分三步，第一步是明确战略方向及运营定义，第二步是导出 CSF，第三步是导出战略衡量指标，分别对应本章第二节、第三节、第四节的内容。

五、选择合适的战略解码工具

战略解码工具除了前面提到的 OGSM、OCOSA 和 BEM，还有一个比较常用的工具是 BSC，在附录 B 绩效管理工具箱中有简单介绍，包括它的发展渊源、特征等，更详细、完整的 BSC 理论需要阅读原著。

在选择战略解码工具时，需要根据各个管理工具的特征与适用性，并结合具体的应用环境。通常，对于规模不大、组织能力相对较弱的企业，易于上手的 OGSM 是首选；对于规模较大、组织能力较强的企业，建议适时导入 BEM。从本质上讲，OGSM、OCOSA 都是目标管理的工具，可应用于战略解码，而 BSC 更多应用于评价或分解维度的校验，BEM 显得烦琐，却是有针对性开发的战略解码工具，解码效果更好、更有价值。

OGSM、OCOSA 在前面介绍的时候已经有具体的案例做说明，接下来将重点介绍 BEM，根据 BEM 的流程一步步进行说明，并配以案例辅助理解。

第二节 BEM 第一步：明确战略方向及运营定义

战略解码的目的是承接战略要求，所以理解战略是首要的。通常，战略规划只是得出一个战略方向，需要用简短的句子进行描述，使得大家可以理解和执行。为了方便大家理解，我们将通过案例解析完整呈现战略解码的过程。

一、案例背景说明

T 公司是国内知名的高科技企业，总部在深圳，致力于成为全球消费者最喜爱的智能终端产品和移动互联服务提供商。自成立以来，T 公司一直着力为用户提供优质的手机、平板电脑等消费级智能终端产品，并基于自主研发的智能终端操作系统和流量入口，为用户提供移动互联网服务。

经过 20 余年的发展，公司的营收在行业里已经比较靠前，有一定的影响力。由于历史原因，T 公司的业务一直以海外分销（与当地主流的渠道分销商、大卖场合作）为主，销售额占公司总营收的 80% 左右。在国内则以与电信运营商（移动、联通、电信）和渠道分销商合作为主。与电信运营商的合作以贴牌为主，由运营商负责零售和售后服务；与渠道分销商合作则采用自有品牌模式，由渠道分销商负责零售和售后服务。这两种模式的总体销量都不大，总体销售额占公司总营收的 20% 左右。国内外市场布局的失衡，以及略显尴尬的品牌定位使得公司发展受限。

近年来，国内外经营环境发生了比较大的变化，尤其是在国内，随着智能终端的普及，消费者的购物习惯发生了很大的改变。洞察到这些变化后，公司有意改变经营模式，即从 B2B2C 模式转变为 B2C 模式。由于事关重大，公司战略管理部组织中高层和业务骨干进行了一次比较正式的战略研讨，对内外部环境做了分析，形成了一些共识，如图 2-3 所示。

• S1 总体规模大，多品牌、多品类布局 • S2 国外的线下渠道广，与大卖场的合作关系比较紧密 • S3 供应链相对比较稳定，有较强的成本控制能力，可以为消费者提供物超所值的产品 • S4 在产品实现上经验丰富，工程、工艺能力领先于同行 • S5 现金充裕，具备投资并购能力，股东背景雄厚，资源整合能力强 • S6 公司实行合伙人机制，高层进取心强 • S7 有变革的传统，文化氛围较好	• W1 战略规划能力、定力不足，缺乏战略实现路径规划 • W2 品牌知名度低，组合不清晰，美誉度与忠诚度不高 • W3 自主创新、产品研发能力弱，研发产品多但研发命中率较低，能力有待提升 • W4 缺乏商品全生命周期管理体系，库存比较高（研产供销没有实现端到端拉通） • W5 供应链组合发展不足，长期维持不变，但又没有形成更深入的合作 • W6 国内渠道规划、布局及区域管控能力有待加强；渠道业态、面积等结构不合理
• O1 居民可支配收入持续增长，购买能力提升，换机意愿增强 • O2 市场规模非常大，还在快速增长中 • O3 低线市场消费升级和高线市场消费降级并存，利好大众市场，对高性价比的产品需求增加 • O4 消费渠道多元化：全民网购、O2O布局、街铺、社区、商超、百货及购物中心等消费体验场景化，更注重购物体验 • O5 跨界融合、智慧终端与更多产品联结成为新趋势，刺激了新的需求 • O6 新生代对于新品牌有更强的包容度和探索欲望，但对产品要求越来越高	• T1 全球地缘政治摩擦加剧，核心零部件获取存在潜在的风险（如芯片、软件等） • T2 行业竞争加剧，同质化竞争特征明显 • T3 大规模定制技术发展迅猛，可能带来行业竞争格局的突变 • T4 行业正处于新零售模式转变期，催生众多新品牌，冲击行业已有品牌 • T5 传统网络零售降速，流量争夺更加激烈，新兴视频、直播模式在加速发展 • T6 线下零售业态调整，传统街铺和商超渠道没落，MALL、奥特莱斯等渠道竞争愈加激烈

图 2-3　T 公司 SWOT 分析

二、战略方向思考

有了战略研讨和共识，接下来要做的就是战略方向选择。战略方向的选择有一些思考的维度，通过这些思考维度能更清楚企业未来应该走向何处。

通常，在做战略规划的时候会审视企业的愿景与使命。所谓愿景其实就是"我们想成为什么样的企业"。愿景简明扼要，通常用一句话表述，例如，阿里巴巴的愿景是"追求成为一家活 102 年的好公司，让客户相会、工作和生活在阿里巴巴"；格力公司的愿景是"缔造世界一流企业，成就格力百年品牌"。而使命指的是企业"存在的理由"。彼得·德鲁克认为，问"我们的业务是什么"等同于问"我们的使命是什么"。使命的定义正是将本企业与其他企业相区别且长期适用的目标陈述。例如，阿里巴巴的使命是"让天下没有难做的生意"；格力公司的使命是"弘扬工业精神，掌握核心科技，追求完美质量，提供一流服务，让世界爱上中国造"。

关于愿景与使命，可以简单总结为：愿景回答"我们想成为什么"，使命回答"我们的业务是什么"。在实际经营管理中，很多企业会将愿景和使命合在一起，如腾讯公司的愿景及使命是"用户为本，科技向善"。愿景与使命定义了企业的长远目标与业务边界，牵引企业的业务发展。

战略方向是愿景与使命的具体表现，是所有组织的战略行动与中长期战略对齐的规划，通常需要思考以下几个维度。

（1）边界规则（Boundary Rules）。目的是思考"我们要追求和放弃哪些机会"。

（2）优先级规则（Priority Rules）。目的是思考"如何将可支撑的机会等级化"。

（3）时间规则（Timing Rules）。目的是思考"发展机会的速度与企业内部应对速度如何对齐"。

（4）退出规则（Exit Rules）。目的是思考"我们何时放弃过去的商业模式"。

（5）如何制定规则（How to Make Rules）。目的是思考"我们要设计哪些独特的流程"。

通过这些思考，可明确一些基本的战略方向选择的原则。比如，美国通用电气公司（GE）前 CEO 杰克·韦尔奇（Jack Welch）提出的"选择与集中"原则，即数一数二战略（撤销或变卖非第一、二位的商业）。尽管内外部经营环境会不断发生变化，但有些东西是始终不变的，如提供更好的产品、更好的服务和更具竞争力的价格等，企业应基于这些稳定的商业内核，确定战略方向选择的基本原则。

三、战略方向导出

完成了内外部经营环境分析及战略方向选择的思考，接下来要进行战略方向的导出。关于战略方向导出，需要补充说明，通用的、完整的做法分为四步，如图 2-4 所示。

第一步是环境分析。这一步是战略规划必须做的基础活动，包括公司内外部经营环境分析，通常基于 PEST［分别对应 Political（政治）、Economic（经济）、Social（社会）、Technological（技术）］分析法或其他分析模型（如华为公司的"五看三定"等）处理基础的信息。

第二步是 SWOT 矩阵。这一步是基于第一步环境分析处理过的信息，做汇总、分析，提取有价值的信息点，形成 SWOT 矩阵，如图 2-3 所示。这一步也是战略规划必须做的基础活动，一般企业在做战略规划的时候会将其完成。

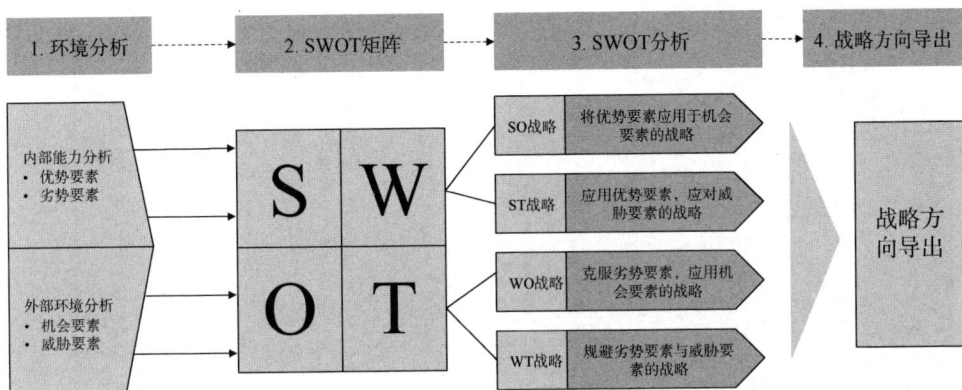

图 2-4　战略方向导出步骤

　　既然在做战略规划的时候已经做了第一步、第二步，那么为什么还要展示出来？这里主要考虑到有些企业并没有做战略规划，或者战略规划做得不规范，如老板跟几个高管喝茶的工夫讨论公司未来 3 ~ 5 年的战略规划，所以对有些企业来说，在做战略解码的时候，可以做一下环境分析和 SWOT 矩阵。另外，有些企业在上半年做战略规划，在第四季度做战略解码和年度经营计划，中间间隔的时间比较长，在这种情况下也有必要做复核。如果在做战略规划时已经做了战略方向思考与导出，且战略规划与战略解码之间间隔的时间也不长，那么在做战略解码的时候直接进行战略方向的运营定义即可。

　　第三步是 SWOT 分析。完成第二步后，SWOT 矩阵的信息已经经过一次提炼，但还没有推导出结论，需要继续推演。基于图 2-3 中的案例信息，我们继续分析，最终形成 SWOT 分析，如图 2-5 所示。

　　第四步是战略方向导出。在完成第三步后，可将其结论通过聚类分析分为三个层面：公司战略、竞争战略（或业务战略）和职能战略，如图 2-6 所示。

　　公司战略"布局新业态、新渠道，优化产品以满足消费者新需求，零售升级以提高客户满意度，实现有质量的增长"，可提炼出四个方向："布局新业态、新渠道"对应"渠道升级"；"优化产品以满足消费者新需求"对应"产品精品化"；"零售升级以提高客户满意度"对应"提高客户满意度"；"实现有质量的增长"对应"有效增长"。对于竞争战略、职能战略，限于篇幅，暂不展开说明。

项目	S（优势） S1 总体规模大、多品牌、多品类布局 S2 国外的线下渠道广、与大卖场的合作关系比较紧密 S3 供应链相对比较稳定、有较强的成本控制能力、可以为消费者提供物廉所值的产品 S4 在产品上实现上经验丰富、工程、工艺能力领先于同行 S5 现金充裕、具备投资并购能力、股东背景雄厚、资源整合能力强 S6 公司实行合伙人机制、高层浓厚较分强 S7 有变革的传统、文化氛围较好	W（劣势） W1 战略规划能力、定力不足、缺乏战略实现路径规划 W2 品牌知名度低、组合不清晰、美誉度与忠诚度不高 W3 自主创新、产品研发能力弱、研发产品多但研发中率较低、能力有待提升 W4 缺乏商品全生命周期管理体系、库存比较高、研产供销没有实现端到端拉通 W5 供应链成自发展不足、长期维持不变、但没有形成深入的合作 W6 国内渠道规划、布局及区域管控能力有待加强、渠道业态、面销等结构不合理
O（机会） O1 居民可支配收入持续增长、购买力与提升、换机意愿增强 O2 市场规模非常大、还在快速增长中 O3 低线市场消费升级和高线市场消费降级并存、利好大众市场、个性化产品需求增加 O4 消费渠道多元化：全民网购、O2O布局、社区、商超、百货及购物中心等消费体验场所、更注重购物体验 O5 跨界融合、智慧终端与更多产品联结成为新趋势、催生了新的需求 O6 新生代对新产品要求更高对探索更强的包容性和探索欲望、但对产品要求更高	SO：发挥优势、利用机会 SO1 充分利用换城优势、稳定海外基本盘、同时利用供应链优势、提供高性价比产品、抢占国内市场（S1、S2、S3、O1、O2、O3、O6） SO2 发挥资源整合能力优势、把握渠道迁移的契机、强化国内渠道能力（S5、S6、S7、O4、O5） SO3 多品牌与多渠道匹配、挖掘新生代个性化需求、提升品牌影响力（S1、S5、S4、O5、O6） SO4 成熟渠道门店推行合伙制、全面提升终端零售能力、提高客户满意度（S6、S7、O4、O5） SO5 洞察需求新趋势、开展智慧门店试点、提升品牌吸引力和销售业绩（S1、S5、O5、O6）	WO：利用机会、克服劣势 WO1 重新拟定品牌定位和组合策略、紧贴客户需求、中低端市场品牌与中高端市场品牌协同作战（W1、W2、O3、O6） WO2 洞察多个性化需求、提升自主创新能力、设计出符合市场需求的产品、提升产品竞争力（W3、O3、O6） WO3 加大智慧终端投入、强化数字化能力、通过数字化赋能业务、零售端跟进应链协同、对商品实行全生命周期管理、降低库存（W3、W4、W5、O5、O6） WO4 把握多个性化需求、更有韧性、供应链更具载度（W5、O1、O3、O6） WO5 提升终端标准化服务能力、维行场景化陈列、强化终端零售体验式服务能、打造"五星级"门店（W6、O4、O5、O6） WO6 优化渠道布局、调整组织结构、进行渠道升级改造、向精细化运营管理转型（W1、O5、O6）
T（威胁） T1 全球政治地缘政治等摩擦加剧、核心零部件获取存在潜在的风险（如芯片、软件等） T2 行业竞争加剧、同质化竞争特征明显 T3 大规模定制技术发展迅速、可能带来行业竞争格局的突变 T4 行业正处于新零售模式转变期、催生多多新品牌、冲击行业已有品牌 T5 传统零售业态调整、流量争夺更加激烈、新视频、直播模式正在加速发展 T6 线下零售业态加剧、传统店铺和商渠道建设、MALL、奥特莱斯等渠道竞争愈加激烈	ST：利用优势、规避威胁 ST1 保持战略变革决心和耐心、对冲外部环境变化风险（S6、S7、T1、T2） ST2 充分利用采购量优势、与核心零部件供应商建立紧密的合作关系、制定供应链应急预案、减少潜在风险（S1、S3、T2、T3） ST3 加大布局新零售渠道、新业态、把握行业快速变化的契机、快速提升品牌影响力（S1、S5、S6、S7、T3、T4、T5、T6） ST4 抢占市场空白地带、应对同质化竞争来的挑战、在成本上获取竞争优势（S3、S4、T2、T3） ST5 发挥资源整合能力优势、开展技术合作、发挥产品实现能力的优势、减少同质化竞争的冲击（S5、S6、S7、T2、T3）	WT：优劣势最小化、规避威胁 WT1 短期、加大产品研发力度、确保产品有特色、加大自主研发投入、提升研发能力、以应对行业竞争及技术发展带来的专利风险（W3、W5、T2、T3） WT2 利用同质化转型契机、替换部分不够优秀的供应商、增强协同能力（W4、W5、T2、T3） WT3 跟着新兴渠道的升级节奏、优化当前的集道结构（W6、T5、T6） WT4 加大品牌形象、提升品牌形象、减少同质化竞争的冲击（W1、W2、T2、T4） WT5 营销组织瘦身专业化、营销数字化、提升组织运营效率和市场反应速度（W2、W4、T4、T5、T6） WT6 强化战略定力、智能化管理、加强数字化、通过夯实组织能力建设、提升组织能力的应对市场发展需求（W1、W4、T5、T6）

图 2-5 SWOT 分析

公司战略	布局新业态、新渠道，优化产品以满足消费者新需求，零售升级以提高客户满意度，实现有质量的增长（SO2、SO3、SO5、WO1、WO2、WO3） 洞察消费新需求，强化品牌组合协同性；布局终端新兴渠道新业态和中高端市场；保持战略定力，提升自主创新能力，满足消费者新需求；开展智慧门店试点，赋能终端零售，提高客户满意度。
竞争战略	稳定基本盘，激活渠道能力，提升产品设计与供应能力，构建业务竞争力（SO1、SO4、WO4、WO5、WO6、ST2、ST3、ST4、WT1、WT2、WT3、WT4、WT5） 用合伙机制、资源整合等方式激发渠道活力，赋能终端零售，提升终端零售力和渠道营运力；优化渠道结构和新兴渠道布局，进行深度资源整合；用不同形式强化设计与供应能力，满足市场不同消费者需求。
职能战略	强化数字化、智能化能力，构建公司核心竞争力（WO3、WT5、WT6） 夯实组织、流程、数字化等基础管理，强化数字化营销能力，提高智能化门店比例，提升自研能力及供应链快速、精准反应能力。

图 2-6　战略方向

四、战略方向的运营定义

完成了战略方向的导出，接下来就可以针对导出的战略方向进行运营定义。进行运营定义的目的是避免战略的模糊化，让全体员工统一理解公司高层确定的战略方向和目标，强调战略方向的具体化、可衡量性，为避免战略方向之间的重叠及区分 CSF 之间的范畴提供具体指南。

在具体定义的时候，需要注意以下几点。

（1）要从最高经营层的视角对战略目标和方向进行明确的定义。

（2）主要描述具体做什么，以及与中长期目标的关系。

（3）可以包含新进入的商业领域。

（4）内容简练，能够在一分钟内解释清楚战略方向，展现核心内容，即符合我们常说的电梯演讲（Elevator Speech）要求。

以前面提炼出的四个公司战略方向为例，运营定义如表 2-5 所示。

战略方向的运营定义只需细分到大家理解无歧义、明确具体执行的颗粒度即可，没有绝对的标准。

表 2-5　战略方向的运营定义

战略方向	运营定义
渠道升级	1. 海外渠道，稳定基本盘，同时提升大客户占比，20%的客户销售额占比70%以上；在此基础上，布局亚马逊、LAZADA等平台，实现线上平台销售额占比30%以上； 2. 国内线下渠道实行以自营和联营为主，同时兼顾加盟的方式，自营和联营零售门店占比80%以上，逐渐放弃贴牌业务； 3. 国内线上平台，除稳固天猫、京东、拼多多外，布局短视频和直播平台，如抖音、快手、视频号、小红书等，线上平台合计增长不低于120%；在合适的时机自建线上商城，降低对平台的依赖度； 4. 国外营收与国内营收的比例不高于3∶2（当前是4∶1），发展的重心放在国内新兴渠道拓展上
产品精品化	1. 改变当前海量SKU的情况，规范新产品立项申请流程，严格把好入门关，新品数量同比减少60%以上； 2. 研发方式多元化（与供应商、研发机构合作，以及自主研发等），实施自主研发能力提升项目，基于市场需求牵引新品开发，提高新品研发命中率，命中率不低于80%； 3. 通过产品精品化策略增加单款新品的销量，新品销售额占比不低于70%，新品毛利率提升30%以上
提高客户满意度	1. 充分发挥供应链的成本优势及优秀的产品实现能力，打造满足消费者个性化需求的精品，为消费者提供物美价廉的产品； 2. 进行渠道、门店的升级改造，通过数字化、智能化门店改善消费者购物体验，净推荐值（Net Promoter Score，NPS）提升30%以上； 3. 加快线下售后服务网点布局，优化售后服务流程，提供自助服务、快递服务、上门服务等个性化服务，满足不同消费者的实际需求，确保售后服务满意度排名进入行业前三
有效增长	1. 通过为消费者提供高性价比的产品，增强消费者的黏性，提高品牌知名度及消费者忠诚度； 2. 强化欧洲市场"粮仓"定位，开发中国市场并使其成为第二个"粮仓"，东南亚成熟市场做厚、做透，其他市场稳步发展； 3. 实现欧洲市场份额占第二、中国市场份额占第三，收入增速达到行业的1.5倍，净利率＞20%

第三节　BEM 第二步：导出 CSF

很多企业既有正确的战略方向，也很努力地朝着战略方向投入资源，但常陷入"一顿操作猛如虎，一看战绩零杠五"的困境。为什么会出现这种情况呢？没有抓住关键事项是主要原因。在完成战略方向的运营定义之后，紧接着就要导出CSF，让战略落地执行有抓手。

一、CSF 定义

CSF（Critical Success Factors，关键成功要素）是指企业为了成功必须做得特别好的重要工作。通常，企业为了达成战略目标，会在制定战略的时候识别各个业务模块的关键成功要素，以便通过资源投入保证这些要素优于友商，包括调查外部市场的成功要素（外部环境）和企业自身具备的成功要素（内部能力）。因此，CSF 不仅是一种概念，还是一种管理方法或机制。企业可以通过对少数几个 CSF 进行分析、确认、管理和持续控制来有效地完成管理目标。我们举一个例子说明。

笔者在给某公司做咨询项目的时候，有一个战略解码的培训。在案例分享环节，该公司的董事长给大家分享了一个他思考的案例："比如，现在我安排秘书小赵将一份重要的文件送到北京的客户李主任手中，文件非常重要，不能通过快递寄送，且必须明天送到。那么对小赵来说，什么是 CSF 呢？是回家收拾东西吗？当然不是。这里离北京差不多 2000 千米，首先要看有没有航班或高铁票，买好票再收拾行李也来得及。所以在这个场景下，CSF 是买到票（飞机或高铁），没有票再努力也是白费。同样是去北京，小赵另一个任务是用一个月时间把从公司到北京沿途的风景、见闻记录下来。对于这个任务，买票还是 CSF 吗？当然不是。要把沿途的风景见闻记录下来，关键是有一个好的相机、一个好的录音录像设备等。任务不同，CSF 当然就不同了。"

案例虽小，但体现了 CSF 是"影响事情成败的要素"。其特征具体如下。

（1）CSF 会因行业、产品与市场等管理对象的不同而不同，业务场景是关键。

（2）CSF 会随着时间的变化而改变。

（3）CSF 会随着产品生命周期的变化而变化。

（4）CSF 应该考虑未来的发展趋势。

需要注意的是，除了 CSF 这个影响力最大的要素，还需要考虑很多其他因素，只是其他要素的影响力暂时没有那么大，所以按优先级（权重）排名靠后。在应对这些要素时，思路是抓大放小，先解决主要矛盾，不能胡子眉毛一把抓。随着各个要素的变化，CSF 可能慢慢变得不那么关键了，要做到适时调整。

二、CSF 导出方法

CSF 自 20 世纪学者 Daniel 提出后便引起大家的关注，后由麻省理工学院的 John Rockart（1979）引入信息系统研究领域，用于分析高层管理者的信息需求。一直以来，无论是学者还是管理实践者，都很重视其实际应用，并在长期的实践中总结出三种导出方法，分别为五大来源法、价值链法和商业模式画布（Business Model Canvas，BMC）法。下面我们逐个做介绍。

（1）五大来源法。五大来源法指的是从五个方面来考虑影响任务成败的 CSF，包括行业的特性、竞争战略及业绩地位、外部环境要素、管理的成功要素和临时性的要素。行业的特性指的是行业本身固有的属性，这些属性通常构成行业的基础成功要素；竞争战略及业绩地位指的是企业目前采取的个别竞争战略及其市场地位，从中可以导出成功要素；外部环境要素指的是组织无法控制的外部变量，企业必须动态适应这些不可控的变数；管理的成功要素指的是所有管理职能领域中能驱动高绩效获得的部分成功要素；临时性的要素指的是在特定时间内企业为解决经营局限而采取的临时方案，通常不单独识别，而是合并到前四个来源中一起识别。具体识别工作的展开，如图 2-7 所示。

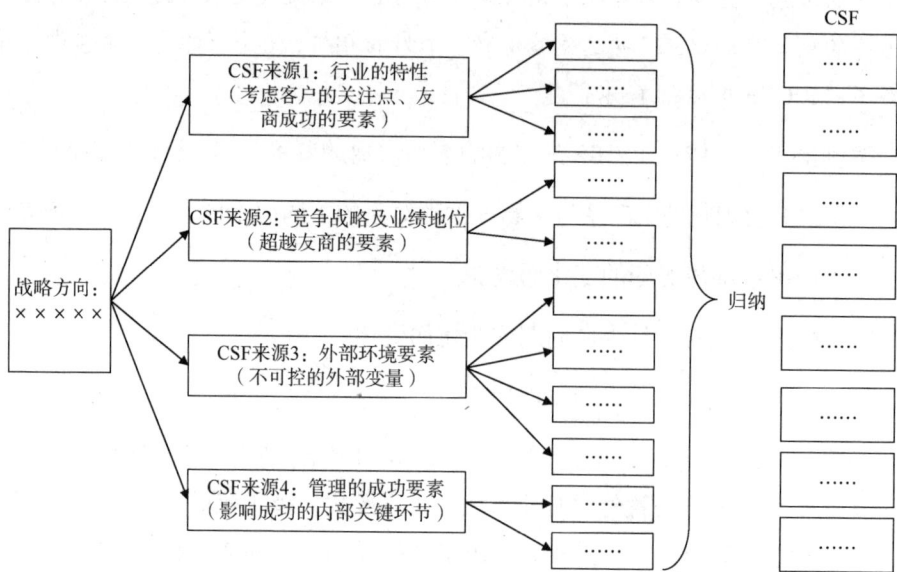

图 2-7　五大来源法

按照各种来源识别影响成功的要素，并进行筛选、归纳，识别出 CSF 清单。

（2）价值链法。通过价值链识别 CSF 是比较常用的方法，因为其与业务紧密关联，识别起来比较快，如图 2-8 所示。

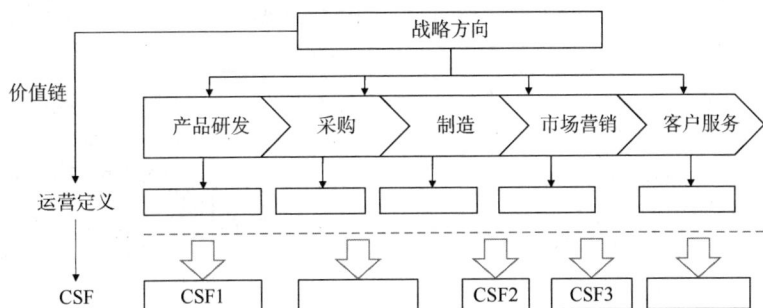

图 2-8　价值链法

（3）BMC 法。BMC 法是指从九个维度来识别相关的 CSF，如图 2-9 所示。

图 2-9　BMC 法

五大来源法、价值链法和 BMC 法各具特色，都有适用的场景。在实际操作的时候要根据实际情况选择合适的导出方法。三种导出方法的说明、优点和缺点如图 2-10 所示。

简单地说，对于企业流程管理体系不完善的企业，使用五大来源法是最直接、有效的；反之，则使用价值链法；当遇到新的业务形态需要导出 CSF 的时候，使用 BMC 法是最合适的。当然，也需要考虑员工实际的操作能力，称手的才是最好的。

	五大来源法	价值链法	BMC法
说明	• 从确保企业竞争力相关的五大范畴导出CSF • 便于通过研讨导出CSF	• 将战略细化成企业价值链后导出CSF • 战略规划已系统完成时，通过流程导出CSF	• 整体把握商业模式后导出CSF • 经常用于推进新商业所需CSF的导出
优点	• 即使战略不够完善，也可通过研讨以符合MECE原则的五个来源方式导出CSF	• 战略完成度高时，可从战略快速地导出CSF	• 把握商业整体，不遗漏地导出CSF，且可以导出与新商业关联的CSF
缺点	• 不适用于推进大规模、多元化商业模式的组织	• 战略完成度低或价值链复杂时，会有遗漏CSF的可能	• 结构复杂，需要学习基本概念和工具，才能正确应用

说明：MECE是Mutually Exclusive Collectively Exhaustive的缩写，意思是"相互独立，完全穷尽"，即做到不重叠、不遗漏地分类。

图 2-10　CSF 导出方法比较

三、CSF 导出核对清单

CSF 导出是一个很考验参与者业务知识和经验的工作，即使身经百战，也难免会马失前蹄。为了避免导出的 CSF 不是真正的 CSF，通常在导出的时候或之后要进行确认，根据以往的实践经验，我们总结了一个可用于确认的核对清单供大家参考。

（1）是否为支撑战略方向必须达成的根本性要素？

目的是检查导出的 CSF 是否符合 MECE 原则。

（2）是否导出与战略无关的要素？

目的是筛除成功要素而非 CSF，这与（1）是相呼应的，（1）是怕有遗漏而导致不足，（2）是怕太多反而无法突出重点，避免过犹不及对 CSF 导出来说也适用。

（3）是否为构建公司长期竞争优势所需的要素？

目的是确保导出的 CSF 能直击企业增长本质，以利于长期构筑公司的核心竞争力。

（4）是否为具体的、明确的战略方向要素？

目的是检查导出的 CSF 是否具有针对性及可落地性，确保 CSF 不会沦为概念或口号。

（5）各战略方向的 CSF 是否过多，而导致缺乏重点？

通常，1 个战略方向对应的 CSF 数量不能太多，否则其重点会变得模糊，其数量为 3~5 个为宜；如果 CSF 太小，通过归纳（亲和法）扩大其颗粒度。资源是有限的，"好钢用在刀刃上"是基本的原则，这也是反复确认 CSF 的主要原因。

（6）CSF 导出结果是否通过最高经营层、业界专家、业务骨干的检验？

目的是达成共识。与战略方向需要公司各个层面的人员达成共识一样，CSF 导出后也要达成共识。首先是公司内部达成共识，其次是在有条件的前提下请业界专家反馈专业意见，内外部达成共识更有利于其落地执行。对执行者来说，也希望知其然并知其所以然。毕竟，谁都不希望自己最后变成机器，只会机械地执行指令。

（7）导出 CSF 后，反过来校验 CSF 能否支撑战略方向（需要反复确认的过程）。

目的是通过反向校验来确认导出的 CSF 是靠得住的，避免 CSF 执行到位后，战略目标仍然达不成。

（8）CSF 描述方式没有明确的方法或标准，一般以动宾短语（如降低成本、提高库存周转率等）方式描述。

目的是规范用语，方便大家理解，这一点更多是指导性意见，并非强制性要求。

通过确认核对清单上的几个问题，夯实了 CSF 在各个维度的基础，确保以 CSF 为导向能有一个好的战略结果。当然，核对清单上的问题也不是一成不变的，可以根据实际的业务场景做适当的增减，但最基本的要求是导出的 CSF 一定是"关键的"，否则就没有意义。

四、CSF 导出案例

前面我们介绍了 CSF 导出常用的三种方法，也介绍了辅助 CSF 导出的核对清单，下面我们基于五大来源法，对表 2-5 进行进一步分析，结果如表 2-6 所示。

表 2-6　导出 CSF

战略方向	运营定义	CSF	BSC 维度
渠道升级	1. 海外渠道，稳定基本盘，同时提升大客户占比，20%的客户销售额占比 70%以上；在此基础上，布局亚马逊、LAZADA 等平台，实现线上平台销售额占比 30%以上； 2. 国内线下渠道实行以自营+联营为主，同时兼顾加盟的方式，自营+联营零售门店占比 80%以上，逐渐放弃贴牌业务； 3. 国内线上平台，除稳固天猫、京东、拼多多外，布局短视频和直播平台，如抖音、快手、视频号、小红书等，线上平台合计增长不低于 120%；在合适的时机自建线上商城，降低对平台的依赖度； 4. 国外营收与国内营收的比例不高于 3∶2（当前是 4∶1），发展的重心放在国内新兴渠道拓展上	增加大客户收入占比	财务
		加速在亚马逊平台上的收入增长	财务
		加快建设零售终端体系	客户
		增强与渠道伙伴的合作关系	内部流程
		强化与线上平台的关系	内部流程
产品精品化	1. 改变当前海量 SKU 的情况，规范新产品申请立项流程，严格把好入门关，新品数量同比减少 60%以上； 2. 研发方式多元化（与供应商、研发机构合作，以及自主研发等），实施自主研发能力提升项目，基于市场需求牵引新品开发，提高新品研发命中率，命中率不低于 80%； 3. 通过产品精品化策略增加单款新品的销量，新品销售额占比不低于 70%，新品毛利率提升 30%以上	提升运营效率（研发效率）	内部流程
		减少 SKU 总量	内部流程
		增强研发能力	学习与成长
		提高产品总体毛利率	财务
		提高新品销量占比	内部流程
提高客户满意度	1. 充分发挥供应链的成本优势及优秀的产品实现能力，打造满足消费者个性化需求的精品，为消费者提供物美价廉的产品； 2. 进行渠道、门店的升级改造，通过数字化、智能化门店改善消费者购物体验，净推荐值提升 30%以上； 3. 加快线下售后服务网点布局，优化售后服务流程，提供自助服务、快递服务、上门服务等个性化服务，满足不同消费者的实际需求，确保售后服务满意度排名进入行业前三	提高产品供应能力	学习与成长
		提升客户购物体验	客户
		提升售后服务满意度	客户
		加强会员与粉丝运营	客户
		构建一流流程与组织文化	学习与成长

续表

战略方向	运营定义	CSF	BSC 维度
有效增长	1. 通过为消费者提供高性价比的产品，增强消费者的黏性，提高品牌知名度及消费者忠诚度；	强化成本控制能力	内部流程
	2. 强化欧洲市场"粮仓"定位，开发中国市场并使其成为第二个"粮仓"，东南亚成熟市场做厚、做透，其他市场稳步发展；	增加传统成熟市场收入	财务
	3. 实现欧洲市场份额第二，中国市场份额占第三，收入增速达到行业的 1.5 倍，净利率＞20%	加快新市场的收入增长	财务

导出 CSF 的时候通常需要同步进行 BSC 分类，如表 2-6 中"BSC 维度"栏所示。之后，还需要通过核对清单进行校验，复核通过后再进行"CSF 检验"。

五、CSF 检验

CSF 检验主要是基于 BSC 四个维度的关系衔接来完成的，如图 2-11 所示。

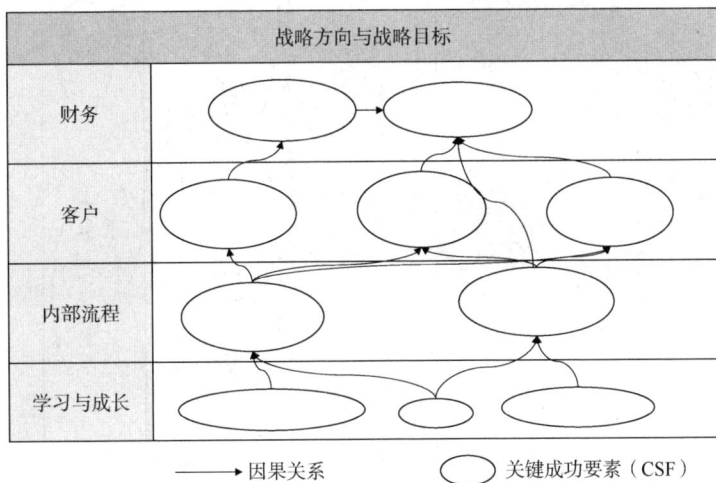

图 2-11　CSF 检验示意图

BSC 检验通过各个维度之间的因果关系，识别是否有缺失的 CSF，同时从四个维度检验 CSF 之间的均衡性。如果各个 CSF 之间没有办法建立因果关系，则意味着战略目标的实现存在风险，需要识别并补充缺失的 CSF。CSF 选定后，后续同样需遵循 BSC 的维度均衡选定 KPI。基于表 2-6 导出的 CSF，我们来做一个检验，如图 2-12 所示。

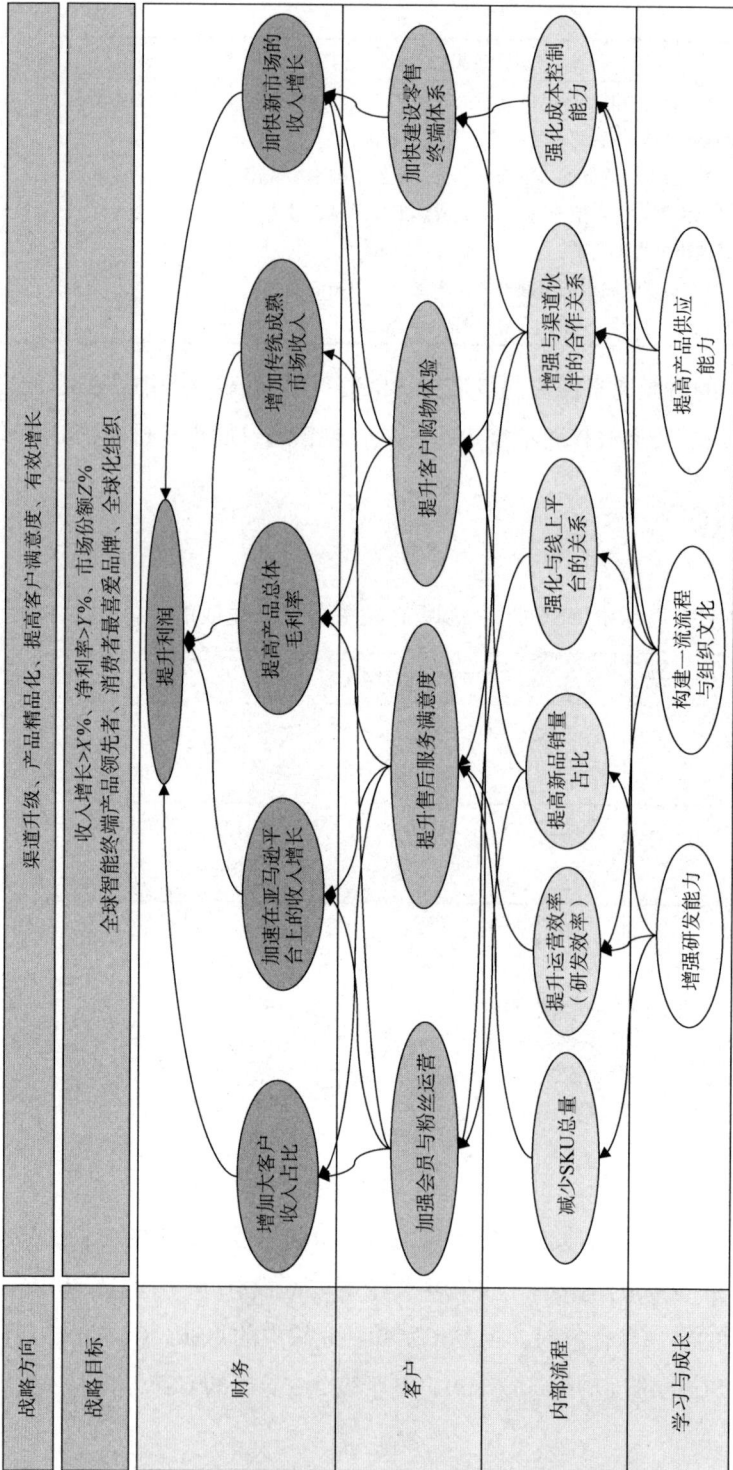

图 2-12 CSF 检验

通过 BSC 检验后，CSF 导出就告一段落了，接下来是基于这些 CSF 导出构成要素，并在此基础之上导出战略衡量指标。

第四节　BEM 第三步：导出战略衡量指标

CSF 导出之后，我们不难发现，这些要素的颗粒度还是很粗的，如果仅仅基于这些要素导出战略衡量指标，则显得有些不足，所以在导出战略衡量指标之前，通常还要将 CSF 进行一次或两次分解，把 CSF 下一层次的构成要素识别出来。

一、CSF 构成要素

所谓构成要素指的是对 CSF 有影响的详细要素，比如，CSF "提升客户购物体验"的下一层构成要素包括"购物环境、导购服务等"，这些都会影响客户的购物体验。在实际操作的时候，如果构成要素的颗粒度还不够细，可以将其进一步分解到下一层，如"购物环境"还可以分解成"空间布置、产品陈列、灯光等"。

CSF 构成要素导出的目的是导出可衡量 CSF 的绩效指标，即在明确构成要素后，从中导出作为 CSF 的备选指标。因此，构成要素导出的质量往往影响甚至决定了战略衡量指标的选取。如何确保构成要素导出的质量呢？有如下一些通用的方法可以借鉴。

（1）以财务维度的 CSF 为例，可以从事业部、产品线、成本构成要素等方面导出构成要素。如对于 CSF 销售增长，可以从 A/B/C 商业或 a/b/c 产品维度进行进一步分解。

（2）当与 CSF 关联的详细战略目标明确时，基于相关指标导出构成要素，也容易导出备选 KPI。如"客户满意度提升"，其对应的指标"客户满意度"很容易识别，可基于客户旅程（Customer Journey）的触点（Touch Point）来导出构成要素。

（3）对于内部流程或学习与成长的 CSF，由于难以导出对应的指标，要从各种维度导出备选指标，这时建议采用 IPOOC 导出。

构成要素导出的关键是懂得业务运作的逻辑，方法只提供了结构化的思考维度，可降低出现偏差的概率。

二、构成要素导出方法：IPOOC

CSF 构成要素的导出方法，目前比较成熟的是 IPOOC［分别对应 Input（输入）、Process（流程）、Output（输出）、Outcome（效果/影响）］，其通过一个结构化的表格，从多个维度去识别构成要素，如表 2-7 所示。

表 2-7　IPOOC 表格

战略方向	运营定义	CSF	IPOOC	说明	CSF 构成要素
			输入	一般包含资源（人、财、物）、信息	
			流程	从战略的视角看，影响 CSF 达成的关键活动、过程	
			输出	基于流程视角看流程的直接输出，如一个产品或一个制度等	
			效果/影响	基于内外部客户视角看收益，如经济结果、客户感受、品牌增值等	

IPOOC 是用流程的思路解析 CSF，通过分析每个阶段的影响要素形成管理闭环，如图 2-13 所示。

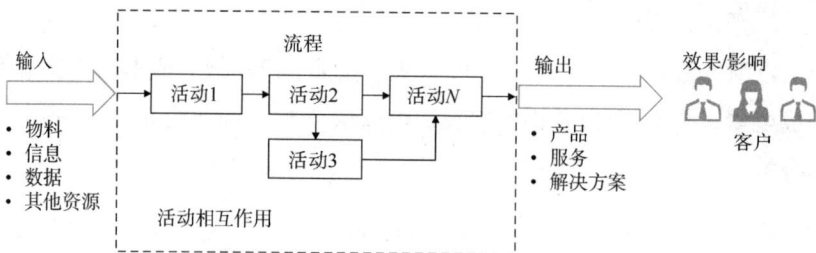

图 2-13　IPOOC 流程示意图

理解了 IPOOC，根据每个阶段的不同诉求，识别 CSF 构成要素即可。同样，我们以表 2-6 中的一个 CSF "提升售后服务满意度"为例，通过 IPOOC 来导出其构成要素，结果如表 2-8 所示。

表 2-8 IPOOC 案例

战略方向	运营定义	CSF	IPOOC	说明	CSF 构成要素
提高客户满意度	1. 充分发挥供应链的成本优势及优秀的产品实现能力，打造满足客户个性化需求的精品，为客户提供物美价廉的产品； 2. 进行渠道、门店的升级改造，通过数字化、智能化门店改善客户购物体验，净推荐值提升 30% 以上； 3. 加快线下售后服务网点布局，优化售后服务流程，提供自助服务，快速服务、上门服务等个性化服务，满足不同客户的实际需求，确保售后服务满意度排名进入行业前三	提升售后服务满意度	输入	一般包含资源（人、财、物）、信息	匹配客户需求的服务解决方案 优质的服务资源准备到位
			流程	从战略的视角看，影响 CSF 达成的关键活动、过程	人性化的服务 专业的技术水平 增值服务项目
			输出	基于流程视角看流程的直接输出，如一个产品或一个制度等	客户问题圆满解决 客户声音收集与闭环管理
			效果/影响	基于内外部客户视角看收益，如经济结果、客户感受、品牌增值等	品牌忠诚度更高 市场份额提升 利润改善

在实际操作的时候，可以根据业务需要确定是否继续往下分解构成要素。为了分解得更有条理，可以沿着流程展开。同样以"提升售后服务满意度"为例，如图 2-14 所示。

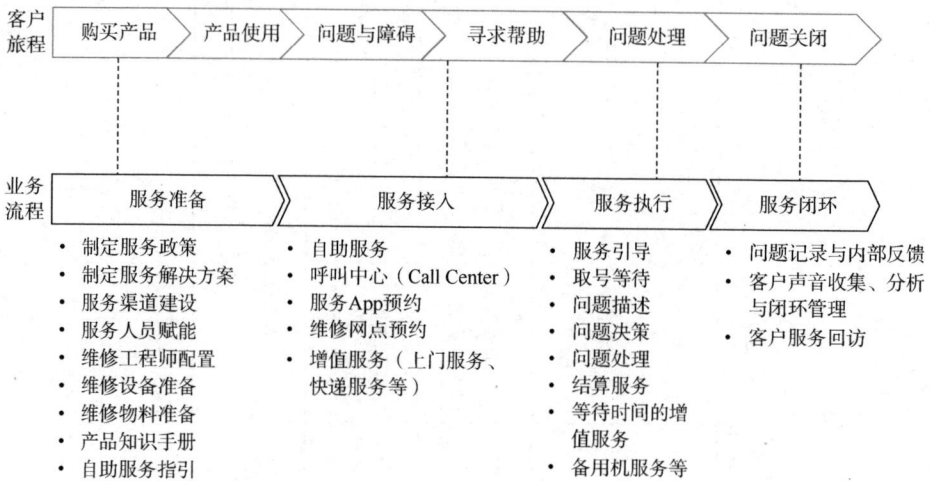

| 客户旅程 | 购买产品 | 产品使用 | 问题与障碍 | 寻求帮助 | 问题处理 | 问题关闭 |

| 业务流程 | 服务准备 | 服务接入 | 服务执行 | 服务闭环 |

服务准备
- 制定服务政策
- 制定服务解决方案
- 服务渠道建设
- 服务人员赋能
- 维修工程师配置
- 维修设备准备
- 维修物料准备
- 产品知识手册
- 自助服务指引

服务接入
- 自助服务
- 呼叫中心（Call Center）
- 服务App预约
- 维修网点预约
- 增值服务（上门服务、快递服务等）

服务执行
- 服务引导
- 取号等待
- 问题描述
- 问题决策
- 问题处理
- 结算服务
- 等待时间的增值服务
- 备用机服务等

服务闭环
- 问题记录与内部反馈
- 客户声音收集、分析与闭环管理
- 客户服务回访

图 2-14 售后服务流程概览示意图

通过流程分解，每个阶段应该关注的事情一目了然，构成要素可以根据业务场景选取、分解。更多分解的方法可以阅读流程管理方面的专著《打造流程型组织：流程管理体系建设实操方法》第四章"基于架构驱动的流程建设"，在此不做过多展开。

三、备选指标导出

构成要素导出之后，便需要基于构成要素进行备选指标的导出。如何识别绩效指标呢？可以用 QQTC 来进行设计。

QQTC 是指绩效指标设计的四个维度，即主要从四个方面考虑：数量（Quantity）、质量（Quality）、时间（Time）和成本（Cost）。这提供了一个结构化的思路，即基于业务的目标、业务属性，从不同的维度进行指标设计。下面基于前面分解好的构成要素表（表 2-8）为例，备选指标导出如表 2-9。

表 2-9 备选指标导出

战略方向	运营定义	CSF	IPOOC	说明	CSF 构成要素	备选指标
提高客户满意度	1. 充分发挥供应链的成本优势及优秀的产品实现能力，打造满足客户个性化需求的精品，为客户提供物美价廉的产品； 2. 进行渠道、门店的升级改造，通过数字化、智能化门店改善客户购物体验，净推荐值提升30%以上； 3. 加快线下售后服务网点布局，优化售后服务流程，提供自助服务、快递服务、上门服务等个性化服务，满足不同客户的实际需求，确保售后服务满意度排名进入行业前三	提升售后服务满意度	输入	一般包含资源（人、财、物）、信息	匹配客户需求的服务解决方案	客户问题包满足率
					优质的服务资源准备到位	服务准备度
			流程	从战略的视角看，影响 CSF 达成的关键活动、过程	人性化的服务	服务满意度
					专业的技术水平	合格维修人员数量、二次返修率（或一次维修合格率）
			输出	基于流程视角看流程的直接输出，如一个产品或一个制度等	增值服务项目	增值服务收入额
					客户问题圆满解决	问题及时关闭率
					客户声音收集与闭环管理	客户声音关闭率
			效果/影响	基于内外部客户视角看收益，如经济结果、客户感受、品牌增值等	品牌忠诚度更高	净推荐值
					市场份额提升	市场份额占比
					利润改善	净利率、服务成本占营收比率

指标的设计，除了用相对简易的 QQTC，还可以用目标驱动度量法（Goal Question Metric，GQM），在流程管理专著《打造流程型组织：流程管理体系建设实操方法》第五章"流程高效运转的保障机制"中有详细介绍，在此不再展开说明。

四、战略衡量指标选定

从 CSF 中导出构成要素后，基于构成要素识别到的绩效指标很多，应该如何选定呢？通常通过四个维度的评分来选定，包括战略相关性、可度量性、可控性和可激发性。

战略相关性指的是指标要正确支撑战略方向及战略目标，同时契合组织业务特性和职责。战略相关性是首要的，也是绩效管理的关键所在，上承战略需要在这里衔接起来。

SMART 原则［分别对应 Specific（具体、明确），Measurable（可衡量、可度量），Attainable（可达到、可实现），Relevant（相关性），Time-bound（有时限）］是绩效管理的基本原则，同样需要遵守。在这里，可度量性主要是指要有衡量指标的基础数据（采集来源），没有数据源的衡量就意味着只能凭主观判断；可衡量性就是要明确设定指标的基准，能设定具体目标，能做客观的度量。

可控性是指指标只适用于组织内部可控的业务范畴，在组织内能明确指标关联的职责和权限；对于不可控的业务，剔除，或采用其他指标。

可激发性是指指标并非仅用于数据统计，而是战略执行的工具，能激发员工努力和改善欲望。如果一个指标能让大家看了为之一振，那么这个指标就像"愿景与使命"一样具有激发性，让大家都愿意为之努力。

基于前面识别到的绩效指标，我们做了备选指标评分表（见表 2-10），由于每个公司的实际情况不同，这里仅展示表格，具体数据暂不填充，读者在实操的时候根据需要填充。

表2-10　备选指标评分表

战略方向	运营定义	CSF	IPOOC	说明	CSF构成要素	备选指标	战略相关性	可度量性	可控性	可激发性	分数
提高客户满意度	1. 充分发挥供应链的成本优势及优秀的产品实现能力，打造满足客户个性化需求的精品，为客户提供物美价廉的产品； 2. 进行渠道、门店的升级改造，通过数字化、智能化门店改善客户购物体验，净推荐值提升30%以上； 3. 加快线下售后服务网点布局，优化售后服务流程，提供自助服务，快递服务、上门服务等个性化服务，满足不同客户的实际需求，确保售后服务满意度排名进入行业前三	提升售后服务满意度	输入	一般包含资源（人、财、物）、信息	匹配客户需求的服务解决方案	客户问题包满足率					
					优质的服务资源准备到位	服务准备度					
			流程	从战略的视角看，影响CSF达成的关键活动、过程	人性化的服务	服务满意度					
					专业的技术水平	合格维修人员数量、二次返修率（或一次维修合格率）					
					增值服务项目	增值服务收入额					
			输出	基于流程视角的直接输出，如一个产品或一个制度等	客户声音问题圆满解决	问题及时关闭率					
					客户声音收集与闭环管理	客户声音关闭率					
			效果影响	基于内外部客户视角看收益，如经济结果，客户感受，品牌增值等	品牌忠诚度更高	净推荐值					
					市场份额提升	市场份额占比					
					利润改善	净利率、服务成本占营收比率					

在实际打分的时候，分值分别为：0（无相关）、1（弱）、3（一般）、9（强）。需根据实际情况对每个维度进行打分，最后的分数由四个维度的分值相加得出，得分多的指标就是 KPI。

五、平衡维度检验

与 CSF 通过 BSC 检验不同，KPI 的平衡维度检验主要通过 KPI 之间的因果关系分析实现，即通过因果关系分析确认有无必要以更有影响力的指标进行整合或变更。

KPI 的检验通过一个矩阵表识别得到，如表 2-11 所示。

表 2-11　KPI 平衡度检验

KPI	KPI1	KPI2	KPI3	KPI4	……	KPIN
KPI1						
KPI2						
KPI3						
KPI4						
……						
KPIN						

在检验的时候，需要逐个识别 KPI。以 KPI1 为例，需要横向沿着表格一个一个地对照检验，即 KPI1 与 KPI2、KPI1 与 KPI3、KPI1 与 KPI4……KPI1 与 KPIN，它们之间的关系分三类：不相关、正向相关、负向相关。KPI 之间的关系会影响最终战略衡量指标、组织衡量指标的设置，比如两个负向相关的 KPI 就要区隔考核。

六、CSF 字典

CSF 识别完成后，通常会编制数据表，俗称 CSF 字典，如表 2-12 所示。

CSF 字典作为战略解码的核心资产，需要及时入库管理。同时，这些信息并非一成不变，随着公司业务的发展，企业的战略方向可能发生变化，或者有新增的业务模式等其他因素变化引起字典信息发生变化，在做战略解码的时候就要更新 CSF 字典。

表 2-12　CSF 字典

战略方向	运营定义	CSF	构成要素	责任人	BSC 维度	备选指标	KPI

第五节　流程绩效指标体系

完成了 CSF 和 KPI 的识别，接下来要做的工作是将这些指标落实到相关的组织、团队和个人身上。传统的指标匹配职责（部门、岗位等）的做法效果不佳，往往因指标边界不清出现扯皮的情况，最后要么是强制执行却难以达成，要么不了了之。若强压下去的指标达不成，负责人就会以此为借口，推脱责任。要打破这个困境，可以借助流程绩效这个媒介，如图 2-15 所示。

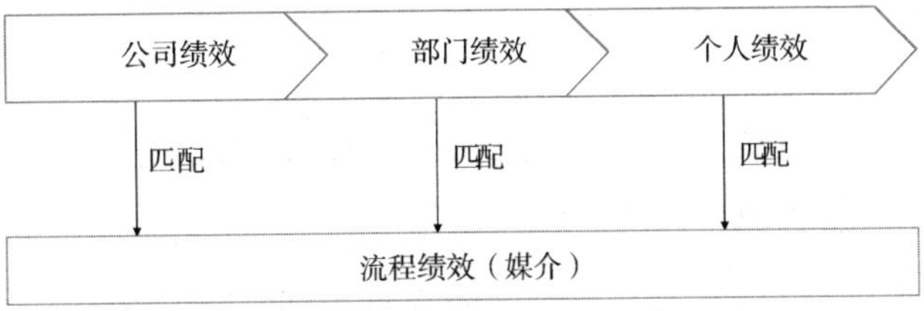

图 2-15　绩效指标确定示意图

为什么流程绩效可以充当这个角色呢？主要原因是业务是基于业务流程架构进行分解的，从 L1 至 L6 逐层分解，组织与业务流程架构建立起匹配关系，组织、岗位的职责都源自业务流程的归集，将绩效指标直接衔接到流程上既可以解决指标"没人认领"的尴尬场面，也有利于其落地执行。

在流程管理专著《打造流程型组织：流程管理体系建设实操方法》的第五章"流程高效运作的保障机制"中，介绍了流程设计的方法和流程管理机制，这部分内容不重复说明，在这里主要介绍流程绩效指标体系（L1～L4）的构建，将其中的衔接关系呈现出来，以便于与组织、个人建立关系。流程绩效指标体系构建分五步，如图 2-16 所示。

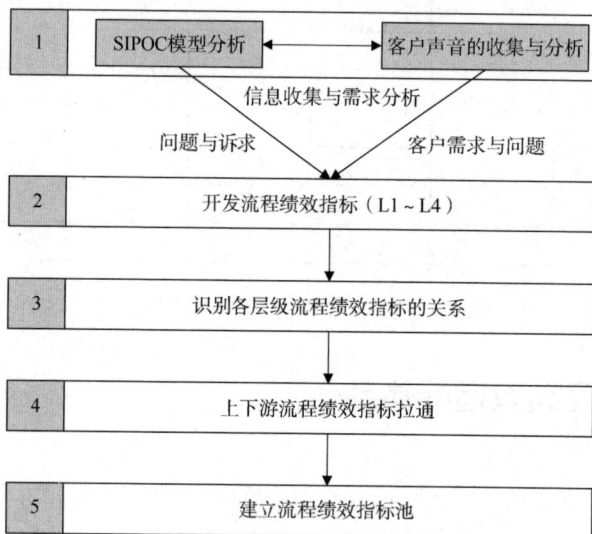

图 2-16　流程绩效指标体系构建示意图

下面，我们先来看第一步信息收集与需求分析。

一、信息收集与需求分析

信息收集来自两个方面，一个是流程本身的需求，另外一个是客户的声音（Voice Of Customer，VOC）。

先来看看流程本身的需求。这个需要通过识别流程的 SIPOC 模型来完成。SIPOC 模型是一代质量大师威廉·爱德华兹·戴明（William Edwards Deming）提出来的组织系统模型。他认为，任何一个组织都是由供应商（Supplier）、输入（Input）、流程（Process）、输出（Output）和客户（Customer）5 个相互关联、互动的部分组成的，取英文单词的第一个字母组成 SIPOC，如图 2-17 所示。

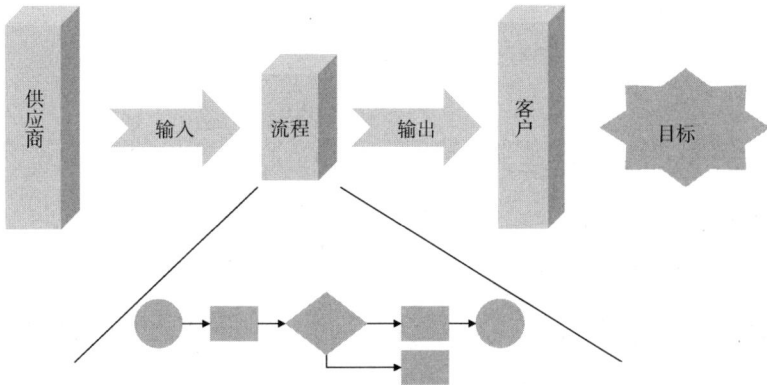

图 2-17　SIPOC 模型示意图

（1）供应商（Supplier）：向流程提供关键输入的人、组织或流程。之所以强调"关键"，是因为一个公司的许多流程都可能会有众多的供应商，但对价值创造起重要作用的是那些提供关键输入的供应商。凡是对流程输出不会有任何影响的供应商，不需要列入。

（2）输入（Input）：供应商提供的资源，包括物料、设备、信息等。要在 SIPOC 模型中对输入的要求予以明确，如输入的某种材料必须满足的标准、输入的某种信息必须满足的要素等。

（3）流程（Process）：使输入发生变化成为输出的一组活动。组织追求通过这个流程使输入增加价值。

（4）输出（Output）：流程的结果。要在 SIPOC 模型中对输出的要求予以明确。输出也可能是多样的，但在分析该流程时必须强调主要输出，判断依据为能否为顾客创造价值。

（5）客户（Customer）：接受输入的人、组织或流程。这里不仅指外部客户，还包括内部客户，例如，材料供应流程的内部客户就是生产部门，生产部门的内部客户就是销售部门。

SIPOC 模型已经被广泛应用到流程管理中，用来描述和分析流程。用 SIPOC 模型分析流程，主要从以下几个方面着手。

• 流程的客户（包括内部客户和外部客户）。

• 流程的起点和终点。

- 流程的输出。

- 流程的主要活动。

- 执行流程主要活动所需要的输入。

- 提供输入的供应商。

- 流程目标。

- 各环节存在的问题和诉求等。

基于这些要素分析，可以识别出流程的核心问题与诉求，之后便可以根据这些核心问题与诉求开发对应的流程绩效指标。

再来看看客户声音的收集与分析。关于客户的声音，亨利·福特曾说过："如果我最初问消费者想要什么，他们会告诉我，要一匹更快的马。"这句话的意思是，客户通常只能表达他们熟悉的需求，而这些需求往往是针对现有事物的改进。所以，收集到的客户声音不能直接使用，需要经过转换、分析，最终形成有效的信息。用一个简单的例子说明，如图 2-18 所示。

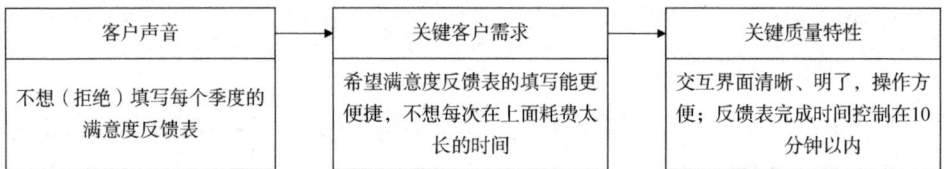

客户声音	关键客户需求	关键质量特性
不想（拒绝）填写每个季度的满意度反馈表	希望满意度反馈表的填写能更便捷，不想每次在上面耗费太长的时间	交互界面清晰、明了，操作方便；反馈表完成时间控制在10分钟以内

图 2-18　客户的声音转换

客户声音是客户对产品或服务的主观需求，通常情况下是定性的或模糊的，所以我们必须把客户声音转换成可用来评估流程绩效的关键质量特性（Critical-To-Quality，CTQ），有了关键质量特性，确定流程绩效指标就较简单了，图 2-18 所展示的转换就是例子。

需要补充说明的是，客户声音不仅仅来自问卷调查、满意度反馈表，也可以源自客户的投诉或抱怨，也可以面向客户，远程或现场进行满意度调查或需求调查。而关键质量特性是为满足客户需求而必须使产品或服务具有的某种重要及可测量的特性。

通过 SIPOC 模型分析，以及客户声音的收集与分析，我们就可以获得足够的信息来支撑流程绩效指标的开发。

二、开发流程绩效指标（L1～L4）

通过 SIPOC 模型分析和客户声音的收集和分析，结合公司的战略目标、上层流程的目的进一步定义和澄清本流程的目标。流程目标明确后，基于目标进行流程绩效指标的开发。

流程绩效指标开发的方法已在本章第四节提到，常用的 QQTC、GQM，QQTC 在前文已有简要说明，在这里仅对 GQM 做一个补充说明。GQM 是通过对目标及问题的驱动来度量目标是否被实现的一种面向目标的方法。它是将目标、问题与度量进行结构化处理，用于帮助理解"为什么（why）""什么（what）" 需要度量。这种方法旨在实现一种想法：公司基于业务流程的所有度量都是有意义的，既能够面向目标，应用于产品、过程和资源的优化和完善，又能够基于公司业务的上下文、环境和目标对优化和完善机制进行解释。

在流程管理专著《打造流程型组织：流程管理体系建设实操方法》的第五章第三节 "流程绩效管理" 中详细介绍了这两种方法，在此不再赘述。

三、识别各层级流程绩效指标的关系

流程绩效指标不是孤立存在的，下层指标与上层指标间存在着密不可分的联系，上层指标通过分解得到下层指标，下层指标支撑上层指标。因此，识别各层级流程绩效指标间的关系对后续的指标测评与分析十分重要。

流程通过架构（L1～L6）自上而下层层分解，基于业务逻辑的层层分解，反映了业务运作的本质；流程绩效指标从流程中来，自然而然地形成了自上而下的逻辑关系，与流程架构的层级体系相契合，如图 2-19 所示。

不同层级的指标之间存在直接支撑和间接支撑两种关系。直接支撑关系是指各下级流程的指标，通过简单相加就是上一层级流程的指标；间接支撑关系是指下级流程的指标和上级流程的指标之间不是加权关联关系，但存在一定的逻辑关系。

为了方便大家理解流程架构与流程绩效指标的分解与对应逻辑，下面拆解了一个案例做说明，如图 2-20 所示。

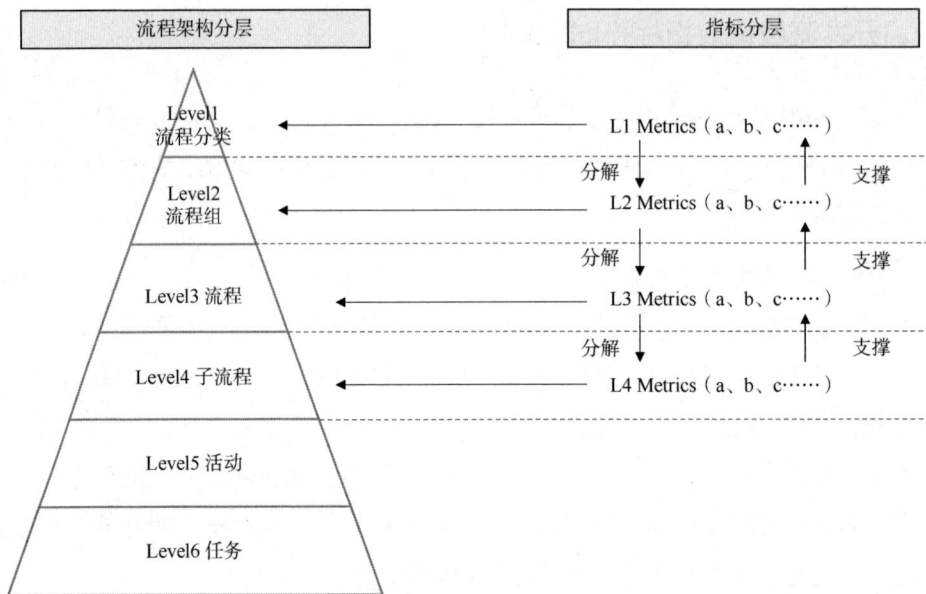

图 2-19　流程架构分层与指标分层对应图

L1	管理客户服务				
L2	开发客户关怀/客户服务策略	计划和管理客户服务联系人	产品售后服务	管理产品召回和监管审计	评价客户服务运营和客户满意度
L3	定义企业级客户服务需要	计划和管理客户服务工作人员	处理保修要求	发起召回	用客户的疑问、请求和查询处理方法衡量客户满意度
	定义客户服务体验	管理客户服务问题、请求和查询	管理供应商回收	评估任何危害发生的可能性和后果	用客户投诉处理和解决方法衡量客户满意度
	定义和管理客户服务渠道策略	管理客户投诉	产品服务	管理召回相关的沟通	衡量客户对产品和服务的满意度
	定义客户服务政策和程序	进行退货	挽救或修理退回的产品	递交监管报告	评估和管理保修绩效
	为每个客户细分市场建立目标服务水准	向监管机构报告事故和风险		监控和审计召回有效性	评估召回绩效
	定义保修服务			管理召回终止	
	开发召回策略				

图 2-20　流程架构分解示例

说明：此流程架构取自 APQC（American Productivity and Quality Center，美国生产力与质量中心）公开信息，与实际企业的运营有较大的差距，请勿直接应用于企业运营，避免带来负面的影响。

对应管理客户服务的流程绩效指标比较多，在这里仅选取了其中一个作为案例展示说明，案例背景来自 T 公司，如图 2-21 所示。

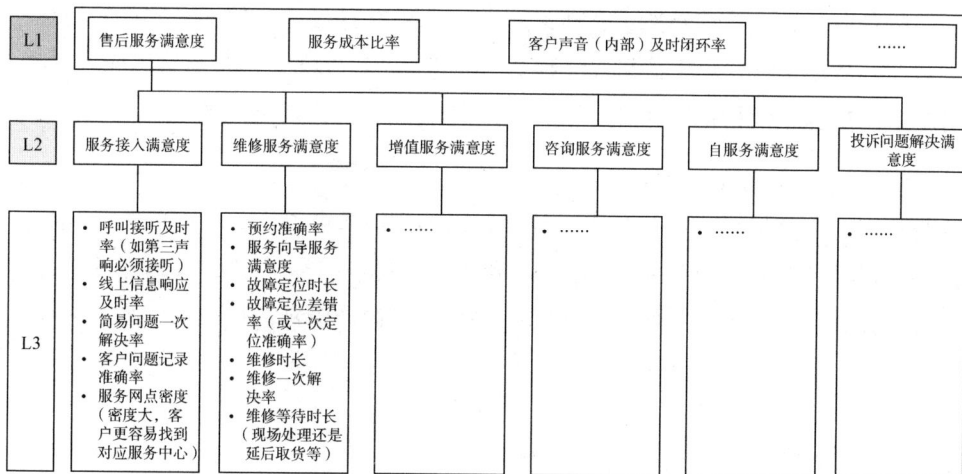

图 2-21　流程绩效指标分解示例

图 2-21 中，售后服务满意度（L1）与服务接入满意度、维修服务满意度、增值服务满意度、咨询服务满意度、自服务满意度和投诉问题解决满意度等 L2 层级指标是直接支撑关系。再往下分解到 L3 的时候，有些指标与其为间接支撑关系，如备件计划准确率，该指标会直接影响维修服务满意度，若备件计划准确率不足，则容易因缺少物料而不能完成产品维修，影响维修服务满意度，最终影响售后服务满意度。

通过图 2-21 的分解，各个层级流程绩效指标就建立起关联，这个关系是偏纵向的关系。纵向的关联关系反映了业务自上而下的层层分解，以及业务自下而上的层层支撑，是绩效关系的一个方面，另一方面则是横向的上下游流程绩效指标拉通。

四、上下游流程绩效指标拉通

上下游流程绩效指标拉通实际上是流程的横向拉通，是流程端到端价值的体现，用来解决流程的协同问题。流程与流程之间是通过流程接口（本流程的输入是上游流程的输出）就本流程交付属性类指标与下游流程客户达成一致，包括指标定义、频率、目标值、管理机制等，以确保流程客户对已确定的指标满意，并邀请流程客户参与本流程指标的定期审视。

举一个简单的例子，在客户服务流程中，产品维修流程的上游流程包括维修备件的获取流程、维修预约流程等多个前置流程。在设计产品维修流程的绩效指标时，由于该流程上游会受到备件计划的准确性、备件到货及时率等指标的影响，需要进行流程绩效指标的对齐。

设计好的流程绩效指标要与流程说明文件一起进行评审，相关部门的人需要参与评审，避免最后由于关联指标的问题影响该流程的效用。与此同时，如果流程绩效指标涉及外部合作伙伴（客户、供应商、渠道商等），则需要就相关指标的定义、计算公式、目标、统计口径等进行拉通，避免因理解偏差而影响业务的正常运作。

五、建立流程绩效指标池

流程的梳理不是一蹴而就的，流程绩效指标的设计亦是如此，为了方便管理，通常会建立统一的流程绩效指标池。对于流程的新建、优化、变更、失效（或废止）等，都需要进行审视并更新对应的流程绩效指标库，尤其是流程绩效指标之间的关系网，包括纵向的分解与横向的拉通。流程绩效指标池表可以参考表 2-13 的栏位设计。

表 2-13　流程绩效指标池表

指标名称	指标定义	设置目的	计算公式	所属流程	指标负责人	指标发布部门	适用范围	统计频率	统计周期	统计维度	统计口径（可选）	度量单位	指标成熟度	数据来源	备注（可选）

由于每个公司所处的现状不同，流程绩效指标池表格中的栏位就会有区别，可以根据实际需要进行增减。

构建流程绩效指标体系是流程管理的核心内容之一，是流程运营的关键抓手，通过对流程绩效指标的监控，可以实时获悉当前流程的执行情况，基于指标反映的问题推动业务流程的优化。在第七章"质量运营管理"中，我们会着重探讨流程绩效指标的应用，在此暂不展开说明。

第六节　战略 KPI 方案设计

在第四节"BEM 第三步：导出战略衡量指标"中，已经完成了战略 KPI 的选定与校验，但还没有落实到具体的责任人。战略 KPI 的落地需通过方案的设计才能完成。

设计战略 KPI 方案通常有两种方法：MRC 分析法、流程绩效指标法。下面先来看看 MRC 分析法。

一、MRC 分析法

MRC 取自三个英文单词的首字母。

M 是 Management（管理），是指对指标承担管理责任的部门。每个指标必须选定一个 Management 部门。

R 是 Responsibility（负责），是指对指标承担目标达成责任的部门。每个指标可能会涉及多个 Responsibility 部门，但必须选定至少一个部门。

C 是 Cooperation（协助），是指对指标给予协助和支撑的部门。每个指标可能会有多个 Cooperation 部门，但也会存在没有相关部门的指标。

使用 MRC 分析法设计 KPI 方案，需要注意以下几点。

（1）MRC 矩阵由战略管理部门或质量运营管理部门主导，绩效管理部门协同参与，通过征求相关业务部门负责人意见，经多方达成共识后输出，如表 2-14 所示。

（2）在 MRC 矩阵中，标记 KPI 对应的各个部门的职责属性（M、R、C）；管理部门填写 M，目标达成部门填写 R，填写完 M 和 R 后识别各个协助部门并填写 C；所有的战略 KPI 必须匹配相应的组织，不能有遗漏的情况。

（3）在标记属性的时候，需要参考上个年度的组织考核 KPI。

表 2-14　MRC 矩阵

战略 KPI	战略管理部	产品研发部	供应链部	……	流程与 IT
KPI1					
KPI2					
KPI3					
……					
KPI*N*					

通过 MRC 矩阵，战略 KPI 可以匹配到相应的组织，这样也就有了落地执行的抓手。

需要注意的是，在使用 MRC 分析法的时候，往往会出现以下情况：有些战略 KPI 没有人认领，各部门都说不属于自己，需要有决策机构来做裁判。由于方法自身的局限性，MRC 分析法比较适合规模不大、管理成熟度相对较低的企业；反之则用流程绩效指标法更精准。

二、流程绩效指标法

流程绩效指标法是指将战略 KPI 与流程绩效指标体系建立匹配关系，通过流程绩效指标体系找到对应角色，使角色匹配岗位、岗位匹配组织。

对于流程管理体系比较完善的企业，如果已经建立了流程绩效指标池，可以直接用战略 KPI 在流程绩效指标池中进行匹配，匹配到对应的指标就能明确指标责任人及对应的发布部门，实现战略 KPI 与组织的衔接。若个别指标未匹配成功，可以与流程管理部门沟通，由流程管理部门主导更新流程绩效指标池，完成后重新匹配。

对于流程管理体系相对弱一点的企业，如果还没有建立流程绩效指标池，可以通过企业的职能划分判断流程领域及对应的流程，再通过流程匹配到组织，如表 2-15 所示。

表 2-15 战略 KPI 与流程、组织匹配表

组织与	组织 1			组织 2			……	组织 N	
流程	流程 A	流程 B	流程 C	流程 D	流程 E	流程 F	……	流程 N	……
KPI1									
KPI2									
……									
KPIN									

通过匹配表，可以将战略 KPI 与流程、组织建立关系。因为流程图明确了角色，且流程说明文件定义了角色与岗位的匹配关系，所以与 MRC 分析法相比，流程绩效指标法更精准。需要注意：将战略 KPI 匹配到组织并不能保证其得到有效执行，这是因为如果组织绩效向个人绩效的分解缺乏科学的方法，就可能出现偏差。将战略 KPI 直接分解到流程就可以避免这种情况，企业的员工每天都在执行流程，执行流程就直接支撑了战略 KPI 的落地。

三、指标目标值确定

指标目标值的确定往往是最有挑战性的，上层管理者希望设定更高目标，具体承接指标的人则希望目标更具可实现性。于是，双方不约而同地通过"卖惨"，试图使目标有所改变。通常，指标目标值的确定就是一个上下博弈的过程，也是一个相互妥协的过程。

为了避免内耗，可以设置一些确定目标值的规则，根据实际发生的值适时做调整，以确保规则是可行的。确定目标值的关键是要有基线值（目标锚定），基于基线值来讨论目标值、挑战值。基线值可以参考标杆企业的做法，如表 2-16 所示。

表 2-16 基线值确定表

数据类型	数据呈现稳定时	数据持续增加或减少时	数据只在一定期间内稳定时	数据不稳定时
基线值	以最后 1 个月为基准，取 3 个月以上实绩的均值	最后一个月实绩	以稳定期间的最后 1 个月为基准，取 3 个月以上实绩的均值	相关期间的平均实绩，通常看 6~12 月数据

基线值确定之后，目标值可以在这个基础上乘以一个百分比（百分比由公司

高层讨论决定，根据实际达成情况适当调整），逐渐形成惯例。当然，在数据充分的情况下，目标值可以参照竞争对手或相关行业的管理最佳实践，根据竞争策略设定，通常以接近或超过竞争对手为长期奋斗目标。挑战值通常在目标值的基础上增加20%或30%，甚至更高的比例，以体现挑战性、激发士气。

四、KPI 字典制作

为了方便管理，确保每个员工都能正确理解公司制定的战略 KPI，可根据需要制定 KPI 字典。KPI 字典用于制定目标值和管理实际达成情况，模板如表 2-17 所示。

表 2-17　KPI 字典示例

指标名称				
管理部门		责任人		
指标定义				
指标管理范围	公司（　） 　1 级部门（　） 　2 级部门（　）			
管理目的				
计算公式				
计算基准（公式追加说明）				
采集来源				
报告周期		报告对象		

2024 年实绩	区分	1 月	2 月	3 月	4 月	5 月	6 月	7 月	8 月	9 月	10 月	11 月	12 月	年计
	计划													
	实绩													

目标值确定	2024 年基线	2025 年目标	单位
基准日期			

2025 年目标	区分	1 月	2 月	3 月	4 月	5 月	6 月	7 月	8 月	9 月	10 月	11 月	12 月	年计
	计划													
	实绩													

KPI 字典栏位比较多，且各个栏位都有其意义，下面对各个栏位做一个简要说明，方便读者理解和填写。

（1）指标名称。必须注明具体的指标名称，如人员流失率、员工满意度（或敬业度）、交付及时率、库存周转率等。

（2）管理部门。每个指标必须注明管理部门名称，如战略管理部、人力资源管理部等。

（3）责任人。每个指标都要有对应的责任人，具体到人才能落实到位。

（4）指标定义。必须对指标做出具体的解释。比如，库存周转率是指在某个时间段内库存货物周转的次数，它是反映库存周转快慢程度的指标。

（5）指标管理范围。需注明相关指标的具体管理范围（公司、1 级部门、2 级部门等），当然如果有 3 级部门、4 级部门，可自行添加到表格中。比如供应链管理部有"交付及时率"指标，其管理范围是整个 1 级部门，因此在 1 级部门对应括号里打钩。

（6）管理目的。每个指标必须注明管理目的，即要具体描述通过管理指标可以获得的效果。如果没有描述管理目的，模棱两可的指标就没有必要管理。比如，交付及时率的管理目的是确保产品能及时、有效地按要求交付给客户，提高客户满意度。

（7）计算公式。每个指标必须注明计算公式，分子、分母、相加、相减等需明确。要从第三者的角度描述，达到所有人以同一标准衡量指标，以免出现计算结果有误。比如，库存周转率=时间段天数/库存周转天数。

（8）计算基准（公式追加说明）。如果计算公式或指标定义模糊，应对其进行注释，如工伤事故定义、核心人员的定义等。

（9）采集来源。每个指标需注明数据采集来源或依据。如果没有采集来源，指标就无法进行统计和管理，这是 KPI 字典非常重要的栏位；如果有系统就注明系统名，如果没有系统就注明具体表格。比如，生产效率的采集来源是生产日报、人员流失率的采集来源是人员动态表等。

（10）报告周期。需注明报告周期。比如交付及时率，每个月都要统计报告。

（11）报告对象。需注明报告对象为上级或相关部门。比如，人员流失率的报告对象是人力资源管理部总裁。

（12）实绩。需具体描述上一年当时确定的计划值及实绩值，如果没有计划或实绩，就用"—"表示。

（13）单位。需明确指标的单位，若指标为百分比形式，必须保留小数点，并统一保留位数，如果要保留 1 位，则全部要保留 1 位。对于基线、全年目标、月度目标，不用加单位，写数据即可。

（14）基线。需明确基线值的确定规则，在前面"指标目标确定"部分已经明确过取值的方法，参照表 2-16 执行即可。

（15）目标。确定基线值后，要合理确定改善目标，尽量确定具有挑战性的目标。具体确定目标的方法，在前面"指标目标确定"部分已经说明，在此不再赘述。

KPI 字典制作完成后，从战略层分解的指标基本落实到流程、组织，战略层面的工作告一段落。但战略 KPI 仅是组织绩效的一部分，组织绩效需要考虑多个维度来确定最后的指标及目标。

第七节　制定组织绩效目标

如果说战略是绩效管理的源头，那么组织绩效就是绩效管理的主干，向上承接战略的要求，向下衔接个人绩效，指导个人绩效目标的制定。

一、为什么要做组织绩效管理

部分企业还没有建立起组织绩效的概念，绩效管理体系仅被简单划分为公司业绩目标、管理者绩效、个人绩效，部门级的绩效直接由管理者绩效替代。当企业规模小的时候，这算是一种简单易行的方案，而随着企业发展，组织绩效应该步入规范管理轨道，形成完整的绩效管理体系。

关于是否要做组织绩效管理，很多读者可能会有疑问，在这里用一个例子做一个简要的说明。

　　3D 公司是一家研产销一体的服装品牌商，一级部门有战略部、产品研发设计部、供应链部、采购部、渠道管理部、销售部、人力资源部、财务部、流程 IT 部等。2023 年，王伟总监是销售部负责人；2024 年，原来的渠道管理部负责人姜为总监离职，由于公司临时找不到合适的负责人，便让王伟总监兼任渠道管理部负责人。如果没有组织绩效，王伟的考核指标将直接叠加原姜为的考核指标，假设他们原先每人的考核指标有 6 个，合并后就是 12 个指标，这导致指标清单冗长，被考核人可能连指标名称都记不清，考核工作就失去了重心和意义。如果有组织绩效，假设每个部门有 6 个指标，部门负责人将指标分解给合适的人，自身仅负责战略性指标，这样便可以维持适当的指标数量。

　　做组织绩效管理还有另一层意义：将组织的绩效与部门负责人的绩效区分开来。这可以避免部门负责人坐享其成，即仅依赖前人打好的基础获得成果，而不为组织的未来发展投入（如基础能力建设）。若任由此现象发生，当继任者来了，只能重新"拓荒"，很容易形成恶性循环。仍以 3D 公司为例进行说明。

　　王伟总监兼任渠道管理部负责人一年多后，由于个人原因离开了公司。在兼任渠道管理部负责人期间，王伟聚焦渠道升级，将公司主要门店从街铺转移到购物中心，同时开拓线上商城。由于前期投入比较大，效果不是特别明显。王伟离职后，公司临时安排财务部负责人王蓉总监来兼管，作为招聘到该部门负责人前的过渡性安排。由于王蓉总监不懂这个部门的业务，平时就负责组织团建活动，具体的业务由下面的经理操办。半年后，原总监王伟推动的渠道升级慢慢呈现效果，公司业绩迎来快速增长。如果仅以个人绩效考核，王蓉总监就能轻轻松松拿到好绩效；如果以组织绩效考核，那么功劳就能归到渠道管理部真正出力做事的团队成员身上。这个小的差别，对员工来说，是完全不同的。此外，仅以个人绩效考核还容易让不知晓实情的人将这个业绩归于王蓉总监个人的贡献，认为她胜任这个岗位，甚至应该晋升、加薪，进而带来负面的影响。

　　组织绩效是组织全体成员共同努力得来的，不仅仅是组织负责人个人的成果。当然，管理者的功劳不能抹杀，只是要用合适的方式来管理。

　　在计算团队绩效奖金的时候，还可以将组织绩效作为一个系数纳入计算公式中，突出团队协作的重要性。因此，对已经具备一定规模的企业来说，突出组织绩效管理的重要性是很有必要的。

二、组织绩效指标来源

在第六节"战略 KPI 方案设计"中，已通过 MRC 分析法或流程绩效指标法，将战略 KPI 落实到具体的组织中，这是组织绩效指标最重要的来源。除此之外，组织绩效指标还有三个来源，即组织发展需求、运营痛点问题和关联领域需求。

组织发展需求。企业有生命周期，企业内部的组织（部门、小团队）也一样，在不同时期有不同的发展需求。需要结合组织定位及未来发展规划拟定合适的指标来指引其发展方向。举一个简单例子：某公司战略管理部是今年刚刚成立的，在年底做第二年的工作计划及制定绩效指标的时候，其重心在组建团队、建立相应的流程等基础建设上；而对于公司其他已经稳定运转的部门，首要考虑的不是组建团队、建立流程，而是聚焦业绩目标，同时基于需要提升组织能力，优化当前的业务流程。组织发展需求聚焦组织自身能力的建设，是需要根据组织发展阶段长期建设、维护的。

运营痛点问题。在日常运营中，每个组织都会遇到一些痛点问题，而这些痛点问题就是组织绩效指标的重要来源。组织既需要"诗和远方"（长期能力建设），也要关注眼前的"苟且"（短期的问题处理）。组织需要将这些运营的痛点问题回归到业务流程中并进行优化，通过绩效管理来牵引，最终达成组织的目标。

关联领域需求。公司的业务是一体的，在关联领域制定组织绩效的时候，可能出现相互支撑或互斥的绩效指标，需要配合。在本章第五节"流程绩效指标体系"中提到，上下游流程绩效指标要拉通，目的是识别出影响该流程绩效的各个指标及关联因素，并建立关联关系，以便在制定绩效指标的时候，快速识别出需要协同的部门。

以 T 公司为例，3C 数码产品售出后，部分产品涉及售后维修问题，评价维修业务的绩效指标有维修服务满意度、维修时效、问题一次解决率等，影响这些指标达成的一个关键因素是支持维修服务的备件（维修用零件）库存是否能满足维修需求，而评价备件管理业务的绩效指标有计划准确率、库存周转率等，所以在制定维修部门绩效指标的时候，必须与备件管理部门约定备件库存的协同标准，以确保维修部门的 KPI 能达成。

对于互斥的绩效指标，在制定的时候就要寻求平衡，人力资源管理部门、业务部门要在这个时候发挥牵引作用，确保大家能达成共识。

三、成熟业务与创新业务的指标

与企业的生命周期类似，业务也有发展周期。根据麦肯锡的三层面理论，可以将企业的业务分为三大类，通俗地讲就是碗里的（第一层面）、锅里的（第二层面）和田里的（第三层面），如图 2-22 所示。

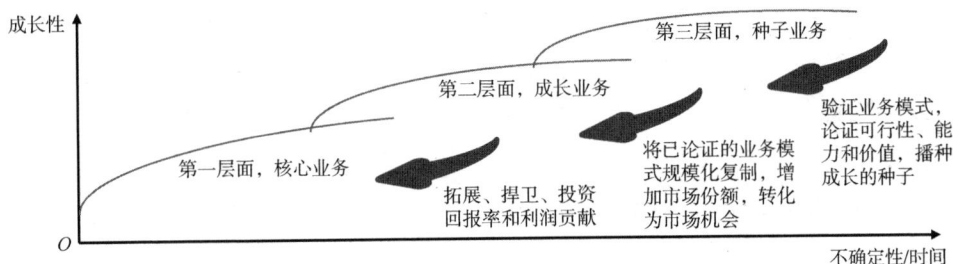

图 2-22　三层面理论

三层面理论由麦肯锡资深顾问梅尔达德·巴格海（Mehrdad Baghai）、斯蒂芬·科利（Stephen Coley）和戴维·怀特（David White）提出。他们基于对世界上不同行业的 40 个处于高速增长企业的研究，在《增长炼金术：企业启动和持续增长之秘诀》中提出：所有不断保持增长的大公司的共同特点是保持三层面业务的平衡发展。

第一层面，核心业务。在这个阶段，业务目标很明确，就是拓展和守卫，尽快回收前期投入，为第二、第三层面的业务提供稳定的现金流支持，所以其关注的重点是利润贡献、ROI 等。当然，这并不是说在这个阶段停止投入，只是投资相对来说比较明确、聚焦，更加关注其回报率、回报周期。

第二层面，成长业务。成长业务是指即将涌现增长动力的业务，这些业务的特点是发展迅猛，但这个阶段并不会带来太多的利润贡献，甚至还会亏损，还处在市场投入期。在这个阶段，业务的目标很明确，就是将已论证的商业模式规模化复制、增加市场份额、转化为市场机会，所以这类业务关注的重点是营业收入、市场占有率、净现值等。

第三层面，种子业务。种子业务又称开创未来事业的机会，其尚处在漫长的概念和孵化期，还需要商业验证。在这个阶段，需要不断投入资源，对于成功还存在不确定性，本质上是对未来的投资。这类业务关注的是期权价值（市场估值）、成功的可能性（项目进展关键里程碑和成功概率）、选择方向的价值等。

企业，尤其是以业务划分事业单元、事业部的企业，在制定组织绩效指标的时候，需要重点关注业务所属层次，有针对性地设置指标和目标。

四、短期与长期的平衡

无论是制定组织绩效目标还是个人绩效目标，都会涉及长期与短期的平衡问题。对组织来说，短期目标是获取更多的利润和更高的市场份额等；长期目标是实现持续高速增长，基业长青。事实上，这两者是存在一定冲突的，实现长期目标需要投入资源，但是短期看不到效果（营收、利润等），且会影响短期目标的达成，所以平衡这两者之间的权重是关键。如何破局呢？我们来看看管理领先企业的做法。

在华为公司有一个不成文的规定，短期目标与长期目标"七三开"，与短期业绩相关的指标权重占比70%，与长期公司能力建设相关的指标权重占比30%。这样，既保证了短期的收益，又兼顾了企业长期发展的需要。

具体是"七三开"还是"八二开"，需要根据公司的实际情况来定。通常来说，高科技行业，如涉及组织能力建设、技术预研等高投入领域，可以适当提高长期目标的占比；传统行业（未来的投资会相对小一些）可以适当提高短期目标的占比。

五、组织绩效指标与目标的确定

在前面"组织绩效指标来源"中提到，组织绩效指标有四个来源，包括战略规划要求、组织发展需求、运营痛点问题和关联领域需求。对于战略规划要求，组织必须承接，没有讨价还价的余地；对于另外三个来源，需要酌情确定具体的指标与目标。

无论是组织发展需求还是运营痛点问题、关联领域需求，都需要从紧急程度、价值和准备度三个维度来确定优先级，可以采用打分制或部门负责人组织内部讨论决定。在具体指标定义上，大部分企业基于部门职责描述来完成这项工作，此方法在企业规模小或管理不完善的时候可以作为过渡性方案使用，但存在与业务运营脱离的风险。在条件允许的情况下，建议从流程绩效指标池中进行匹配、选择，这样既不用重复去定义，又更贴近业务，同时指标之间建立了关联关系，对后续的质量运营管理起到了关键的支撑作用。流程架构与组织架构匹配示意图，如图 2-23 所示。

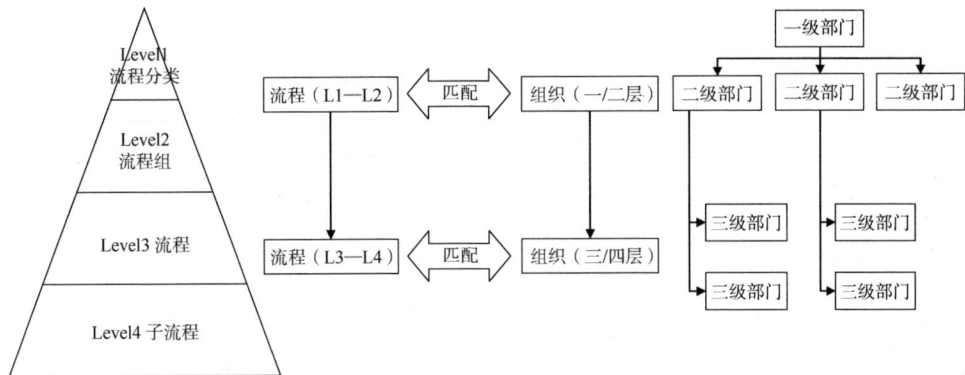

图 2-23　流程架构与组织架构匹配示意图

流程架构与组织架构的匹配不是一一对应关系，存在跨层级匹配的情况。

流程绩效指标是沿着流程架构往下分解的，在本章第五节"流程绩效指标体系"中有说明（见图 2-19）。流程绩效指标通过和组织架构建立匹配关系而与组织绩效指标建立匹配关系，如图 2-24 所示。

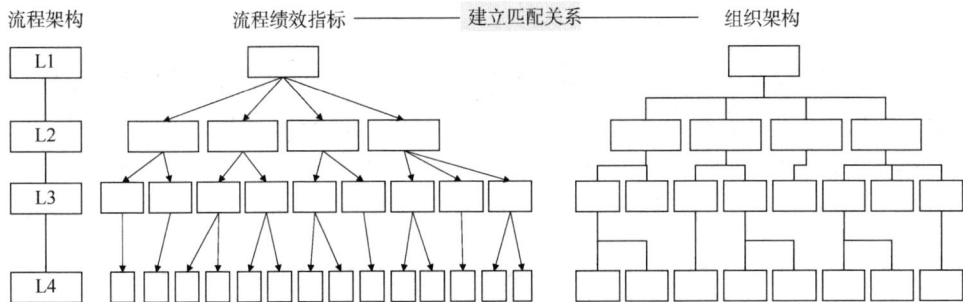

图 2-24　流程绩效指标与组织架构匹配示意图

需要说明的是，流程绩效指标与组织架构的匹配并不是一一对应关系，存在一对多及跨层级对应的情况。原则上要求定量指标，定性指标需定量化，个别无法定量的指标也要做好详细的描述、达成共识，避免评价的时候出现争执。

目标值的确定，可以参考本章第六节讲述的指标目标值确定的方法。如果没有可以参照的数据，可以根据企业组织能力，以"小步快跑"的方式持续提升目标值，设置每年 $X\%$ 的目标提升要求。目标值没有绝对的标准，由企业内部管理层讨论决定，通常 3%～5% 是比较合理的，当然，对于原来比较糟糕的指标，可以适当提高这个比例。经过反复沟通后，形成共识，如表 2-18 所示（可根据公司实际需要增减栏位）。

表 2-18　组织绩效目标表模板

分类	KPI	权重	底线值	达标值	挑战值	基线值	单位	度量方法及口径说明
客户（$X\%$）								
财务（$X\%$）								
内部流程（$X\%$）								
学习与成长								
加减分项								

在确定组织绩效指标和目标的时候，理论上要先确定组织绩效再分解至个人绩效，而在实际操作的时候往往会同步进行，最后完成上下对齐及横向拉通。组织绩效指标和目标经内部沟通确认后，还需要跟关联领域拉通，并报上一级主管审批。

六、项目绩效目标

在企业中，有一个比较特殊的常规组织，即项目团队，所以项目绩效目标也是企业在做组织绩效管理时必须考虑的问题。对项目来说，价值是主要评价维度，以供应链优化项目为例，设定目标时需先明确要解决的问题（如交付及时性、成本等）。问题确定后，对应的指标也就有了，且指标目标值需在项目立项时明确，如交付及时率提升 $X\%$ 等。对于短期无法量化的项目，则需通过项目的里程碑来评价其价值，虽然不是那么严谨，但也能反映项目的投入情况与实际进度。

对于周期比较长的项目，在做绩效管理的时候，可以根据项目阶段来评价，即将计划与实际进展进行对比。对于项目团队中个人绩效的设置，我们在接下来的第八节中说明。

组织绩效目标的制定是一个复杂的过程，它既要承接战略规划的要求，又要兼顾关联领域部门的需求，还要围绕组织自身能力的建设；既要考虑短期的业绩，又要考虑组织长期发展需要，是整个绩效管理体系的难点、要点。

第八节　个人业务承诺

组织绩效既向上承接了战略要求，也向下对个人提出了绩效要求，个人必须承接组织的意图，使自己的工作能支撑组织绩效目标的达成，进而支撑公司战略目标的达成。制定个人绩效目标，可以借鉴源自 IBM 的个人业务承诺。

一、什么是个人业务承诺

个人业务承诺（Personal Business Commitments，PBC）源自 IBM，后经华为公司引入并实践才逐渐被国内大众知晓。

最初在 IBM，个人业务承诺作为业务绩效管理系统被使用，基于 IBM 的企业文化——"赢"而设计，包括承诺取胜、执行和团队精神，对应 Win、Execute、Team 三个模块。每年年初，每个员工都要在充分理解公司业绩目标和具体 KPI 的基础上，在部门经理的指导下制定自己的个人业务承诺，并列举出下一年为实现业绩目标、执行方案和团队合作所需要采取的具体行动，这相当于员工与公司签署了一年期的业绩合同。

个人业务承诺不是简单的拍胸脯式承诺，而是员工通过与直接主管、经理的不断沟通制定的，是双向互动的过程，而非简单的任务分解和对上级命令的执行。这种机制可以使员工个人的业务目标与整个部门的业绩目标相融合，进而与公司战略目标紧密结合，既能提高员工个人的参与感，落实岗位责任，又能调动员工工作的主动性，保证目标得到切实的执行。若想在个人绩效评分上取得好的等级，就必须清楚地了解部门的业绩目标，抓住工作中心，充分发挥团队合作优势，并切实执行。个人业务承诺包含三个维度的承诺：第一个是承诺必胜（Win），第二个是承诺执行（Execute），第三个是承诺团队精神（Team），下面具体说明。

（1）承诺必胜（Win）。这个承诺要求每个员工抓住任何可以获取成功的机会，以坚强的意志驱动个人和团队成长，并且竭力完成如市场占有率、销售目标等重要的绩效评估指标。如何赢得市场地位？这就要求构建高效率运营体系，快速做出反应，准确无误的执行标准，发挥团队优势，形成有利形势。

（2）承诺执行（Execute）。执行是 IBM 时刻强调的一个词，即将计划、目标和承诺转化为切实行动。执行是一个过程，它全方位地反映员工的素质，反映其业务流程优化和执行的能力，展现员工挑战自我的无限潜能，亦彰显其在管理上的修炼和创新精神。

（3）承诺团队精神（Team）。IBM 采用非常成熟的矩阵管理模式，往往一个项目或业务会涉及很多部门，许多业务是一个人无法完成的，需要跨部门的沟通和协作，做到充分发挥公司的整体优势并充分利用公司资源。因此，团队合作（Team-work）的意识是非常重要的，任何人在工作中随时要准备与人沟通、合作，必须习惯把团队合作作为思考问题的出发点。

IBM 的个人业务承诺是怎么传到华为公司的呢？1998 年，华为公司开始向 IBM 学习，从 IT 策略与规划咨询项目开始，后面陆续引入 IPD、ISC 等项目。在一次非正式交流会上，IBM 谈到了个人业务承诺，华为 IT 部门的负责人觉得不错，率先在 IT 部门试点，后来通过人力资源管理部的推广，个人业务承诺在全公司铺开。

华为公司在引入个人业务承诺的时候，参照 IBM 的三大模块（Win、Execute、Team），做了细化定义。后面在实际运作的过程中，通过改良，将其变成了三个部分：第一个是业务目标，第二个是人员管理目标，第三个是个人能力提升计划。虽然沿用了个人业务承诺这个名称，但改良过后的实际内涵已经大不相同。应该说，改良后的版本更适合本土企业使用。本书抽取了华为公司个人业务承诺的精华部分，将其融入集成绩效管理体系中，使其与其他模块一起更好地发挥作用。

二、绩效管理原则与考核对象分类

个人绩效管理的目的首先是为组织绩效目标贡献自己的价值，支撑公司战略目标的达成。同时，赋能员工，提升组织能力，使得企业能持续、稳健、高速发展。在具体管理过程中需要遵守一些原则，以便能更好地发挥其效能，包括战略导向、系统性、客观性、责任结果导向、强化辅导和正向激励。

（1）战略导向。个人绩效管理必须承接组织绩效，组织绩效承接战略要求；从纵向看，这是一个自上而下层层分解及自下而上层层支撑的过程，是确保战略目标有效落地的关键抓手之一。

（2）系统性。系统性强调以团队为核心而非聚焦个人，必须立足系统视角；个人业绩、部门业绩、公司业绩不能出现背离，避免部门业绩、个人业绩表现优异，但公司业绩欠佳的情况出现。

（3）客观性。绩效管理应基于事实而非主观臆断，在可能的情况下，尽量将可量化的指标作为 KPI，并尽可能用系统记录工作过程、业绩数据等；公平、公正地对待每一个考核对象；业务动态发展，考核的指标亦需要随之调整。

（4）责任结果导向。KPI 管理需要与考核对象的工作紧密相关，不求大而全；责任结果是每个岗位应承担的职责，表现为客户创造的价值；强调结果，但不否定或忽略过程的重要性，过程管理为结果服务；平衡短期结果与长期基础能力建设和风险体系搭建，避免短期"收割"行为。

（5）强化辅导。绩效管理不是简单地评价员工的业绩（成果），而应注重为了达成工作业绩指标而提供的辅导，需从培养员工的视角来关注其工作与成长，通过赋能员工提高组织能力，进而改善经营成果。

（6）正向激励。末位淘汰、扣工资等手段使得员工制定目标保守，员工可能出现逃避、抵触个人绩效管理的行为，进而造成负面的影响。更有甚者，使绊子让"别人"也难有好业绩，互相伤害。只有正向引导、激励，才会有好的效果。

不同的企业，不同的考核对象，适用的绩效管理原则可能有差别，需要做选择、适配。考核对象可以分为管理者、普通职员、操作类员工，其在考核方式、考核周期（频率）、考核指标上有比较大的差别，需要区隔管理。

三、个人业务承诺来源

个人业务承诺来源有三个方面，包括组织绩效目标、职位职责和流程（所负责的流程及关联的流程领域需求）。组织绩效目标在本章第七节"制定组织绩效目标"中已经制定好；职位职责主要是岗位所要求的目标，如培养接班人等；在本章第七节"制定组织绩效目标"中，图 2-23、图 2-24 展示了流程架构、绩效指标与组织架构的对应关系，到个人层面绩效还需要往下分解，如图 2-25 所示。

流程图中有角色，角色与岗位匹配，通过将角色对应的岗位与流程活动直接关联，解决了"考核的指标与所负责的工作脱节"的问题。流程图、流程说明文件等相关知识，在流程管理专著《打造流程型组织：流程管理体系建设实操方法》中有详细说明，在此不再赘述。

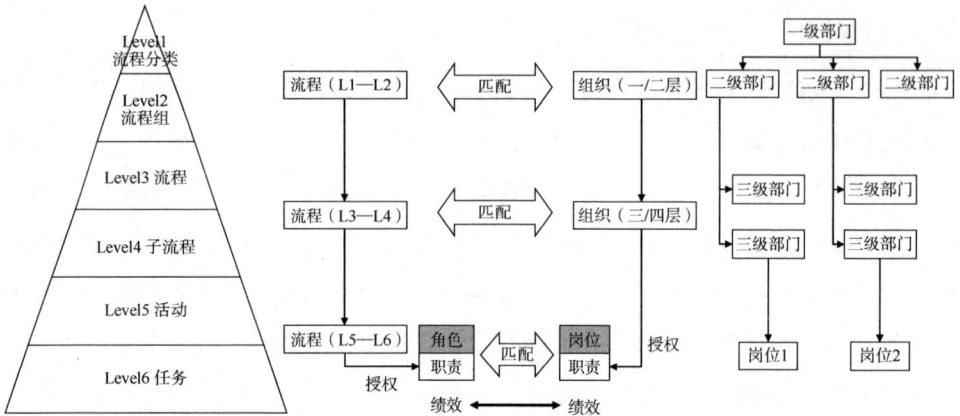

图 2-25　流程绩效与岗位绩效对应图

四、个人业务承诺制定

个人业务承诺分为业务目标、人员管理目标和个人能力提升计划。

业务目标包含组织绩效目标和个人业务目标，如表 2-19 所示。

表 2-19　业务目标模板

组织绩效目标（KPI，若所在最小部门无 KPI、个人无独立 KPI，则可不填）									
分类	序号	考核指标	权重	目标			达标值同比增长率	实际完成结果	得分
				底线值（60）	达标值（100）	挑战值（120）			
							组织绩效目标加权得分		
个人业务目标（必填）									
牵引点	序号	重点工作	权重	关键指标	衡量标准	完成时间	实际完成结果		个人自评等级
							个人业务目标综合等级		

组织绩效目标在本章第七节中已经制定完成，这里只摘取需要用到的信息，与个人业务目标对应。

人员管理目标适用于管理者，普通职员和操作类员工不需要填写，具体模板如表2-20所示。

表2-20　人员管理目标模板

人员管理目标（主管及以上层级的管理者需填写）						
牵引点	序号	个人管理目标	衡量标准	完成时间	实际完成结果	个人自评等级
					人员管理目标综合等级	

个人能力提升计划适用于所有员工，既可以作为员工培养、辅导的需求来源之一，也可以作为培训的需求来源之一，具体模板如表2-21所示。

表2-21　个人能力提升计划模板

个人能力提升计划（选填）			
需提升的能力	能力提升目标	发展/学习活动计划	目标完成情况及效果

个人业务目标、人员管理目标设置5项左右比较合适，特殊情况可以适当增加，不超过7个为宜。个人能力提升计划设置1~3项比较合适，不宜过多。对于操作类员工（产线、仓库等），可以此为蓝本做删减，对这类员工适当简化为宜。

个人业务承诺填写的过程是上下沟通的过程，"承诺"是精髓，若强压指标或目标值，到考核的时候就容易互相抱怨。

组织绩效目标、个人业务承诺经上下沟通确认后，可以组织正式的业绩目标签署仪式。此举一方面可以对齐目标，另一方面也可以给员工打气。"上下同欲者胜"，良好的氛围能更好地激发员工的潜能。

五、企业价值观考核

越来越多企业重视价值观的考核，如阿里巴巴、华为公司等，志同道合的团队更容易迸发出惊人的能量。如何考核价值观呢？通常会先诠释价值观，再基于诠释的意思进行行为描述，最后基于员工的行为表现进行打分，如表 2-22 所示。

表 2-22　价值观考核表示例

价值观	诠释	行为描述	打分
客户第一	• 这是我们的选择，是我们的优先级。 • 只有持续为客户创造价值，员工才能成长，股东才能获得长远利益	• 心怀感恩，尊重客户，保持态度谦和。 • 面对客户，即使不是自己的责任，也不推诿。 • 把为客户创造价值当成我们最重要的 KPI。 • 洞察客户需求，探索创新机会	

打分的规则：员工的行为表现与行为描述符合的打 1 分，不符合的打 0 分。按实际行为表现来打分。

企业价值观的考核常因标准模糊而流于形式，或者成为管理者给绩效欠佳者一个好绩效的工具，成为操作绩效管理评价结果的手段。在个人业务承诺阶段，员工需要清楚公司的要求，包括价值观的诠释、行为规范等。

对公司来说，好的绩效目标是至关重要的，从公司战略开始，到组织与个人，应与绩效建立关联，从而为绩效目标的达成奠定基础。好的目标是良好的开端，目标达成的关键在于执行管理。如何开展执行管理工作呢？我们在接下来的第三章展开说明。

第三章　集成绩效管理：执行管理

在企业运营过程中，经常会出现绩效目标制定后被束之高阁的现象。管理者将业绩承诺书（表）锁到抽屉里，直到接到绩效管理人员发的绩效评价通知的时候才匆匆忙忙地将其翻出来，此时往往发现没有按预定计划执行，补救无门，远大的目标成了空中楼阁。为了避免这种情况发生，需要对绩效的落地执行进行有效管理。

绩效的执行管理，既不是简单地做统计分析表，也不是天天拿着"鞭子"在后面催促大家，而是将重心放在提升组织能力上，通过开展绩效辅导赋能员工。同时，为了及时获悉绩效目标达成情况、评估是否应该采取干预措施等，需要按周、月等频率进行绩效审视，并在审视的过程中协调资源解决瓶颈问题，推动各项工作有序开展。

执行管理分为三个部分：绩效辅导、绩效审视和绩效调整。绩效辅导对应第一节到第四节的内容，绩效审视对应第五节的内容，绩效调整对应第六节的内容。

第一节　绩效执行，问题与转变

绩效目标的制定与绩效结果的考评本身并不创造价值，真正创造价值的是绩效执行。因此，要想绩效好，关键在于强化对绩效执行过程的管理。可以说，绩效执行管理是达成绩效目标的关键路径。遗憾的是，绩效执行往往被忽略，导致很多绩效目标仅停留在设定层面。如何实现转变？需要从问题出发，改变方式，转变角色。

一、绩效执行管理的问题

绩效执行管理的问题有很多，可以简单地归结为三个方面：不知道做什么、不知道怎么做和没有意愿去做。

不知道做什么。在不少企业中，尤其是传统的纵向控制型企业，很多员工一年又一年地忙碌着，且都是在主管的"安排"下被动做事。关于做什么、什么时候做、为什么要做，作为执行者，他们往往不是那么清楚。而管理者往往以"保密""信息安全"等理由搪塞，使得"自己"更有权威性、优越感。战略方向、战略目标、关键举措等离执行者比较远，大部分员工并不知道他们为什么而"战"。机械地完成任务与充满激情出色地完成工作，差别还是很大的。

不知道怎么做。"管理者负责定目标，执行者想办法拿到结果"是很多管理者的信条，《把信送给加西亚》成为他们回应反对者声音的依据。现实情况是，大部分人并不是"安德鲁·罗文"——没有清晰的执行路径及充足的执行保障，"送给加西亚的信"很可能被其当成草稿纸。在日常运营中，那些接到任务后却一动不动的人，不少是因为不知道怎么做，当然其中还有一些人是没有意愿去做。

没有意愿去做。当做不做一个样、做好做坏一个样、做多做少一个样，甚至做得越多，错得越多、绩效越差等成为常态的时候，"躺平"就成为或迟早成为大部分员工的选择。评价及对应的机制往往会影响员工的意愿度。好的机制是发起冲锋的号角，反之则是撤退的信号弹。

二、如何达成绩效目标

与问题对应的是针对问题的解决方案，可以从目标、流程与 IT、赋能、激励等维度着手。

目标。无论是企业战略目标还是组织目标，在制定的时候，都应该与相关人员沟通并达成共识，让执行者清楚自己为什么而"战"。目标就是信念，是不可轻视的力量，往往能让人在面对重重困难时坚守初心。明确了目标，通过目标的分解，可以让每个员工知道自己应该做什么及为什么要做。

流程与 IT。要解决不知道怎么做的问题，需要依靠流程与 IT 的力量。完善的流程管理体系是支撑员工稳定、可靠输出工作成果的基础，无论是流程说明文件还是制度、标准、规范、操作指导书，都能让员工快速了解自己应该怎么做、什么时候做。流程承载了最佳实践，可让员工少走弯路，同时也是组织能力持续提升的关键所在。IT 则是支撑流程高效运作的工具，与流程相得益彰，共同支撑价值创造的实现。

赋能。面对新的业务场景、新的工作岗位（新入职员工、内部轮岗员工等）、新的技术（方法、工具等）应用等，管理者不应主观假设员工都懂，而应通过各种形式赋能员工，具体包括导师制的建立、外部培训、内部培训、专题研讨、同行交流等。事实上，具备自我驱动能力的员工还是少数，虽然终身学习已成为共识，但对大部分人来说，主动学习并不是那么具有吸引力。赋能不仅能提高员工个人能力，事实上也能提升组织能力，具备自我"刷新"能力是组织持续保持活力的关键。

激励。无论制定了多么鼓舞人心的目标，还是经过赋能后员工的能力有多强大，更不用说流程与 IT 系统多么健全等，如果没有好的激励措施，都难以持久。任正非有言："钱给多了，不是人才也变成人才。"讲的就是这个道理。当然，钱不是唯一的激励因素，物质激励与精神激励都重要，每个阶段、每个群体的诉求不同，需要制定有针对性的方案来适配。绩效管理结果需要与激励措施建立关联，使得公司、组织和个人绩效与每一位员工息息相关，这样员工没有理由不为"自己"拼一把。

三、管理者角色的转变

传统 YST［分别对应 Yell（大喊）、Shout（大叫）、Threat（威胁）］管理模式的威力已大减，"打工人"逐渐觉醒。在 BANI［分别对应 Brittleness（脆弱性）、Anxiety（焦虑感）、Nonlinearity（非线性）、Incomprehensible（不可理解）］时代，管理者应该何去何从？物竞天择，适者生存。在 BANI 时代，管理者需要有更好的适应力和灵活度，其唯有改变工作方式、转变角色，才能行稳致远。

在传统观念里，管理者是高高在上的，就绩效管理而言，他是目标的制定者、评价者（考核者）和结果的应用者。诚然，这些都不可或缺。但单就绩效管理而言，管理者首先应该是赋能者，然后是推动者和建设者。

赋能者。管理者不应仅简单地抛给员工一个目标，过一段时间来验收结果，当得到不好的结果时就责备员工、抱怨平行部门管理者等；而应与员工就目标达成共识后指明实现目标的方向、路径，并通过赋能使员工具备实现目标的能力，协调各方资源，确保目标最终达成。达成战略目标是绩效管理的首要目的，但这需要管理者具备相应的组织能力，从短期来看，最关键的抓手便是赋能员工，管理者责无旁贷。当然，管理者不是全能的，可以通过建立赋能的机制来达到目的。

推动者。在绩效执行过程中，管理者不能做"甩手掌柜"，信任、放权、锻炼年轻人等都不是理由；而应对关键事项进行实时跟踪，协助员工清理各种障碍。在公司内部，规模越大，执行者推动一些跨领域问题解决的难度就越大，尤其是在传统的纵向控制型组织中，若没有完善的流程支撑，则举步维艰。作为管理者，必须像推土机一样清理绩效执行"路障"，让执行者能高效地达成目标。通常，例行的工作交给下属，例外的工作要由管理者去处理，并逐步将例外事项例行化，以提升组织的运作效率。同时，需要推动绩效考评结果的应用落地，将其与奖金、晋升、淘汰等挂钩。

建设者。管理者应该成为高绩效团队的建设者，企业业绩的好坏并非仅取决于某个人或某个团队，而是公司整体组织能力的体现。管理者应该站在全局视角，打造组织的基础能力、文化氛围等。

好的绩效从来都不是仅靠员工自觉工作获得的，管理者既要为员工的成长负责，又要为组织能力的提升负责，更要为自己的绩效及成长负责。

第二节　有效学习，提升组织能力

在本章第一节中提到，管理者首先应该是赋能者，通过赋能员工达到提升组织能力的目的，进而支撑组织绩效目标及战略目标的达成。赋能并不意味着管理者躬身入局，手把手教员工做事，当然，在某些情况下这是必要的，但不是最主要的。管理者应该从驱动员工自我学习、成长的角度出发，构建组织有效学习的机制。

一、学习的重要性

要在组织内构建有效学习的机制，首先要使员工对学习的重要性有足够的认识。

通常来说，大部分员工对学习的重要性是有一定了解的。因为终身学习的理念自 1965 年提出以来就广受关注；而组织学习的概念自 20 世纪 60 年代提出后就受到学者和企业家群体的关注，到 20 世纪 80 年代，彼得·圣吉提出了更为系统和全面的学习型组织理论，其著作《第五项修炼：学习型组织的艺术与实务》更使该理论广为人知。在学生开始职业生涯前，就业指导老师往往会传递这些理念；即使未经就业指导，组织新人培训环节通常也会涵盖类似的职业发展通识。既然终身学习相关理念已经普及，那么为什么具备自我驱动能力的员工还是很少呢？关键原因有两个，一方面是其对学习的理解不够全面，另一方面是学习与工作及个人成长弱关联。

说起学习，大家会习惯性将其与获取知识画上等号，事实上，学习在组织中以多种方式、多种目的存在着，如正式的课程培训（线上、线下）、社群学习、咨询解惑等。为了更好地支撑员工职业发展需要，人们总结出能够实现深度学习的KASH 模型，如图 3-1 所示。

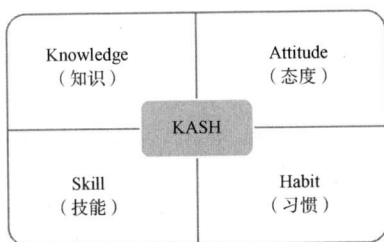

图 3-1　KASH 模型

KASH 模型是从 Knowledge（知识）、Attitude（态度）、Skill（技能）和 Habit（习惯）四个方面来构建的学习模型，旨在全方位提升个人能力，实现员工个人绩效和组织绩效的提高。与在学校里学习不同，在工作场所学习的目的更多是让知识、态度、技能和习惯能快捷地被记忆提取（肌肉记忆），并运用到实践中。

在日常运营中，很多企业也会开展培训、交流工作，但效果往往不好，学习与工作及个人成长关联性比较弱是主因。他山之石可以攻玉，来看一个案例。

在华为公司，学习成长是每个员工的必修课，不管是否情愿，每年都有任务。首先，在个人业务承诺中有相关表需要填写（详见第二章第八节"个人业务承诺"中的表 2-21），虽然不是强制性的，但主管往往会提醒员工填写。其次，华为公司在晋升流程上设计得比较巧妙，晋升的条件是获得任职资格认证，而要获得任职资格认证，其中一个环节就是参加指定课程的学习并通过考试。而为了给大家创造学习条件，华为公司在办公室中摆放了很多与工作相关的书籍，并配备了图书室、线上学习课程。在日常工作中，华为公司还安排了与工作相关的流程培训、案例分享与专题交流会，以及华为大学设计的一系列课程……

对普通人来说，惰性普遍存在，刷短视频、追剧是常见的休闲方式。如果组织不能将学习与员工的工作、个人成长（发展）建立较强的关联，大部分员工会随波逐流，最终"江郎才尽"。

有观点认为，学习是员工的事，成长也是员工自己的事，持有这种观点的人通常会以奈飞公司（Netflix）"我们只招成年人"为例佐证。毫无疑问，员工都是成年人，需要为自己的行为负责，如果公司想"良将如潮"，却不提供必要的资源支撑，最终往往陷入"蜀中无大将，廖化作先锋"的困境。即使强调员工应该为自己负责的奈飞公司，也要求员工学习商业运作、了解公司的业务。可见，只强调员工责任而忽视公司的必要支撑，很难构建起有效的组织学习机制。

二、学习与绩效的关系

认识到学习的重要性，也具备了学习的条件，这还不够，还需要了解学习与绩效的关系。实践表明，团队的学习过程和输出结果是提升团队绩效的关键。马克·伯恩斯（Mark Burns）和安迪·格里菲斯（Andy Griffith）在《认知本性：有效学习与组织绩效》中提供了"学习-绩效模型"，很有借鉴意义。

学习-绩效模型的应用，首先是了解团队起点，即看看每个人在模型里的位置，如图 3-2 所示。

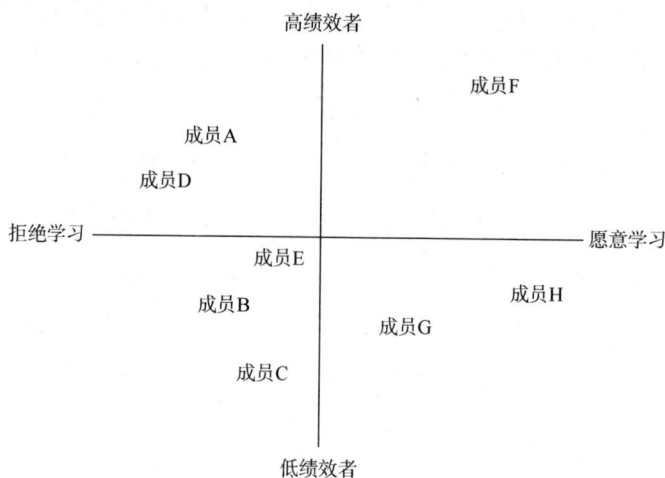

图 3-2　学习-绩效模型（团队起点）

通过组织学习，最终让团队到达理想的状态，如图 3-3 所示。

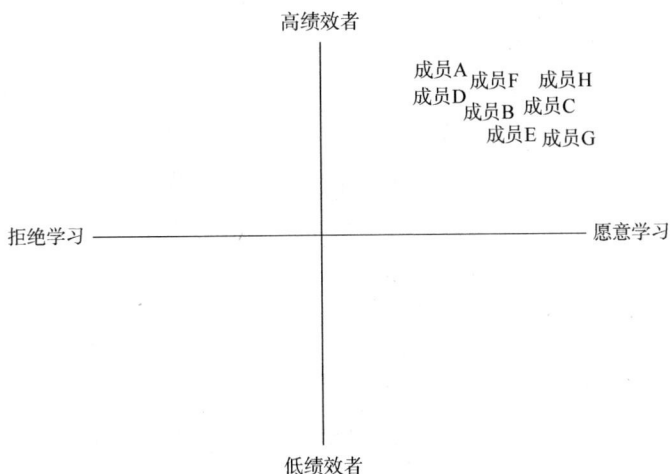

图 3-3　学习-绩效模型（团队目标）

　　从员工在四个象限中零星分布转变为集中在"愿意学习-高绩效者"象限中，这是一个漫长的过程，需要管理者扮演组织学习倡议者、参与者、建设者等诸多角色，也需要每一位员工积极参与其中。

三、扫清组织学习障碍

　　尽管已经知道学习很重要，但一些现实的问题也会让学习"夭折"。先来看一个小案例。

　　万文荣是深圳某无人机企业的一名负责硬件开发的工程师，2017 年自大学毕业进入公司工作以来就就业业，工作业绩可圈可点。2023 年年初，硬件开发部负责人张总监将万文荣纳入向人力资源部提报的人才梯队名单中，作为第一梯队成员培养，其得到了人力资源部认可。随后，张总监和万文荣在人力资源部相关人员的协助下，制订了万文荣的个人发展计划，其中一个重要部分就是学习任务清单，包括要阅读的无人机相关专业技术书籍、管理书籍及公司 E-learning 平台指定的课程。起初，万文荣冲劲十足，买书、制订阅读计划等。但是，一个季度过后，万文荣发现自己无论怎么努力都无法完成学习计划，因为能真正用来学习的时间太少了。

　　周一到周五，万文荣早上 6:30 起床，洗漱完毕、吃完早餐，经过通勤，勉强能赶在 8:30 前到公司开始上班；下班时间是 18:00，但作为技术骨干，他需要协助处理很多生产问题，工作至 20:30~21:00 是常态，下班到家收拾好后时间基本上已到 23:30。他唯一可以利用的是上下班的通勤时间，可以在地铁上看看公司 E-learning 平台指定的课程。好不容易到了周末，幼儿园闭园需有人带孩子，家务也要有人做，时不时还有工作上的问题需要协助供应商或工厂处理……无奈的万文荣只能和张总监沟通调整学习计划，减掉了学习任务清单上一大半的内容。即便这样，年底总结的时候，他仍有 40% 的学习计划未完成。

案例中，万文荣从冲劲十足到无奈减少学习内容，即便这样，到最后仍完不成学习计划。这也从侧面说明他不是不想学习，而是没有时间、精力学习。这启发我们在构建组织学习的时候，必须考虑现实问题，并帮助员工扫清学习路上的各种障碍。

学习障碍有哪些呢？通常有资源获取问题（内训、外训、线上课程等），工作超负荷运转问题，认知偏差问题等。每个公司的实际情况不同，需要管理者根据现实，在构建组织学习机制的过程中识别学习障碍并推动解决。

四、设计有效的学习方案

组织学习是一个只有起点没有终点的任务，需要基于公司战略要求，结合实际情况设计学习方案。如何设计出有效的学习方案呢？可以分四步走：识别战略要求、共识目标、确定学习者的现状、设计学习方案。

识别战略要求。组织学习必须以战略为导向，不能为了学习而学习。如何体现战略导向呢？

以数字化转型为例，当公司制定"未来三年公司进行全面数字化转型"的战略目标时，很多员工仅停留在只听过名字阶段，对于具体内容、要怎么做等并不清楚，在这种情况下，公司在制定组织学习目标与计划的时候，就应立足战略规划要求，找到"明白人"参与进来，将数字化转型是什么、为什么要做、怎么做等列入基础的培训课程并组织培训。当然，不同业务部门对数字化转型需要了解的程度不同，可以设置更灵活的课程，如 A 套餐、B 套餐、C 套餐……以适配不同的业务部门，满足不同的需求。这就是战略导向的体现，只有这样，组织学习才真正为战略目标的达成服务。

共识目标。尽管组织学习是站在赋能员工的角度出发的，但管理者并不能单方面要求员工这样或那样，否则可能会引发其抵触情绪，双方需要在不同的层面达成目标共识。同时在不同领域之间进行资源需求计划，基于目标与资源计划驱动后面学习方案的制定。

确定学习者的现状。每个组织、每个人都在不断变化，需要实时刷新状态认知。目标固然重要，知道当前所处的位置也同样重要，否则即使目标相同也无法同行。可以在设计学习方案前，通过现场沟通、调查问卷等方式收集信息，并通过分析得到现状分布图。

设计学习方案。有了目标、确定了现状，就可以设计学习方案了。首先，从公司层面设计总体方案，包括目标、资源、里程碑等；之后到各个部门再做分解；最后，落实到每位员工的"个人能力提升计划"上，按计划推动组织学习有条不紊地进行。组织学习与个人学习通过设计融合到一起，让员工明白学习的价值和必要性。

有效学习是提升组织能力的有效途径，是高绩效文化的一个重要组成部分。对管理者而言，其也是凝聚团队共识、发挥团队创造力的机会。在学习的过程中，团队更加团结和富有韧性，从而可以起到提升工作质量、达成高绩效目标的作用。

有效学习，从来不会太晚，任何时候都可以开始。为持续有效学习创造条件是绩效改进的关键。

第三节　绩效辅导 GROW 模型

除了组织学习，管理者还可以通过绩效辅导的方式赋能员工，提升组织能力，为组织绩效的提高提供源源不断的动力。如何有效地开展绩效辅导？这就不得不提 GROW 模型了。

一、GROW 模型

辅导与教练（由英文 Coach 翻译过来）相似，前者广泛应用在商业领域，后者则广泛应用在体育运动领域。辅导原意是指"帮助和指导，即一个年长的、经验更丰富的人传授他的知识"，教练的本质则是"将人们的潜能释放出来，帮助他们达到最佳状态"，在实践中两者经常会互换使用。本书更偏向教练与辅导的结合，既要释放潜能，也要在必要的时候传授知识、经验，对被辅导者或被赋能对象而言，这是比较理想的模式。

GROW 模型源自教练的实践总结，1992 年由约翰·惠特默（John Whitmore）在《高绩效教练》（第一版）中首次公开发布，后被广泛应用于商业领域，成为辅导的标配方法。GROW 模型由四个英文单词（Goal、Reality、Options、Will）的首字母组合而成，如图 3-4 所示。

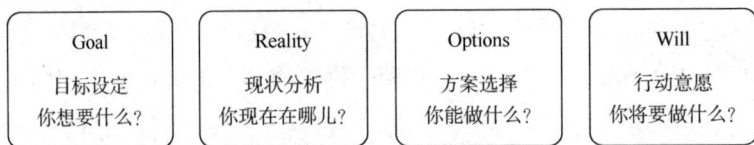

图 3-4　GROW 模型

GROW 模型提供了对话的框架，通过四个阶段的对话，逐步达成想要的目标。其核心在于沟通、引导而非命令，目的是让被辅导者能通过自主思考找到方案，并落地实施。同时，这种方式有助于被辅导者形成责任意识，更利于绩效的提升。

GROW 模型应用起来比较灵活，第一次处理新问题时，通常需经历四个阶段；对于已有讨论基础的任务或流程，可以在任何一个阶段开始或结束。在 GROW 模型中每个阶段应该怎么做？关键点有哪些？下面逐个展开说明。

二、G：目标设定

与传统的先分析现状再设定目标不同的是，GROW 模型主张先设定目标，再分析现状。这样做的理由是，如果基于现状去设定目标，容易仅针对问题被动反应，即受制于过去的表现，导致只能实现小的增长而不是达成本应有的成就。这与 OKR 的理念类似，设置具有挑战性的目标，以目标驱动高绩效的达成。GROW模型设定的目标包括短期目标、长期目标（或终极目标）。

对绩效辅导来说，总体目标在目标制定阶段已经设定了，第二章第八节"个人业务承诺"中有详细说明。因此，在执行管理阶段，更多的是基于绩效目标设定阶段性的目标，即基于总体目标设定短期绩效目标。举一个例子说明。

MM 公司渠道销售部门的吴大壮经理今年的个人业务承诺指标中有一项是销

售量增长 30%（与去年同比），吴大壮经理的上司李倩倩总监在给他做绩效辅导的时候探讨了阶段性目标设定问题，包括落实到第一季度的销量增长目标是多少？第二季度的目标是多少？如何确保即使下半年环境出现变化，仍不影响全年目标的达成？最终吴大壮经理确定第一季度目标同比增长 35%、第二季度为 38%，前期稍微高一点，以应对下半年不确定因素的影响。

管理者在做绩效辅导的时候，应尽量鼓励员工设定属于他们自己的挑战性目标，尽可能让员工有一定的自主权，以此来增强其对绩效目标的主人翁意识。通常情况下，人们倾向于信守诺言，对于领导设定的目标可能以"定高了""定得不合理"等理由推诿，对于自己设定的目标就难以找到推脱理由，这与个人业务承诺中的"承诺"有异曲同工之妙。

三、R：现状分析

设定目标，让我们知道要到哪里去，在出发之前明白现在所处的位置，这样才能基于现状与目标制定具体的行动方案。对管理者而言，更好地了解被辅导者的现状，才能更有针对性地给予引导。如何才能让现状更好地呈现？这需要遵循以下几个基本原则。

（1）客观性。现状分析的首要原则是客观性，真实地反映现实并不容易，很多因素会干扰甚至扭曲事实，如被辅导者的观点、判断、期望、担忧等。

（2）描述而不是评判。在做现状分析的时候要用描述性词语，而不能用评判性词语。描述性词语指的是对事物进行描述、不带有评价色彩的词语，任何人都可以使用。评判性词语指的是带有评价或判断性质的词语，通常用于对某人或某事进行评判或评价。例如，"吴大壮，男性，身高 165cm，体重 85kg"，这句话中使用的是描述性词语；"吴大壮是一个又矮又胖的男人"一句中"矮""胖"属于评判性词语。

（3）深入观察。要想更准确、客观地了解被辅导者，必须深入观察他。"知人善任"，任的前提是知，要知就要深入观察。只有这样才不会被"演技派"蒙蔽双眼。正如约翰·惠特默（John Whitmore）所说："对于觉察到的事物，我们拥有主动权；而没有觉察到的事物却对我们有着主动权。"

（4）多渠道聆听。"兼听则明，偏信则暗"。从多个渠道（如平行部门、上下游协作同事、外部合作伙伴等）聆听大家真实的反馈。多方信息可以互相印证，这样更有说服力，也更稳妥。

（5）事实验证。过往的绩效表现、在关键事件上的行为表现等同样具有说服力，毕竟事实胜于雄辩。

同样以 MM 公司的吴大壮经理为例，看看现状是怎么样的。

去年，行业的平均销售量增长为 15%，公司销售量的增长率为 26%（前年的同比），吴大壮经理个人的业绩增长为 28%，其表现在公司所有销售经理的排名中位于中间位置，个人业务承诺达标率为 95%，个人能力提升计划中有两项超过预期。当前，吴大壮经理负责对接的客户中，业绩保持 25% 以上增长，意向客户有12 个……

四、O：方案选择

方案选择是指想出可供选择的策略或行动方案，这个阶段的目的不是找到"对的"答案，而是创造出尽可能多的可供选择的方案。数量多，可选择性才大，进而才能激发创造性。

在这个阶段，管理者可以通过头脑风暴等方法引导被辅导者充分表达想法，确保其不会遭到评判、嘲笑等。同时，也要进行更多的可能性假设（隐含条件建设），既要做最坏的打算，又要做最好的准备。

同样以 MM 公司的吴大壮经理为例，其列举的方案如下。

（1）针对当前的客户，丰富销售产品的品类。比如，原来只供应 A 产品，现在把 B、C、D 等产品同步推荐给客户，让客户有更多的选择，以增加销售机会。

（2）针对潜在的客户，首批订单优惠 5%，优惠部分纳入营销费用管理。

（3）施行订货量阶梯返利政策，订货越多，返利越多。

（4）加大营销推广费用投入，在机场贵宾休息室、高铁商务座车厢等商务人士流动比较多的地方重点推广，获取更多的销售线索。

（5）……

将所有的方案汇总成清单，为行动意愿阶段的选择做准备。

五、W：行动意愿

行动意愿阶段的目标是将讨论转变成有效的决策，包括该做什么（What）、何时做（When）、谁来做（Who）及这样做的意愿（Will）。这是一个基于全面、深入的现状分析，并在最大范围内罗列可选方案的基础上，为了满足已经清晰定义的需求而构建行动计划的过程。如何确定行动意愿？约翰·惠特默（John Whitmore）提出了十个问题，被辅导者需要通过思考做出决策。十个问题分别如下。

（1）你准备怎么做？

（2）你准备什么时候实施计划呢？

（3）这个做法会使你实现目标吗？

（4）在这个过程中，你可能遇到哪些问题？

（5）谁需要知情？

（6）你需要哪些支援？

（7）你准备什么时候、如何获得这些支援？

（8）还有哪些需要考虑的事项？

（9）分十个等级，估计一下你有几成把握会执行计划？

（10）是什么导致你无法有十成把握？

在实际操作中，是思考十个问题还是八个问题或十二个问题，需要根据方案的复杂程度而定，合适的就是最好的。需要说明的是，确定行动意愿并非终点，还需要持续跟进与沟通反馈。

GROW模型提供了一个很好的思考与实践的框架，但光有框架还不够，还需要根据组织的实际情况进行导入、适配。这好比手中有菜谱和厨具，但未必能做出一桌好菜。很多时候，"火候"无法言传，还需要在实践中验证、总结，正如陆放翁所言："纸上得来终觉浅，绝知此事要躬行。"

第四节　开展绩效辅导，赋能业务成长

要使绩效辅导发挥效用，需要将好的理念、方法、工具进行转化并导入具体的组织环境中。其能否生根、发芽，不能"听天由命"，而要"有备而来"。对于新鲜事物的导入，首先要做的是"理念松土"——从"心"开始。

一、统一认知，转变观念

新的方法、工具的导入首先要解决认知的问题，通过认知的刷新推动观念的转变。从了解、理解、认同到执行等，需要循序渐进。

第一，要立足现实。绩效辅导实施的主体是管理者，包括公司的高层、中层、基层管理者及部分业务骨干（没有管理者职务，但承担部分管理者职责），其中核心在于一级部门管理者及分管多个部门的管理者。通常，核心部门负责人往往专业能力突出且自我认可度高，易不自觉地有"这么简单也不会吗？"的疑问。绩效辅导的推动者需要让他们认识到"自认为理所当然的内容，在其他人看来未必是这样的，需要从员工的实际能力出发，从执行者的角度来看问题"。这个理念在使用 GROW 模型的目标设置、现状分析时显得尤为关键。

第二，要重视过程。管理者不能仅看绩效结果，还应关注绩效执行的过程。很多管理者锁定目标后就做"甩手掌柜"了。有些管理者甚至把自己难以推进的事交给下属去解决，若最后问题没有解决，下属就成了"背锅侠"，这种现象屡见不鲜。长此以往，团队乌烟瘴气，组织绩效更是一塌糊涂。管理者应对组织绩效负责，绩效管理的逻辑不是"大河有水小河满"，而是"小河有水大河满"。管理者一方面要赋能员工，让其有能力做好本职工作；另一方面，对于可能阻碍员工绩效达成的问题、障碍，要协助其解决。锻炼员工解决问题的能力、促进其成长等不能成为让员工独自面对远超他们能力范围的问题、障碍的理由。帮助员工达成绩效目标从本质上就是在帮助管理者自己达成绩效目标。GROW 模型中的行动意愿（Will）不仅指的是做好行动计划，也包含跟进与反馈，本质上也是重视过程的管理，方向对了，过程也执行到位了，结果就不会差到哪里去。

第三，要有成长型思维。在一个组织内待久了，自然而然就对组织内的成员形成了固有认知。说起某人的时候，脑海中自然就闪现"这个人不错""这个人不

行""这个人不懂技术"等标签，这是比较典型的固定型思维。对管理者而言，首先要有成长型思维，同时也要让下属具有成长型思维。《资治通鉴·孙权劝学》中记载了一个小故事，颇具启发意义。

初，权谓吕蒙曰："卿今当涂掌事，不可不学！"蒙辞以军中多务。权曰："孤岂欲卿治经为博士邪？但当涉猎，见往事耳。卿言多务，孰若孤？孤常读书，自以为大有所益。"蒙乃始就学。

及鲁肃过寻阳，与蒙论议，大惊曰："卿今者才略，非复吴下阿蒙！"蒙曰："士别三日，即更刮目相待，大兄何见事之晚乎！"肃遂拜蒙母，结友而别。

这就是"士别三日，当刮目相待"的出处，在陈寿的《三国志》中记载了同样的故事，虽表述手法不尽相同，但意思基本一样。这个故事告诉我们，要用成长型思维看待人，不要贴标签，对自己、对他人，都应该如此。用发展的眼光看待他人，更有利于组织成员的成长。

第四，要建立信任关系。信任是组织高效运作的基础，古人讲"知人善任"，知人实际上就是熟悉并有了信任的基础，很多空降的高管喜欢带一些过去的老部下到新单位就是这个道理。当然，这里并不是主张搞裙带关系，而是说在团队内部，上下级之间、平级同事之间应该建立信任关系，基于信任实现合作共赢。真正的团队成员是可以将后背交给对方的人。

第五，要重视沟通。在组织内，沟通是首要的，不管是上下级沟通还是平级沟通，都至关重要。沟通贯穿整个组织运作的每个环节，管理者应该营造良好的沟通氛围，鼓励组织成员积极沟通，了解各项工作进展及绩效指标达成情况，激发组织成员主动沟通的欲望，通过沟通快速解决问题。美国通用电气公司（GE）前 CEO 杰克·韦尔奇曾言："管理就是沟通、再沟通。"足见沟通的重要性。

认知刷新、理念统一、观念转变是绩效辅导的基础，有了这个基础还需要配置必要的资源与机制，使其能持续运营。

二、绩效辅导使能

绩效辅导的导入与持续运营，需要从赋能、机制、组织和工具等方面着手，持续优化。

赋能。在"理念松土"阶段，需组织宣讲、培训、研讨等活动，让大家建立基本的理念认知、知识储备。在正式导入绩效辅导的时候，还需要带着大家去实操，使其掌握一些技能。一开始应用大概率会显得比较僵硬、笨拙，绩效管理人员需要反复辅导，使大家真正掌握这些方法、技巧。

机制。绩效辅导需要作为正式的工作要求纳入流程文件中，同时，需建立一定的检查机制，确保大家都能按要求做到位。需要注意的是，绩效辅导是管理者的本职工作，是帮助员工成长及达成组织绩效目标的方式之一，不是工作职责之外的内容，这需要在组织内获得共识，否则难以持久。

组织。绩效辅导需要有组织来支撑，绩效管理人员作为主导者应统筹安排，包括方法培训、组织宣讲与研讨、辅导大家实操；人力资源业务合作伙伴（Human Resource Business Partner，HRBP）作为绩效管理在各个业务模块落地的支撑者，为绩效辅导落地执行提供支持，并协助绩效管理人员完成检查工作；各级管理者是绩效辅导的执行主力，负责按要求执行到位，并将执行过程中的问题反馈给绩效管理人员，以进行优化；被辅导者应积极参与其中，获得更多成长机会。

工具。在绩效辅导过程中，可能用到的表单、模板等由绩效管理人员统一提供；涉及 IT 系统支撑的需求，由绩效管理人员提出，IT 部门负责开发实现。

三、绩效辅导执行与复盘

绩效辅导旨在激发员工潜力并使其绩效最大化，是为了帮助员工学习而不是为了教育他们。只有秉持这样的理念，管理者才能做好绩效辅导。

时机。绩效辅导没有约束什么时候开始，可随时随地（正式、非正式场合）开展，在绩效管理的任何阶段（目标制定、绩效执行、绩效考评等）都可以进行。但这并非意味着时机不重要，选择合适的时机可以使辅导效果更好。如何判断时机是否合适？从被辅导者的视角看，在遇到问题、障碍的时候最需要辅导，这时就是合适的时机。通常，员工征求管理者意见、员工推进工作遇到阻碍、员工提出求助、管理者发现可以提升绩效的机会、新业务或新技能刚刚导入时等，都是合适的时机。具体实施时，选择双方都比较方便的时间段。

时长。每次绩效辅导安排多长时间合适？没有严格的规定，每次辅导聚焦一个问题，节奏不宜太快，要让被辅导者有消化的时间。

形式。通常采用能让大家都比较放松的方式进行辅导，坦诚相待，深度交流。在很多企业中，不少管理者喜欢在公司的茶室、咖啡厅等场所交流，品着茶或喝着咖啡，这样有助于双方静下心来思考与沟通。

人数。可以一对一辅导，也可以一对多辅导，具体根据辅导的内容而定。有些基础的内容辅导，适合一对多；有些相对私密的辅导，适合一对一。比如，公司在推动变革项目管理，由于团队成员之前都没有接触过，需要进行一次通用的知识辅导，这个时候就适合一对多辅导。

记录。绩效辅导可以根据实际情况确定是否进行记录，记录的好处是后面复盘、检查有依据，当然坏处是相关人员将在文档的开发与管理上耗费不少时间。绩效辅导记录尽量简要，如表 3-1 所示，供参考。

表 3-1　绩效辅导记录表

部门	
辅导者	
被辅导者	
辅导时间	
问题背景说明	
目标设定（Goal）	
现状分析（Reality）	
方案选择（Options）	
行动意愿（Will）	

复盘。评估辅导效果，需要绩效管理人员、HRBP 及管理者有意识地进行复盘。如何判断辅导效果呢？一方面，要征询被辅导者的反馈意见，另一方面要看最终的绩效是否提升。

比如，MM 公司渠道销售部门的吴大壮经理在渠道开拓方面的进展不太顺利，经分析发现其主要在商务礼仪、商务谈判上有所欠缺，作为吴大壮经理的上司，李倩倩总监决定对其进行专项绩效辅导。李倩倩总监和吴大壮经理按照 GROW 模型，设定了短期目标，做了现状分析、方案选择。李倩倩总监从一些基本的知识、注意事项入手，持续对吴大壮经理进行辅导，同时，参与吴大壮经理组织的两次渠道商合作谈判，以及事前准备、事后复盘……

辅导效果如何？这不仅要听吴大壮经理怎么说，还要聚集渠道客户的反馈，如是否成功签约新客户、签约量对比过往是否有增长等。对绩效辅导而言，结果好才是真的好。评判标准为"绩效是否提升？提升了多少？"最终是结果导向，过程管理是为结果服务的。

绩效辅导还有很多注意事项，比如，真诚第一，技巧第二；做充分的准备，保持开放的心态；倾听、鼓励与建设性批评，同时给予积极的反馈等。总的来说，只要用心做，结果都不会太差。

第五节　绩效审视，步步为赢

绩效管理通常有一个周期，这个周期短则按月管理，长则按年管理。在一个较长的时间周期内，绩效管理的责任者不能等到最后结果出来了再拍案叹息，而应了解实况，积极参与其中，也就是说，要开展绩效审视。

一、什么是绩效审视

所谓审视是指对事物进行仔细观察和深入思考，以揭示事物的真相或本质。它强调不仅要看到表面现象，还要深入了解事物的内在规律和本质特征。绩效审视是指在绩效管理周期内，通过对绩效指标完成情况的阶段性分析、总结，确定接下来的管理动作，它是绩效执行管理的关键手段。同样以 MM 公司吴大壮经理为例。

在目标设定阶段，吴大壮经理确定第一季度目标同比增长 35%，第二季度为 38%。执行首月后，李倩倩总监要求吴大壮经理拿着数据找她沟通目标达成情况。吴大壮经理整理了首月各项工作进展及绩效指标完成情况，忐忑地来到李倩倩总监办公室汇报。首月绩效指标完成情况不太理想，一方面，预算已经按原计划花出去了；另一方面，渠道客户签约进度滞后，部分渠道客户还在观望中。吴大壮经理和李倩倩总监深入分析了渠道客户迟迟不肯签约的原因，初步判定其对价格、品质还抱有怀疑态度。经协商决定由李倩倩总监协调产品经理资源，吴大壮经理和产品经理一起和渠道客户沟通，打消他们的疑虑。

在这个案例中，如果李倩倩总监仅要求吴大壮经理制作统计表看看数据，则属于简单关注，还算不上审视。审视不仅仅是看，还包括在看了之后对产生这个结果的原因进行深入的分析，并决策是否要采取干预措施。

二、为什么要开展绩效审视

绩效审视的价值是多方面的。第一，可以积极干预，即能及时发现执行过程中的问题，基于发现的问题及时决策是否进行干预，避免到最后成为既定事实，再想干预已经来不及了；第二，可以做绩效辅导，解决绩效审视问题正是绩效辅导的好时机，可以在这个过程中赋能员工；第三，可以做人才管理，在绩效审视的过程中筛选出合适的人才。

积极干预。以上述 MM 公司李倩倩总监的绩效审视为例，假如李倩倩总监在计划执行首月后未及时跟进，而是等到一季度结束（假设 MM 公司以季度为绩效考核周期，每季度考评一次，年底汇总考评），在收到人力资源绩效管理部门发出绩效考评通知的时候再介入，那么仅就一个季度而言，她就失去了对吴大壮经理绩效进行补救的机会。当然，她可寄希望于下属自己解决问题，但这无疑是将绩效目标的达成置于风险之中。

绩效辅导。本章第四节"开展绩效辅导，赋能业务成长"中提到，员工推进工作遇到阻碍、员工提出求助等是合适的绩效辅导时机。而在开展绩效审视的时候，也正是这些时机显现的时候，在绩效目标达成上，管理者与下属的诉求是一致的，就是竭尽所能达成目标。这么合适的时机，当然不能轻易错过。以上述 MM 公司吴大壮经理为例，在首月指标没有达成、工作出现停滞时，平时可能因顾虑而不好意思跟领导开口求助，但领导已经通过绩效审视将这些问题摆上台面，若吴大壮经理仍不开口求助，则不仅使个人绩效风险加剧，还可能影响团队进度。

人才管理。当人才面对困境的时候，最容易展现他的韧性及潜力，而绩效审视正是考验员工的好时机。同时，引导下属解决问题，本质上既是帮助员工成长的过程，又是筛选合适人才的过程。以上述 MM 公司李倩倩总监为例，当同岗位的吴大壮经理等人遇到同样问题的时候，每个人的思路是不同的，她通过绩效审视过程中的多轮对比，孰优孰劣心中就有底了，人才管理就有了一个好的开始。

总的来说，绩效审视是绩效管理过程中的中继点、加油站，是预警机制，也是决策机制。有效开展绩效审视，就像给达成绩效目标加上了保险，多了一重保障。

三、如何开展绩效审视

开展绩效审视需要从五个维度展开，包括审视内容、信息收集、审视方式、审视频率及审视后行动管理。

审视内容。绩效审视不仅仅是看个人业务承诺表上的几个绩效指标，还需要关注绩效指标的关联指标，包括横向的关联指标、纵向的关联指标。同时，对于影响绩效目标达成的关键事项（公司级项目、重点工作等），也需要重点审视进展。对于绩效审视后采取的行动，应纳入下一次绩效审视内容中进行管理。

信息收集。绩效审视的信息主要由被审视人收集、提供，对于部分跨领域无法获取的数据，可以向上一级管理者求助，由上一级管理者协助获取。在收集好原始的信息后，被审视人应该提前进行数据整理，方便阅读、讨论和决策使用。信息收集要实事求是，如果有必要进行数据预测，则必须标注清楚哪些是实际发生的，哪些是预测的，避免数据问题误导管理者做出错误的判断。

审视方式。随着即时通信工具的日益发达，绩效审视可以选择的方式很多，包括线上、线下。在可能的情况下，尽量线下进行，面对面交流、研讨的效果更好。如果异地办公，线下交流成本过高，可以线上进行，尽量选择有支持现场画面共享及远程研讨设备的场所。绩效审视的本质不是看数据，而是挖掘潜在的绩效改进机会。至于是一对一审视，还是一对多审视，视公司的文化氛围、审视内容相关性等因素而定，能够友好而激烈碰撞的审视方式就是喜闻乐见的方式。

审视频率。绩效审视周期没有统一的标准，可按周、月或季。对于产品面向消费者的企业，市场相对来说变化比较快，通常审视频率会高一点，企业必须快速做出调整；对于产品面向企业客户的企业，市场相对来说比较稳定，通常审视频率会低一点。除了业务模式，审视频率还要跟公司整体的管理体系结合，如公司战略部门组织的经营分析会、矩阵管理的企业双向汇报的管理例会等。总的来说，审视频率既要能了解绩效指标的达成情况，也不能干扰正常的业务开展。

审视后行动管理。审视的目的是让员工更好地达成绩效目标，而审视后的行动管理是推动绩效目标达成的关键措施。通常，在绩效审视做完分析、方案拟定与选择后，需按既定方案推进。在此过程中，管理者需要与员工保持密切沟通，将行动计划纳入日常的工作管理。如果效果不及预期，则开展下一轮审视，升级行动方案。

绩效审视是绩效管理中最容易被忽略的一个环节，但其重要程度不容轻视。它不仅仅是绩效管理本身，还涉及员工能力的提升、人才识别与发展等，是综合性比较强的管理动作，也是管理者发挥价值的关键所在。

第六节　绩效变更，应需而变

从绩效目标制定到绩效执行、绩效考评，通常会有一个比较长的周期。在这个过程中，业务会随着内外部环境的变化而不断变化，原来假设要发生的事情可能并没有发生，而原来没有想到的问题却发生了，这些问题就可能会影响绩效目标的继续执行。在这种情况下，绩效目标变更就在所难免了。

一、绩效变更场景

绩效目标一旦定下来，原则上不允许调整，如遇特殊情况，可以提出变更申请，审批通过后方可做相应的调整。什么情况算得上特殊呢？通常认为一些不可控的、突变的场景算得上特殊，下面提供几种常见的特殊场景供参考。

（1）国家法律与政策发生重大变化，致使业务取消或无法进行。

以新东方公司为例说明。2021 年，上半年形势一片大好，新东方公司对人力资源部的考核重点是招到好的老师（关键人才招聘及时率）、人才梯队建设计划达成率等；对老师的考核重点是上课质量（学生满意度、续费率等）。下半年，随着国家"双减"政策的出台，教培行业格局发生变化，对此，新东方大面积关停涉及政策要求的业务，原有的考核制度就无法执行了。对人力资源部而言，工作重心从招聘转为裁员（遣散）、员工关系管理（安抚、劳资事件处理等），考核需要根据新的工作重心来调整；对部分老师而言，从老师转型为"东方甄选"主播，工作内容发生了根本性的改变，原来的考核就失效了，应根据需要调整。

（2）公司战略或经营策略发生重大调整，致使业务取消或发生重大调整。

以华为公司终端业务（消费者业务事业部）为例。2018年上半年，以手机等智能终端产品为代表的终端业务发展势头良好。对产品研发部门而言，工作重心为按时、按质量交付新产品，考核聚焦于客户满意度、项目周期（进度偏差率等）、新品销售占比等。2018年下半年，美国对华为公司启动制裁，谷歌合作受限，华为公司终端业务的经营策略被迫发生了重大调整，从依赖安卓系统开始转向自主研发鸿蒙系统。对产品开发部门来说，工作的重心发生了重大调整，开始围绕鸿蒙系统来重构产品，构建鸿蒙系统生态成为整个终端业务工作的重心，考核的方向也需要重新调整。

（3）发生不可抗力（地震、战争、火灾等）致使考核指标难以完成。

以某3C数码产品公司为例。2021年年底，某3C数码产品公司对其国家代表处的考核指标为营收增长、利润率等。2022年2月底，公司的业务无法正常开展，保存资产、及时撤离成为首要任务。在这种背景下，公司对代表处（组织绩效）及代表处员工（个人绩效）考核的方向就需要调整。

（4）公司重大业务整合、组织架构及部门职责发生重大变化。比如，出现较大规模的部门合并、分拆、重新定位等，通常发生在空降CEO、公司变革期、公司发生并购重组的时候。

（5）工作重点临时调整（部门负责人要求）、岗位调整（轮岗）、岗位职责调整等非个人主观意愿导致的客观变化。类似情况，需酌情评估是否对个人绩效进行调整。当然，这与考评周期也有关，如果处于考评周期末期，则应以原来的为准，新增部分工作作为加减分项管理；如果处于考评周期初期，则应重新制定绩效目标，这对个人、部门、公司均更有利。

除此之外，其他重大内外部经营环境变化，若客观上对经营造成根本性冲击，可以进行绩效变更。无论是什么原因导致的绩效变更，都需要走绩效变更的流程，只有通过流程审批之后，调整才算生效。

二、绩效变更执行流程

绩效变更是一件比较严肃的事情，需要谨慎对待，从变更需求的发起、审批到最后变更完成，都需要有流程来支撑。

公司绩效变更。导致公司绩效变更的场景通常有"绩效变更场景"中的（1）、（2）、（3），以及（4）中的部分（如重大业务整合、并购、分拆等）。在这些场景下，通常由总经办或战略管理部门发起公司绩效变更申请，经过总经理审核，上报董事会或类似的决策管理机构批准后生效。公司绩效变更需要同步刷新关联组织、个人的绩效目标，这是一项比较庞大且复杂的工作，所以除非万不得已，不进行公司层级的绩效变更。绩效变更申请单参考表 3-2，具体可以根据公司实际情况做信息栏位的增减。（4）中的组织架构及部门职责变化不会导致公司绩效变更。

表 3-2 绩效变更申请单

申请人信息	姓名：		部门：		岗位：
绩效变更信息概述	绩效类型	□公司 □一级部门 □二级部门 □三级部门 □个人			
	变更类型	□新增 □修订 □取消			
	变更内容				
	变更理由	注：相关证据可提供电子档			
	申请人承诺：本着客观原则描述以上内容。 <div style="text-align:right">签名/日期：</div>				
直属部门负责人意见				签名/日期：	
间接部门负责人意见				签名/日期：	
人力资源部负责人意见				签名/日期：	
总经理意见				签名/日期：	
董事会意见				签名/日期：	

部门绩效变更。通常公司绩效变更会影响部门绩效变更，除此之外，"绩效变更场景"（4）中组织架构及部门职责发生重大变化等场景，也会导致部门绩效变更。部门绩效变更需要由变更需求部门发起，上一级主管审核通过后，人力资源绩效管理人员会同变更需求部门负责人、关联影响部门负责人等相关人员进行评审，评审通过的上报总经理或经营管理团队（Executive Management Team，EMT）批准后生效。通常情况下，一个部门的组织绩效目标发生变更，往往会引发关联部门的组织绩效目标变更，所以要协同关联部门负责人一起进行评审，如果确实

有必要的，一起进行调整，以避免由于一个部门的组织绩效目标变更，其他部门的绩效目标最后都无法达成。

需要注意的是，部门绩效变更通常也会影响部门管理者的个人业务承诺变更，在发起变更需求及评审的时候，需要同步考虑这些情况。

个人业务承诺变更。组织绩效的变更通常会引发个人业务承诺变更，"绩效变更场景"中的（5）也会引发个人业务承诺变更。个人业务承诺变更由个人发起申请，部门负责人及间接上级审核通过后，由人力资源部负责人或绩效管理部负责人审批，审批通过的报人力资源绩效管理人员备案。在审核的时候需要评估关联影响，有时一个岗位的绩效目标发生变更，也会引发其他岗位的绩效目标变更，需要做综合评估。

绩效变更要尽量避免，尽量不变或少变，但当遇到内外部经营环境剧烈变化时要应需而变，不能僵化处理。无论变还是不变，其目的都是能更好地赋能员工，以"提高组织能力，改善经营成果"。

第四章　集成绩效管理：考评管理

考评管理是绩效管理的关键一环，是对绩效执行管理创造的价值的评价，是对绩效目标的阶段性检验。此外，绩效考评也是挖掘员工绩效改进机会的好时机，还是发现管理者管理行为不足的契机。通过绩效考评，好的予以肯定，不足的促进反思、改善，为下个阶段目标的设定、工作计划的制订、人才识别、加薪、分配奖金等提供依据。因此，考评管理在绩效管理全流程中有着特殊意义，起着承上启下的作用。

考评管理的工作分为三个部分：绩效评价、绩效反馈和绩效申诉。绩效评价相关内容对应第一节到第四节，包括绩效考评的原则与方法、组织绩效考评、个人绩效考评和绩效考评形成结果。其中，绩效考评原则与方法是基础，为考评的执行提供依据；组织绩效考评、个人绩效考评是绩效考评的主体，按照约定的考评内容、考评目标、考评周期、考评流程等实施考评，最终形成绩效考评结果。绩效反馈相关内容对应第五节和第六节，绩效反馈是考评管理的关键环节，一方面，它会影响员工对绩效考评结果的理解和接受程度，另一方面，它为管理者倾听员工心声和赋能员工提供了机会。此外，绩效反馈还会影响员工对绩效管理工作的认可与支持程度。绩效申诉相关内容对应第七节，这是确保员工得到公正对待的重要屏障，不可或缺。

第一节　绩效考评的原则与方法

绩效考评，比较常用的叫法是绩效考核，之所以这里用评而不是核，是因为在实际操作的时候，除了要核实实际达成的业务成果，还要进行评比和排序，"评"比"核"更能准确描述实际的管理动作。

绩效考评通俗的定义是采用科学的方法评定组织、个人工作任务完成的情况，衡量最终取得的成果，并将这些"成绩"反馈给组织、个人的过程。绩效考评是绩效管理的关键环节，不少人将绩效考评等同于绩效管理，虽然这是理解的误区，但也足以证明绩效考评的重要程度。

一、绩效考评的意义

绩效考评最终会输出一个"排行榜"，根据每个组织、每位员工的绩效表现排出先后顺序，但它的目的远远不止于此。绩效考评的意义还包括知道在哪里、知道怎么做等。

知道在哪里。在设定绩效目标的时候，偏激进者可能设定一个有挑战性的目标，希望跳一跳能够得上，认为"梦想总是要有的，万一实现了呢"。而偏保守者则秉持"平平稳稳就是好"原则，期望顺其自然就能达成目标。无论是激进还是保守的目标，到绩效考评阶段，结果都已尘埃落定。绩效考评是对已发生事情的评价，它真实地反映了组织的方向、组织能力、员工能力和状态等情况，即"在哪里"，这是支撑决策的关键依据。

知道怎么做。了解现状，知道"在哪里"本身不是目的，了解现状后指导未来的行动才是目的。"现状"了解清楚了，"现状"的原因也知道了，在这个基础上，便"知道怎么做"了。基于"现状"与目标之间的差距，可以判断原来的举措是否得当、是否需要修正等，知不足而后进。而有了考评结果，"赏功罚过"才有依据，在实战中跑出来的"领头羊"，也将获得更多机会。

另外，绩效考评还是一个集体沟通的过程，上下级之间需要沟通，平行部门之间需要沟通，这在客观上促进相互之间的了解，为一些问题的解决提供了契机，也为未来加强合作做了很好的铺垫。

二、绩效考评的原则

绩效考评既不是简单地拿一个尺子量一下是三厘米还是五厘米，也不是拿一个秤称一下是三千克还是五千克，在这个过程中有一些无法准确测量的量化指标及定性指标。对于这些指标，如何评价才合适呢？需要一些基本的原则来指导。

（1）公开性原则。绩效考评不是某个部门或某几个人的专属权利，而是各级管理者和其团队成员共同的责任与权利，在考评的过程中每个人都应该扮演好自己的角色。除了考评的流程是公开的，考评的标准也必须是公开的，从而让每一位员工清楚什么是"好"与"坏"、知道劲儿往哪里使。公开性可以破除"神秘感"，推动公平环境的构建。

（2）流程化原则。绩效考评是常规的绩效管理动作，需要有延续性和连续性。延续性指的是不能今天想这样干，明天想那样干，不是不能改变做法，而是即使变也要有章可循。连续性是指按照一定的规则，在一定周期内连续不断地做，简单地说就是不能这个季度做了下个季度不做，隔三岔五地做或不做会影响员工对工作的安排。对公司来说，绩效考评是对员工工作成果的评价，如果没有流程化管理，很容易走偏、走歪，无法真正了解公司发生了什么、为什么会这样，也不清楚未来将会怎么样，更不利于采取有针对性的措施来提升绩效。流程化管理为工作规范化提供了保障，也确保了数据的准确性和完整性。可以说，流程化管理为绩效考评的可信度和有效度提供了保障。

（3）现实性原则。作为一种常规化的管理手段，现实性原则也是绩效考评的关键原则之一。所谓现实性指的是具体的管理动作、要求在当前的环境下是适宜的，具有可行性、实用性。对管理基础相对薄弱的企业来说，过于理想化的要求无异于空想。比如，突然要求完全纸质管理的企业在一年内实现全面数字化管理，虽然想法值得肯定，但实际上没有可落地性，违背了现实性原则，最终往往得不偿失。

每个企业所处的生命周期不同，所面对的现实问题也有差异，需要选择合适的管理原则来应对复杂多变的环境。

三、绩效考评的方法

用什么方法来进行绩效考评不仅取决于方法本身的优势及适用性，还要看考评的对象及理念。比如，有些企业崇尚"德、勤、能、绩"，"德"是放在第一位的，那么考评的方法就要基于"德"的特性来选择；有些企业主张"不管黑猫白猫，捉住老鼠就是好猫"，那么考评的方法就要基于"绩"的特性来选择。常用的绩效考评方法有个体排序法、比较法、强制分布法、图尺度量法、关键事件法、目标值考评法、360度反馈评估法等。

（1）个体排序法。简单地说，该法就是根据考评人对被考评对象的印象来排序（或先打分、后排序），排序是否合理依赖于考评人本身经验及其对被考评对象的了解程度。当然，这种方法比较主观，也比较粗放。为了提高准确性，往往采用多维度加权排序的方法，如从敬业度、沟通协调能力、工作完成度等维度进行评估。同时，为每个维度赋予相应的权重，通过各个维度评分与权重相乘后求和，就能得到一个相对合理的考评结果，如表 4-1 所示。

表 4-1 排序法

员工姓名	敬业度		沟通协调能力		工作完成度		……		汇总最终评分
	评分	权重	评分	权重	评分	权重	评分	权重	

人数不多且信息化管理程度比较低的企业可以采用这种方法，权重栏位可以根据实际需要进行调整。

（2）比较法。与个体排序法类似，但比较法更直观。简单地说就是张三、李四、王五、赵六等人进行比较，分为 A、B、C、D、E（或非常好、比较好、好、差、比较差）等几大类。在开始比较之前，首先要找一个比较对象，可以称之为基准值（标准员工），再将其他人跟基准值相比较，孰优孰劣，大致能分清楚，如图 4-1 所示。

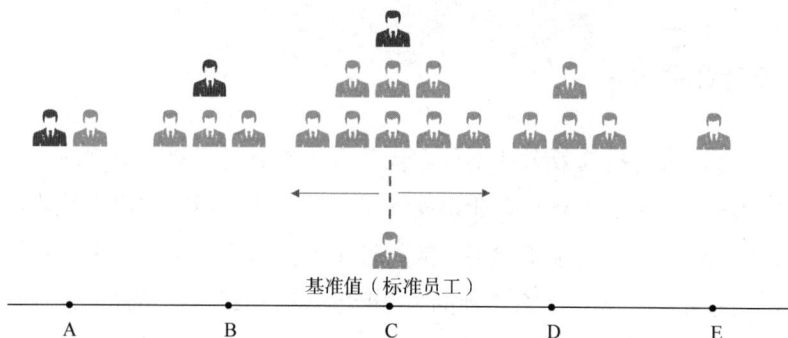

图 4-1 比较法

需要注意的是，基准值（标准员工）不是一个人而是一类人，在比较的时候差不多的都可以归到同一类中。

（3）强制分布法。强制分布法是比较法的加强版，同样分为 A、B、C、D、E 等几个大类，不同的是，其强制要求每一大类对应一个百分比，如 A 类 10%、B 类 30% 等，最后每位员工都被归到其中一类，如图 4-2 所示。

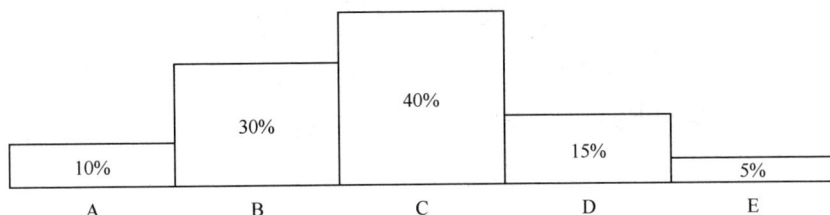

图 4-2　强制分布法

强制分布法可以单独使用，也可以在打分之后进行强制分布，它是目前比较常见的方式之一，通过强制分布可以把头部员工跟尾部员工识别出来，激励贡献比较大的头部员工，同时对尾部员工进行绩效改进管理、轮岗或直接淘汰。

（4）图尺度量法。图尺度量法是比较简单且实用的方法，它的核心是针对每一个评价要素设定基准值。与个体排序法、比较法、强制分步法相比，图尺度量法更有依据、准确度更高，具体评分标准参考表 4-2。

表 4-2　图尺度量法

员工姓名			岗位			部门	
评价要素	A （91~100）	B （81~90）	C （71~80）	D （60~70）	E （<60）	分数	评分依据
合作能力							
敬业度							
适应能力							
发展潜力							
……							
A：所有方面的绩效明显比其他人优秀，对组织有突出的贡献。							
B：大多数方面的绩效超过岗位的基本要求，在个别领域表现突出。							
C：所有方面都能胜任，满足岗位职责的要求。							
D：大多数方面的绩效表现可以接受，某一两个方面有所欠缺，需要有针对性地改善。							
E：大多数方面的绩效表现不可接受。							

（5）关键事件法。关键事件法是指通过观察、记录员工在面对会对组织整体绩效产生重大积极或消极影响事件的时候的行为表现，并据此对员工进行评价。"沧海横流方显英雄本色，风高浪急更见砥柱中流"，越是关键时刻越能体现一个人的本性和价值。华为公司就采用了关键事件法来识别关键人才，是绩效考评中的加分项。

（6）目标值考评法。目标值考评法指的是管理者与下属共同设定一个目标值，基于目标值来考评达成的情况。比如，库存周转率的目标值是 3，而实际达成 2.7，则完成率为 2.7÷3×100%=90%，如果转换为成绩就是 90 分。对于可以量化的考评指标，目标值考评法是比较理想的选择。

（7）360 度反馈评估法。360 度反馈评估法多用于组织绩效评价及员工行为、品德评价，通俗地讲，就是由上下级、平级（上下游关联部门、员工）对其进行评价，其设计理念是收集更多信息，使评价更加客观、公正。

类似的方法还有很多，在实操过程中，往往是将多个方法组合起来使用，这样可以兼顾多种不同的业务场景，效果也更好。

四、绩效考评的周期

对于绩效考评的周期，不同的企业差别比较大，有按月考评的，也有按季度考评的，还有半年考评一次的（一年两次，年中和年终），具体需要根据实际情况确定考评的频率。注意，绩效考评的次数并不是越多越好，通常需根据业务的性质选择合适的频率。比如，零售类、生产类等业绩反映及时的岗位，适合按月进行考评；中后台的职能部门人员，适合按季度进行考评；有些工作周期比较长的，可以每半年甚至一年考评一次。通常，企业会根据工作性质选择不同的考评周期，以便更好地支撑业务发展需要。

五、绩效考评的方式

美国通用电气公司（GE）的前 CEO 杰克·韦尔奇提出的末位淘汰法使得强制分布很流行，同时也引发了人们对另外一个问题的思考——是否每个岗位都适合这样做？这涉及绩效考评方式的问题。绩效考评有两种常见的方式，一种是绝对考评，另一种是相对考评。

绝对考评是指设定一个目标值，达到这个目标即可。比如，绩效目标班车调度准确率达到99%，只要达到99%就不会有被末位淘汰的风险。通常，非竞争性的岗位、无相关可比性的岗位等适合绝对考评，如公司行政部门。对于规模比较小的公司，行政岗可能就一两个人，每年根据指标达成情况稳定在一定水平即可；如果有改善要求，设定指标推进，达到指定的目标即可。如果对这类岗位采取相对排名的方式、强制分布或末位淘汰，更替的成本会比较高。事实上，由于人数太少往往也行不通，如新人刚入职不久，便可能面临被淘汰的困境。

相对考评是指在设定一个目标值时，首先设定者自己要达到这个目标值，但仅仅是达到这个值还不行，还要看处在相同岗位的同事在什么位置，同时采用强制分布及末位淘汰。通常，竞争性的岗位，如销售类适合相对考评，通过强制分布及末位淘汰的方式来牵引和激活团队。当然，规模比较大的企业可以实行这种方式，而规模比较小的企业因为没有充足的人才储备，实行起来会很困难。

绩效考评的原则、方法、周期及方式都需要建立在特定的企业环境之中，受到各种因素的影响，在选择的时候需要综合考虑。同时，选择后也并不是一成不变的，需要根据企业的发展而动态调整。

第二节　组织绩效考评

制定绩效目标需自上而下地进行，绩效考评也同样需要自上而下地完成。虽然在实操的时候，绩效管理人员通常会将组织绩效考评、个人绩效考评的任务通知同时发布，但最终评定结果的时候还是要先有组织绩效考评结果才能最终确定个人绩效考评结果。组织绩效考评与个人绩效考评有相似之处，也有许多各具特色的地方，需要有针对性地进行管理。

一、组织绩效等级设置

在开始组织绩效考评之前，首先要做的是设置组织绩效等级。组织绩效等级比较常见的是三个等级和五个等级两种划分方式，分别如表4-3、表4-4所示。

表 4-3   组织绩效三个等级划分表

等级	描述
A（优秀）	• 组织承担的各项工作有序展开，符合计划要求，部分超出预期； • 组织承接的各项 KPI 达成，部分超出预期； • 在与关联部门的协作中，提供了强有力的支撑，为其他组织目标的达成贡献了应有的力量
B（合格）	• 组织承担的各项工作有序展开，按计划达成，无逾期情况； • 组织承接的各项 KPI 都按计划达成，但无特别突出的表现； • 在与关联部门的协作中，按照要求提供必要支持
C（待改进）	• 组织承担的大部分工作都能有序展开，个别领域有延期的情况； • 组织承接的大部分 KPI 达成，小部分未按要求达成； • 在与关联部门的协作中，部分按要求提供支撑，部分有推诿的情况，影响公司整体目标的达成

表 4-4   组织绩效五个等级划分表

等级	描述
A（卓越）	• 组织承担的各项工作有序展开，大部分超出预期； • 组织承接的各项 KPI 达成，大部分超出预期； • 在与关联部门的协作中，提供了强有力的支撑，为其他组织目标的达成做出了突出的贡献
B（优秀）	• 组织承担的各项工作有序展开，符合计划要求，小部分超出预期； • 组织承接的各项 KPI 达成，小部分超出预期； • 在与关联部门的协作中，提供了有力的支撑，为其他组织目标的达成贡献了应有的力量
C（良好）	• 组织承担的各项工作有序展开，按计划达成，无逾期情况； • 组织承接的各项 KPI 都按计划达成，但无特别突出的表现； • 在与关联部门的协作中，按照要求提供必要支撑
D（待改进）	• 组织承担的大部分工作都能有序展开，个别领域有延期的情况； • 组织承接的大部分 KPI 达成，小部分未按要求达成； • 在与关联部门的协作中，部分按要求提供支撑，部分有推诿的情况，影响公司整体目标的达成
E（不合格）	• 组织承担的大部分工作都不能有序展开，在诸多领域有延期的情况； • 组织承接的大部分 KPI 没有达成； • 在与关联部门的协作中，经常有推诿、延期等情况，影响公司整体目标的达成

表 4-3、表 4-4 中的描述，仅作为简要说明，实际应用的时候需要根据公司的情况进行增减、适配。在一些企业中，习惯用 S、A、B、C、D 或 A、B+、B、C、

D 等作为等级的标记，与表 4-4 的等级划分方式没有本质的差别，可以根据公司的管理习惯定义。

组织绩效等级是划分为三个等级还是五个等级，没有绝对的标准。通常，对于规模比较大、比较复杂的组织，建议采用五个等级的划分方式；对于规模比较小、相对简单的组织，建议采用三个等级的划分方式，当然，如果希望管理得更精细一些，用五个等级更好。

组织绩效等级对应的比例，在这个阶段也需要定义好。通常，等级比例是指同等级的，如一级部门的 A、B、C、D、E 比例，二级部门的 A、B、C、D、E 比例等。对于规模较小、管理扁平化的企业，可以将所有部门作为一个集合来分配比例。比例可以是固定的，也可以是动态的，固定是指每个绩效等级的比例不随着公司整体业绩的变化而变化；动态则反之，比如，若公司整体业绩目标达成情况超预期，A 的比例增加，E 的比例减少等，具体根据公司的发展需要设置即可。

二、组织绩效考评执行

组织绩效考评涉及公司各个层级的管理者，为了保证协作顺畅，需要推行流程化管理，避免在考评上耗费太多资源。从本质上讲，绩效考评对产品、服务本身并不直接创造价值，属于不增值但有必要存在的工作，所以更要注重效率。通常，组织绩效考评会有如下几个步骤，如图 4-3 所示。

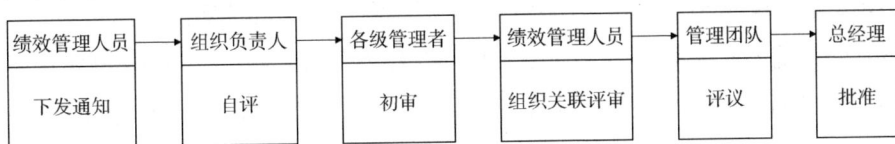

图 4-3 组织绩效考评步骤示意图

（1）下发通知。绩效管理人员在绩效考评周期结束后即可着手安排组织绩效考评工作，包括流程、里程碑、模板及相关表格的填写说明，必要的时候可以组织一次正式的培训，宣讲相关的要求。个人绩效考评通知可以和组织绩效考评通知同时下发，也可以单独发布。

（2）自评。各个层级的组织负责人根据组织绩效考评通知的要求开展自评工作，收集数据、证明材料等，本着实事求是的原则填写自评。

（3）初审。各级管理者对组织负责人的绩效考评自评进行审核，并和自己管辖的组织负责人就绩效排名进行初步沟通，在内部达成共识。哪些做得好，哪些做得不理想，要认真总结、沟通，这是赋能下一层级管理者的契机。同时，对于下一级管理者反馈的问题，也要做好收集工作，作为下一阶段绩效目标设定的输入依据。

由于不同公司的管理层级不同，初审涉及的层级、人群就会有差别，有些企业在同一业务体系（或职能体系）内逐层审核，有些仅由直属部门负责人审核，没有统一的标准。通常，相同业务体系（或职能体系）的审核层级建议不超过两层，如四级部门初审后由三级部门审核，或增加二级部门负责人进行二次审核，不建议再上升到一级部门负责人。这基于一个基本的假设：管理者对不在自己管理范围内的事情了解得不够深入，很难做出公正的评价，审核没有实质性的意义。

（4）组织关联评审。根据各级管理者提交的初审意见，绩效管理人员（或 HRBP 组织关联部门负责人）进行评审。这个环节基于 360 度反馈评估法的理念设置，目的是收集各个领域的反馈意见，全面、真实地反映组织的真实贡献。

（5）评议。初审、组织关联评审通过后，由人力资源部门组织管理团队进行评议。一般按不同的组织层级设置对应的审核人员，比如，一级部门的评议要经过 EMT 或类似组织审议，二级部门要经过一级相关部门负责人审议等。评议目的很明确，就是要从整个公司层面来看各个组织绩效考评的结果是否合理。举个例子，若公司整体业绩不达标，而各个组织的 KPI 表现优异，则应该重新审视考评结果。业务部门管理者通常希望所属部门多拿几个 A，所以需要决策机构来进行平衡、把关。在华为公司，为避免这种"护犊子"的事情发生，由行政管理团队（Administrative Team，AT）进行评议，HRBP 负责组织。当然，组织团队评议需要一定的组织能力，需要结合自身的特点来安排。对于规模较小的企业，可以由人力资源部门统筹评议。

组织绩效评议涉及各个部门利益的分配，所以往往会出现比较激烈的碰撞，人力资源部门要负责制定规则并把控评议节奏，避免碰撞太激烈，否则不利于日常运营工作的开展。

（6）批准。组织绩效考评结果在经过评议之后，人力资源部门相关人员将其汇总成组织绩效考评结果，并交由总经理或类似职责的人或组织批准。批准后，整个组织绩效考评告一段落，同时下发给各个部门，作为个人绩效考评的输入依据。

当然，不同公司情况不同，如规模、业务复杂程度、管理理念、信息系统等都会影响考评的流程，可以根据实际需求做必要的调整。

三、组织绩效问题跟进

组织绩效考评除了用于确定绩效排名和为个人绩效考评提供依据，更重要的是通过这个过程发现问题并推动问题解决。

通常在组织绩效考评步骤（4）"组织关联评审"的时候，各个关联领域部门负责人会基于业务运营中的问题等提出期望，这些问题应该记录在案，通过形成统一的清单进行管理。业务部门负责清单的管理工作，人力资源部门、HRBP 也应参与问题的跟进管理，促进业务问题的解决。同时，这些问题可以作为下一次组织绩效目标的关键输入项，是组织重点工作、确定 KPI 的关键依据之一。

绩效管理是手段不是目的，通过绩效管理赋能业务，提高组织能力，最终改善经营成果才是目的。

第三节　个人绩效考评

个人绩效考评是指对个人业务承诺的各项指标进行考核、评议的活动。由于涉及的人多，要平衡各方的利益诉求，因此它往往被视为绩效管理中最难的一个部分，但也是最关键的一个部分。绩效管理需遵循"小河有水大河满"的基本原则，管理好个人绩效是做好绩效管理的基础。

一、个人绩效等级设置

在开始个人绩效考评之前，首先要做的是设置个人绩效等级。与组织绩效等级一样，个人绩效等级常见的也是三个等级和五个等级划分方式，分别如表 4-5、表 4-6 所示。

表 4-5　个人绩效三个等级划分表

等级	描述
A（优秀）	• 承担的各项工作有序展开，符合计划要求，部分超出预期； • 承接组织的各项 KPI 达成，部分超出预期； • 在与关联岗位的协作中，提供了强有力的支撑，为其他团队成员目标的达成贡献了应有的力量
B（合格）	• 承担的各项工作有序展开，按计划达成，无逾期情况； • 承接组织的各项 KPI 都按计划达成，但无特别突出的表现； • 在与关联岗位的协作中，按照要求提供必要支撑
C（待改进）	• 承担的大部分工作都能有序展开，个别工作事项有延期的情况； • 承接组织的大部分 KPI 达成，小部分未按要求达成； • 在与关联岗位的协作中，部分按要求提供支撑，部分有推诿的情况，影响组织整体目标的达成

表 4-6　个人绩效五个等级划分表

等级	描述
A（卓越）	• 承担的各项工作有序展开，大部分超出预期； • 承接组织的各项 KPI 达成，大部分超出预期； • 在与关联岗位的协作中，提供了强有力的支撑，为其他团队成员目标的达成做出了突出的贡献
B（优秀）	• 承担的各项工作有序展开，符合计划要求，小部分超出预期； • 承接组织的各项 KPI 达成，小部分超出预期； • 在与关联岗位的协作中，提供了有力的支撑，为其他团队成员目标的达成贡献了应有的力量
C（良好）	• 承担的各项工作有序展开，按计划达成，无逾期情况； • 承接组织的各项 KPI 都按计划达成，但无特别突出的表现； • 在与关联岗位的协作中，按照要求提供必要支撑
D（待改进）	• 承担的大部分工作都能有序展开，个别工作事项有延期的情况； • 承接组织的大部分 KPI 达成，小部分未按要求达成； • 在与关联岗位的协作中，部分按要求提供支撑，部分有推诿的情况，影响团队目标的达成
E（不合格）	• 承担的大部分工作都不能有序展开，在诸多工作事项有延期的情况； • 承接组织的大部分 KPI 没有达成； • 在与关联岗位的协作中，经常有推诿、延期等情况，影响团队目标的达成

表4-5、表4-6中的描述，仅作为简要说明，鉴于每个公司的业务特性不同，在实际应用的时候需要根据公司情况进行增减、适配。与组织绩效等级类似，一些企业习惯用S、A、B、C、D或A、B+、B、C、D等作为个人绩效等级的标记，与表4-6的等级划分方式没有本质的差别，可以根据公司的管理习惯定义。

对于有一定规模的企业，建议用五个等级来划分个人绩效，一方面，有利于识别人才；另一方面，对于奖金激励等也能适当拉开差距。绩效考评本身并不增值，需要考虑它的应用场景，在其他场景得到应用才能体现它的价值。

每个绩效等级都应有对应的比例，这些需要提前定义好。比例多少合适？应根据公司实际情况来定，通常呈纺锤体结构，两头小中间大，A的界线比较明显，B与C、D与E的比例可以灵活调节，如表4-7所示。

表 4-7　个人绩效等级比例示例

等级	定义	比例
A（卓越）	杰出贡献者，要求显著超出岗位期望，对组织有重大贡献	10%~15%
B（优秀）	优秀贡献者，要求达到并超出组织期望	65%~85%
C（良好）	扎实贡献者，达到组织期望	
D（待改进）	较低贡献者，未能达到组织期望	5%~10%
E（不合格）	未能完成目标	

各等级的比例可以是固定的，也可以是动态的。固定是指每个绩效等级的比例不随着公司整体业绩的变化而变化，假设A是10%，那么无论业绩如何变化，绩效考评排名10%的员工都是A。动态则反之，若公司整体业绩目标达成情况超出预期，则A的比例增加、E的比例减少等；若公司整体业绩不达标或下滑严重，则A的比例减少、E的比例增加等。个人的绩效等级应与公司的业绩表现挂钩，从而更有利于形成团队协作的氛围。

二、个人绩效考评自评

在操作的时候，个人绩效考评通常与组织绩效考评同步开展，但前者在时间节点上会稍微延后，因为需要组织绩效考评的结果作为输入依据。个人绩效考评流程每个公司都有不同，但仍有些相似点可以借鉴。通常，个人绩效考评会有如下几个步骤，如图4-4所示。

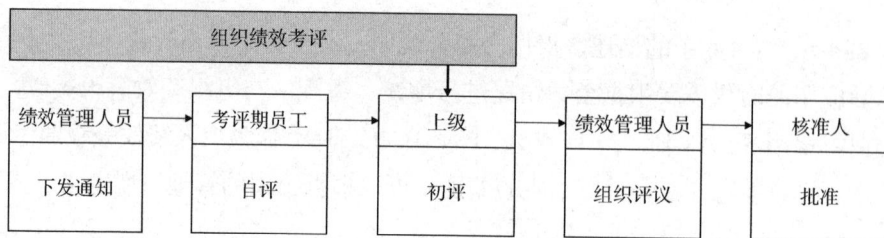

图 4-4 个人绩效考评步骤示意图

为了方便阅读，本节仅介绍前三个步骤，第四、第五两个步骤放在本章第四节"绩效考评形成结果"中说明。

下发通知。这个与组织绩效考评类似，绩效管理人员在绩效考评周期结束后即可着手安排个人绩效考评工作，包括考评对象确定（如新员工是否适用等）、流程、里程碑、模板及相关表格的填写说明，必要的时候可以制作一些操作指引的小视频，方便员工查阅。

自评。关于自评，不同的管理者理念不同，做法也大相径庭，先来看一个小案例。

笔者在给 X 新能源公司做流程优化咨询项目的时候发现，该公司的个人绩效考评没有员工参与环节。每次考评周期结束，直接主管直接在绩效管理系统里填写对各个员工的评价，填完直接提交就完成了。为此，笔者向人力资源部负责人李总监询问这样做的原因，李总监答复："每个员工都觉得自己做得很好，报上来的信息好比'王婆卖瓜'，而且要花费很多时间阅读，然后还要驳回去重新填写，来来回回周期太长了，不值当……"是否真如李总监说的那样填写的信息都不可用呢？笔者又询问了若干主管、员工，大家的反馈普遍消极，如"谁填都一样，做得好不好都是领导说了算""绩效考评就是走一个过场，谁拿 A、谁拿 E 早就内定了""谁跟主管关系好，谁的绩效就好""绩效这东西祸害人，折腾一通跟没弄一样"……统筹绩效管理的人跟被考评的人，彼此没有共识、缺乏信任。

X 新能源公司当前局面的形成是多重因素长期作用的结果，如何破这个局呢？

在笔者的反复劝说下，李总监改变了个人绩效考评的流程，由员工自评，直接主管负责初审，间接部门负责人进行复审。经过一年多的磨合，大家对绩效管理的看法略微有改观。如"自评的时候有点难，若夸大业绩容易被数据'打脸'，反之又怕被评为 E""虽然有点烦琐，但对开展工作还是有好处的""以前给下属写评价，很耗费精力，现在由他们自评，轻松很多"等。虽然不都是正面的反馈，但对员工有一定的触动，使其开始反思、总结自己的工作，这便是一个好的开始。

员工自评不是仅提交一个 Excel 表或在绩效管理系统中点击"提交"按钮，而是基于个人业务承诺逐项总结，是自我审视的过程，是"痛定思痛"的过程。曾子曰："吾日三省吾身。"对员工来说，每个月或每个季度通过自评来"自省"还是很有必要的，引发的触动可能会成为驱动其改进的动力。

在自评的时候，可以参考华为公司使用的 STAR 方法，开展结构化思考与运作。S 是 Situation，任务来源、背景；T 是 Task，对总目标支撑的各个任务分别描述；A 是 Action，工作过程中采用的措施、付出的努力；R 是 Result，体现最终的贡献、价值、可衡量的结果；R 的另外一个意思是 Review，回顾亮点，待改进点。

三、个人绩效考评初评

员工自评形成基础的考评信息后，直接主管需要在此基础之上给出审核意见。通常情况下，要经过直接主管和间接主管两级评审。若企业规模比较小或管理层级比较少，则经过一级评审。在这个阶段，直接主管主要负责公正地审核下属提交的自评信息是否真实、准确、全面。对于涉及业务数据的信息，需要严格复核，避免"王婆卖瓜"的情况出现；对于关乎定性指标或关键事件的信息，需要从旁校验。虽然我们提倡基于信任的管理模式，但这并非意味着我们可以无条件相信他人的言词。审核完成后，在团队内部完成打分及等级排名等。在这个过程中，如果有疑问，需要跟员工进行坦诚的沟通。

对于离职、内部转岗等当前已不在本部门，但上个考评周期大部分工作仍在本部门的员工，或者即将离开本部门的员工，需要秉持客观、公正原则审慎评价，避免为了满足强制分布的末位比例要求而习惯性让其背负不合理评价。

间接主管的审核主要聚焦于各个部门间 A、B、C、D、E 等级的比例问题，需进行初步均衡，在组织绩效确定之后，需在部门内部进行初步的比例分布。组织绩效等级与个人绩效等级之间，如果采用固定的比例分布，则直接定下来；如果采用动态的比例分布，则需要建一个匹配表，如表 4-8 所示。

表 4-8　组织绩效等级与个人绩效等级匹配表

组织绩效等级	个人绩效分布比例				
	A	B	C	D	E
A	20%	50%	25%	5%	0%
B	15%	50%	25%	5%～10%	0%～5%
C	10%	45%	35%	5%～10%	0%～5%
D	5%	40%	40%	10%	5%
E	0%	35%	45%	10%～15%	5%～10%

　　注意，表 4-8 中的比例信息仅供参考，在实际操作的时候需要根据公司的实际情况进行设计。总的来说，一个组织的绩效等级越高，员工获得好绩效的概率就越高；反之，一个组织的绩效等级越低，员工获得差绩效的概率就越高。"矮人国里选的高个子，可能还不如其他地方的普通人高"，这是其基本逻辑。

　　个人绩效考评初评完成后，部门内部达成共识，完成第一阶段的工作。接下来的组织评议和批准在第四节"绩效考评形成结果"中说明。

第四节　绩效考评形成结果

　　个人绩效考评在部门内部达成共识后，接下来还要"拿到外面晾晒一下"，管理比较严谨的企业会组织个人绩效评议，更多专业人员及相关人员会参与其中，目的是使考评更加客观、公正。同时，个人绩效评议也是识别业绩好的人、锻炼参与评议的人的契机。

一、个人绩效评议

　　个人绩效评议由人力资源部门相关人员（如 HRBP 或绩效管理人员等）负责组织。评议的方式有两种：一种是固定的管理团队评议；另一种是基于关联性原则，由相关部门的人员参与，非相关部门不做要求。固定的管理团队的人员组成比较好确定，通常根据部门的组织层级来选取，如同一层级或更高层级的部门负责人，只要定义清楚相关人员即可。相关部门人员的确定相对复杂，有些岗位人员接触的部门多，有些则基本没有相关人员，导致人员确定起来比较困难。所以，目前常见的评议方式还是采用固定的管理团队，比如华为公司就采用了固定的管理团队来评议。

在华为公司，每个业务领域都有不同层级的行政管理团队，该组织在人事管理方面拥有广泛的权力，包括干部的选拔、评议、晋升、绩效考评、薪酬调整及股权激励等。在进行个人绩效评议的时候，行政管理团队发挥着关键性作用。其成员大部分从部门办公团队（Staff Team，ST）中选拔，通常由具有丰富管理和专业经验的员工担任，行政管理团队主任一般由该领域的最高行政负责人担任，如部门负责人或总裁。团队其他成员则为关键职能部门的主管和资深员工，以确保团队具有广泛的代表性和专业性。行政管理团队采用集体决策机制，所有重大决策均由团队成员共同讨论并投票决定。这种机制遵循少数服从多数的原则，即使行政管理团队主任也仅有一票投票权，且建议权与建否权分开，起到一定的制衡作用，无法单独改变决策结果，这保证了决策的民主性和透明度。行政管理团队的决策机制强调权力的分散和制衡，防止任何个人或小团体独揽大权。通过这种方式，华为公司有效避免了由于权力过于集中而带来的决策风险，确保了公司的稳健运营和长远发展。

在个人绩效评议阶段，华为公司各个领域的 HRBP 负责组织相应层级的行政管理团队参与个人绩效评议，通过评议控制个人绩效等级的比例分布、审议高/低绩效人员及特殊人员（新晋管理者、轮岗人员等），最终确定个人绩效评议结果。

行政管理团队达成一致意见后，可以快速推进后面的工作。对于某些特殊情况，参与评议的行政管理团队无法达成一致的，可以提交更高层级的行政管理团队来决策，避免内耗。当然，对于层级比较高的管理者的个人绩效考评，往往由最高的行政管理团队或轮值董事长进行评议、决策。

需要补充说明的是，规模小的企业需要简化操作。常见的是由人力资源部门负责人、总经理（含副总经理）商议确定，或者总经理授权人力资源部门负责人与业务部门负责人协商确定。

个人绩效评议完成后，由绩效管理人员或 HRBP 汇集成册，交由总经理或其授权的管理者、管理团队批准，个人绩效考评便告一段落。接下来要做的是个人绩效反馈、绩效结果公示。

二、个人绩效反馈

随着信息系统的普及，信息的传递与沟通更加便捷。不少企业在绩效评议过后，将个人绩效考评等级写到系统中，由系统自动通知（知会）员工即完成流程。虽然员工知晓了自己的"评分成绩"，但也仅仅是一个分数或等级符号而已。这跟学校考试后，老师改完试卷把每个人考了多少分告知学生却不讲解错题一样，对没有掌握这些知识点的学生来说，下次考试可能还会错。因此，好的绩效管理应该重视个人绩效反馈。

个人绩效反馈不仅要告诉员工本次的"评分成绩"，还要在告诉结果的同时与员工一起探讨：为什么本次绩效是这样的？未来的期望是什么？将采取什么样的措施？在这个过程中期望得到什么样的资源或支持？等等。

美国陆军在完成一项任务后，会组织一个专门的研讨会，引导事件参与人共同探究"发生了什么事情、为什么会发生这些事情、哪些优势需要保持、哪些缺点必须改进"。这一过程称为任务后检视方法（After Action Review，AAR），传入国内后，演变为"复盘"，并成为众多企业家推崇的方法。

个人绩效反馈本质上也是复盘。通过这样的方式赋能员工，达到赋能业务的目的，同时也使组织能力得到有效提升，最终改善经营成果，支撑战略目标的达成。关于反馈，在接下来的第五节"反馈而不是知会"和第六节"绩效反馈管理"中还会重点介绍，期望大家能掌握这个方法，并真正应用起来。

三、绩效结果公示

在绩效管理工作中存在一个争议：绩效结果是否应该公开。尽管很多企业在绩效管理制度中明确"公平、公正、公开"原则，但公平、公正尚难完全落实，"公开"则更难实现。不少业务负责人会有顾虑：好的评价不怕公开，不好的评价则怕引发矛盾。那么，绩效结果公开好还是不公开好？我们且先来看看古人的智慧。

邱永明教授在其出版的《中国古代职官考核制度史》中对《便宜十六策》中的"考黜""赏罚"专论进行了解析，其中提到"赏罚必须公正公平，而且要明赏罚"。"公正公平"较易理解，从"赏以兴功，罚以禁奸。赏不可不平，罚不可不均"的主张中就可以看出，此外，蜀汉丞相诸葛亮在其《出师表》中提到的"宫中府中，俱为一体，陟罚臧否，不宜异同"也体现了类似的主张；而"明赏罚"中的"明"有明确、公开的意思，继承了《韩非子·二柄》的思想。公正、公平、公开，"三公"成为绩效管理的基本原则之一。

在当前的企业管理中，很多管理者对公开绩效结果感到畏惧，实则大可不必，公开可以保障公平、公正。对考评者而言，在阳光下作业使其更能尊重事实而非凭借感觉或交情；对被考评者而言，好的结果催其奋进，不好的结果也让其"知耻而后勇"，改进绩效，以便能迎头赶上；对"躺平"者而言，也形成了一种约束，使其改变工作态度。

华为公司便采取公开绩效结果的方式，在考评结果出来后，会有绩效结果公示环节，大家可以对比自己跟他人的绩效差距，看看拿 A 的同事平时是怎么工作的，有对比才有改进目标与方向。当然，对于不认同考评结果的员工，可以通过正式的渠道进行申诉。有问题解决问题总比"捂"着好，"捂"着的结局，要么是员工不满最终离开公司，要么是员工"躺平"进而影响整体的业绩，得不偿失。

绩效管理是一个系统的管理体系，公平、公正、公开是基本原则和要求。公平、公正要通过流程化、数字化来实现，公开则相对容易实现，只要想做，马上开始就行了。

第五节　反馈而不是知会

在本章第四节"绩效考评形成结果"中提到个人绩效反馈，为什么是反馈而不是知会呢？因为反馈不仅仅是信息的告知，还承载着绩效赋能实现个人和组织成长的期许。

一、什么是反馈

在企业日常运营中，管理者通常要求下属"事事有着落，件件有回音"，从绩效管理的视角来看，被考评者也希望管理者"有回音"，这个回音就是反馈。

反馈（Feedback）是控制论的基本概念，它是指将系统的输出返回到输入端并以某种方式改变输入，它们之间存在因果关系，进而影响系统功能的过程。在 20 世纪 70 年代，人们就用反馈的理念来改进组织绩效，并逐渐赋予其更多内涵。比如，日本东京大学教授中原淳认为"反馈是指不留情面地告知下属其工作现状，提出未来的行动方针。即反馈=教学（Teaching）+教练（Coaching）"。而牛津词典对反馈的定义为：对某种产品或对某人完成某项任务的表现，所产生的反应的相关信息，常用作提高改进的依据。从某种意义上来说，反馈是为了助力个人或集体实现提升、成长和发展而由他人主动寻求或给出具体明了的信息，这是一个双向沟通、双向赋能的过程。

在绩效管理中，绩效反馈主要是管理者通过与被考评者沟通，就被考评者的绩效表现情况进行反馈，不仅仅是告知结果，还要在肯定成绩的同时引导被考评者认识到产生绩效差距的原因并探究提升绩效的路径。差距包括两个方面，一方面是业绩差距，另一方面是机会差距。业绩差距是指实际结果和既定目标的差值（如目标是 100 分，结果是 95 分，有 5 分的差距）；机会差距是指实际结果与最优目标的差值（如本来有机会获取 110 分，结果只取得了 105 分，差距 5 分）。通常，对于绩效目标没有达标的下属，要分析业绩差距；对于绩效目标达标的下属，要分析机会差距。

知会的目的是将信息按要求传达，而反馈的目的是帮助员工改进绩效。所以管理者在进行反馈的时候，既要描述现状，即就已经发生的情况与下属达成共识，又要指导其改正，告知不是最终目的，更重要的是指导下属审视自己的表现、工作与行为，帮助下属制订今后的行动计划。

绩效反馈不是考评出结果后才能进行的，在绩效执行过程中，管理者可以随时进行反馈。比如，工作计划中的某个任务在绩效考评周期进行到一半的时候就完成了，这个时候进行绩效反馈比到绩效考评周期结束后再进行效果更好。

二、为什么要反馈

绩效反馈是赋能员工的关键抓手之一，对绩效管理起着至关重要的作用。美国咨询师 M. 塔玛拉·钱德勒在《反馈的力量：如何有效建议，以及如何从意见中获益》中很好地说明了这个问题。

2018 年，一家企业绩效分析机构（i4cp）和美国南加州大学马歇尔商学院高效组织研究中心（CEO）共同发布了一项研究报告，名为"绩效反馈文化课——提升企业影响力"。该研究着眼于研究各种常被用来提升企业绩效管理效率的技术。结果发现，最能推动企业实现可量化业绩提升的，是推行绩效反馈文化。该研究指出，绩效反馈文化是在公司实践中建立和培养起来的，会让管理人员聚焦于绩效反馈的有效实施，即进行定时且多样化的交流，并就如何进行绩效反馈进行专门的培训。高层管理人员要为下属做出表率，对好的绩效反馈表示认可并施以奖励，也需要具备出色的绩效反馈能力。如果一个公司能做到上述几点，在绩效提升上就能获得不俗的效果。

在企业日常运营中也不难发现，高效率管理者都是那些乐于给出正面反馈的人，正面反馈不仅能有效推动员工取得进步，对管理者自身也会产生积极的影响。同时，对于负面问题，高效率管理者也会用巧妙的方式进行反馈，引导下属主动发现问题，并提出相应的改进方案。通过反馈的赋能，上下级都能获得成长。

"90 后"已经成为当今职场的主力军，"00 后"则是生力军。与"60 后、70后、80 后"相比，他们更加强调"自我、个性"，这是管理者必须直面的现实场景。随着人口红利逐渐减弱，培养人才对组织来说成为更加紧迫的事项，未来人才争夺战会随着人口红利的减弱而加剧，这也是强调管理者要对下属进行反馈管理的原因之一。好的反馈有利于确保绩效考评的公平和公正，同时让员工感受到重视，从而发自内心地追求高绩效。

三、反馈的原则

绩效反馈看似简单易行，实际上要做好并不容易，有一些基本的原则需要遵循，如公平公正性原则、及时性原则、具体性原则、针对性原则、双向沟通原则、着眼未来原则等。

（1）公平公正性原则。绩效管理提倡"实事求是，就事论事"，公平、公正是绩效管理的基本原则，对绩效反馈来说亦然。确保公平、公正的关键在于有明确的标准、规则，依据规则来执行。

（2）及时性原则。前面提到"绩效反馈不是考评出结果后才能进行的"，强调的就是及时性原则。一方面，如果反馈太滞后，有秋后算账的感觉；另一方面，反馈的目的是推动绩效改进，如果不及时进行，员工就没有办法及时纠偏，可能会带来更多的问题或损失。

当然，对员工而言，并非一定要等着管理者发起绩效反馈，而可以主动要求管理者及时进行绩效反馈。尽管管理者肩负着赋能员工的责任，但员工应对成长的结果负责，所以主动一点对自己更好，何乐而不为呢？

（3）具体性原则。具体性原则强调不能泛泛而谈。笼统的表述往往意味着未经过总结、加工，有"对人不对事"的倾向。简单直接地沟通，列出具体的行为、事件等（包括好的、坏的），更有利于保持或改善沟通效果。"对事不对人"往往不容易做到，具体陈述会减少"对人不对事"的可能性，有利于营造更简单、良好的沟通氛围。

（4）针对性原则。针对性是对具体性、及时性的补充，也是对绩效反馈的某种规范。通常，一次反馈不要涉及太多内容，而要有针对性地解决某个或某类问题，这也体现了及时性原则、具体性原则的价值及意义。每次解决一个或一类问题，循环往复，员工能力会稳步提升，绩效随之改进，组织能力也将水涨船高。

（5）双向沟通原则。反馈之所以有别于一般性的告知，关键原因之一在于它是双向的信息交流，而不是单方面的"火力输出"，任何时候都需要谨记"反馈是指点，不是指指点点"，否则就很容易变成训话、责备等。通常，管理者要少说，多引导下属说，尤其是对一些性格相对内向的员工，必须想办法让他打开心扉，畅所欲言。在很多事情上，大家把话说开了，心里敞亮了，自然容易找到解决问题、改进绩效的有效途径。当然，很多时候员工考虑事情不全，管理者需要正确引导其朝正确的方向前进并取得成果。

（6）着眼未来原则。绩效反馈首先是对过去某个事情或某个阶段的总结，属于客观发生的既定事实。但如果仅仅是总结过去发生的事情或产生的结果，这对员工的成长就没有太大的帮助。如果不能从这些事中总结出对未来有指导意义的经验、教训，绩效反馈的目的就没有达到。很多管理者在看待员工的时候会不自觉地陷入固定型思维的陷阱，即认为员工的才智、天分等基本素质特性都是既定的。而与之对应的是成长型思维，即认为员工的素质、技能都是会发生变化的，过去的成果只是起点，只要在这个基础上努力就会有改进。因此，反馈要着眼未来，用成长型思维看待员工，帮助员工制订改进计划，为绩效改进做足准备。

最后强调一点，反馈是方法、手段，不是目的。反馈的价值在于赋能员工，改善员工的绩效表现，所有的管理动作必须围绕这个展开。

第六节　绩效反馈管理

绩效反馈是绩效改进的重要手段，需要常规化、例行化，在企业内部要形成一些机制，确保其能持续、有效运作。

一、建立绩效反馈的机制

让绩效反馈在企业内生根、发芽，并不是老板、高层或绩效管理人员想要就能行的，需要解决诸多问题。

第一，时间问题。每个公司或业务领域的情况不同，管理者需要管理的人数会有很大的差别，少则几个人，多则十几个人，甚至几十个人。对于管理人数少的管理者，花时间去进行绩效反馈还勉强说得过去；对于直接管理十几个人甚至几十个员工的管理者，其常以"忙不过来"为由不做反馈——这往往会让管理者陷入恶性循环中，让情况越来越糟糕。因为管理者没有时间进行绩效反馈，员工得不到很好的成长，管理者被迫花大量的时间去处理各种各样的异常，而这又进一步压缩了反馈时间，有进取心的员工会离开，留任者缺乏成长动力，陷入"高层忙到脚不沾地，基层效能低下"的怪圈。在日常的经营管理中，不少组织有这种现象：高层亲自开拓业务，中层疲于应对日常事务，基层因缺乏指导难以胜任工作。由于反馈缺位，"强将手下无弱兵"的美好想象在现实中往往演变为"团队能力断层"的管理困局。

第二，观念问题。笔者在做企业管理咨询的过程中，经常与中高层管理者交流，发现一个有趣的现象：不少管理者乐于分享自己是如何一步步走到今天这个位置的，包括其中的曲折、苦难经历；极少有管理者分享他是如何帮助下属一步步成长起来的，"员工的成长是员工自己的事"成为不少管理者的信条。员工应不应该为自己的成长负责？毫无疑问，答案是肯定的，每个成年人都应该为自己的行为负责，为自己的成长负责，但这并不代表管理者对员工的成长不负有责任。提高组织能力是管理者的主要职责之一，而组织能力的提高不仅需要管理者提高自身能力，还有赖于每一位组织成员的成长，只有大家都成长了，组织能力才能稳步提升。

第三，多样化问题。一方面，随着新生代不断加入职场，个性化、多样化的风格日益鲜明；另一方面，来自不同国家、区域、省市的员工，有着不同的宗教信仰、文化价值观，有着不同的工作经历、生活习性，员工的多样性必然增加了管理的复杂度，其中也包括绩效反馈管理。这是管理者必须面对的现实问题，这既对管理者提出了更高的要求，又加大了绩效反馈实施的难度。

除此之外，企业的文化氛围、管理层的管理理念等因素，也会影响绩效反馈机制的建立。作为绩效管理人员，应该充分考虑这些因素，做好培训赋能工作，做好"松土"工作，用流程化管理的手段，逐步建立起绩效反馈机制。

二、绩效反馈的流程

绩效反馈是一个频繁发生的管理动作，所以有必要做一些实践总结，规范作业，但同时又不能过于程序化，需要更多的灵活性、敏捷性。通常，反馈分为正向反馈、负向反馈，正向反馈是"点赞"，皆大欢喜，相对来说好做；负向反馈是"差评"，多少有点难以启齿，尤其是面对面的情况下。很多管理者为了避免直接的冲突，刻意回避，或采取模糊、简单的反馈方式，结果适得其反。如何才能做得更好呢？可以参考"三阶八步"法，如图 4-5 所示。

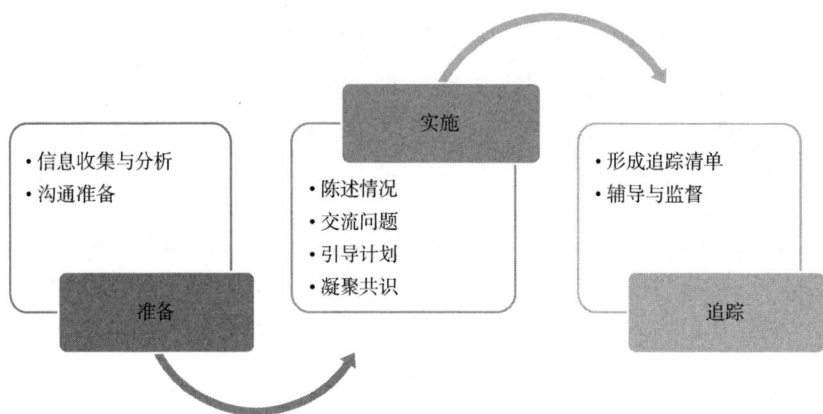

- 信息收集与分析
- 沟通准备

准备

- 陈述情况
- 交流问题
- 引导计划
- 凝聚共识

实施

- 形成追踪清单
- 辅导与监督

追踪

图 4-5　"三阶八步"法

（1）信息收集与分析。"知彼知己，百战不殆。"在开始进行绩效反馈之前，必须做好信息的收集与分析，既要知道问题所在，也要清楚未来的目标。

（2）沟通准备。天时地利人和，在开始之前必须做足相关准备，"戏份"够了，角色才能扮演到位。

（3）陈述情况。开场沟通是建立信任的关键环节，在这个环节，管理者可以引导下属做陈述，自己做补充。管理者必须实事求是，简单直接，使用没有修饰性的话。如果语言带有评价性，则很可能引发下属的抵触，或者反驳，甚至引起直接的对抗性争辩，不利于后面反馈的进行。

（4）交流问题。在这个环节，管理者要与下属共同探讨绩效差距（业绩差距或机会差距）的根因、潜在的改进点等。

（5）引导计划。找到问题的根因不是最终目的，改进并获得成果才是。因此，在交流完问题后，自然而然就要探讨一下未来的改进计划。在这个环节，管理者必须发挥引导作用。人都习惯待在舒适区，管理者必须引导下属走向挑战区。

（6）凝聚共识。尽管在制订计划的时候已经就目标达成共识，但由于这个节点太重要，还是有必要再次进行目标的确认，尤其是员工对目标的承诺。同时，管理者也不能只关注产出而忽视投入，必须对投入做出承诺，最终达成双向承诺。

（7）形成追踪清单。在进行绩效反馈的时候，有时候会有一些悬而未决的事情，管理者可将其作为遗留问题形成追踪清单，后面持续跟进解决。

（8）辅导与监督。绩效反馈是一个持续、多频的过程，管理者需要在后续选择合适的时机进行辅导，监督计划的执行。

在进行绩效反馈的过程中，管理者可以熟练应用一些技巧，如 BEST 法则（又称"刹车"原理）、汉堡原理（Hamburger Approach）等，会收到意想不到的效果。在实际操作的时候，针对不同类型的员工采用的方式不同，正如郑观应在《盛世危言》中提出的"别类分门"。当然，方法和技巧是一时的，真诚、利他是长久的，毕竟谁会拒绝一个真心帮助自己的人呢？

三、绩效反馈审视

绩效反馈不是终点，作为业务部门的管理者，还必须经常性审视自己做得怎么样，还有哪些可以优化的地方。这与前面"（8）辅导与监督"不同，前面是对单个绩效反馈的辅导与监督，确保某个点、某个方面的改进，这里的审视则是针对绩效反馈执行本身。

除了业务部门的管理者需要审视绩效反馈，人力资源部负责绩效管理的人员也要进行例行的绩效反馈审视。负责绩效管理的人员通过抽查绩效反馈的过程、调查绩效反馈的实际效果等来判断绩效反馈机制运作是否健康、有效。

绩效反馈是一个既科学又艺术的管理动作，"手艺"感满满，实践经验比理论更重要。"三阶八步"法也仅能作为一个参考，在实际执行的时候，需要根据不同业务场景、环境、员工等因素灵活地推进。只有握住"赋能员工、帮助员工成长"这把钥匙，才能精准高效地推进绩效反馈，更好地发挥绩效反馈的功效。

第七节　绩效申诉管理

在设计一个管理体系的时候，除了正常的业务流程，通常还要考虑一些特殊的业务场景，对绩效管理来说，申诉就是其中一个特殊的场景。

一、为什么要做绩效申诉

"公平、公正"是绩效管理的基本原则，尽管几乎所有的企业都是这样要求的，但由于绩效考评工作的特殊性，如考评标准模糊不清、信息收集不充分或数据质量存在问题、考评者存在偏见等各种因素的影响，考评结果仍不可避免地存在偏差。这种情况往往会导致被考评者感到委屈、受伤，相关人员也会受到影响，还可能因为个别案例影响员工对整个绩效管理体系的信任度。为了消除不良影响，有必要建立绩效申诉的管理机制，使得员工在收到无法接受的绩效考评结果时，可以通过正常的途径来复核，从而保障绩效管理体系的公平性、公正性。对管理者来说，这也是一种警醒，是一种纠偏的手段。

在企业实际运营过程中，很多管理者对绩效申诉有抵触情绪，而很多员工由于担心"秋后算账"，也不太愿意发起绩效申诉，甚至心怀不满地离职。事实上，大可不必，对管理者如此，对员工亦如此。对管理者来说，绩效申诉既有利于企业开诚布公地解决员工的问题，增加员工对绩效管理工作的信任度；又为其审视、修正考评工作提供了契机。对员工来说，放弃绩效申诉则失去了维护自身正当权益的机会，如果因此还要找新的工作，则更为可惜。对绩效管理人员来说，绩效申诉是发现和修复绩效管理体系漏洞的契机，也是检验绩效管理体系自我调控功能是否有效的契机。可以说，绩效申诉是创造"多赢"机会的触发点，需要得到应有的重视。

为了保障绩效申诉有效地执行，绩效管理人员应当建立完善的机制，使得绩效申诉易行、可行。易行是指有比较丰富的申诉渠道，员工可以不费劲地发起申诉。可行是指管理者对申诉抱有开放的态度，就事论事，人力资源部应该充当中间人的角色主持公道。在绩效申诉执行过程中，需要秉持合理、公开、及时的原则。当然，任何管理动作都需要资源投入，绩效管理人员应该对绩效申诉进行必要的审视，避免绩效申诉被滥用。

二、绩效申诉的渠道管理

在企业管理实践中，虽然很多公司强调可以申诉，但往往是口头上的，当员工真正要进行申诉的时候，往往找不到申诉渠道。即使有申诉渠道，也形同虚设，比如，在阴暗的角落里有一个信箱，信箱上布满了灰尘，信箱的锁早已锈迹斑斑；或者，在系统页面边边角角的地方设置了一个申诉入口，鼠标的光标瞄了老半天都点不中等。绩效申诉要发挥效用，绩效管理人员在推动管理者、员工理念转变的同时，必须建设便捷、易用的申诉渠道，包括线上的电子流、邮箱、即时通信软件，线下纸质申请单等。

（1）电子流。在绩效管理系统中设置专门的绩效申诉入口，相关人员可以直接通过系统发起申诉申请。或者在OA、BPM等类似的IT系统中配置绩效申请的电子流，方便员工发起申诉申请。

（2）邮箱。设置专门的受理绩效申诉的邮箱，方便员工发起申诉申请。邮箱需要有专人进行管理，避免员工发起申请后犹如石沉大海，进一步激化矛盾。

（3）即时通信软件。设置专门的受理窗口，方便一些不常用系统、邮箱的员工发起申诉申请。

（4）线下纸质申请单。设计纸质的绩效申诉表格，可以由人力资源部或HRBP办公室受理绩效申诉申请单。

每个企业的情况不同（信息化程度、办公区域分布等），针对的考评对象也不尽相同，对应的申诉渠道可以根据实际情况选择、设置，便捷、可行是基本要求。

三、绩效申诉的闭环管理

绩效申诉的渠道是一个入口，是一个触发点，绩效管理人员需要设计相应的流程来确保绩效申诉能实现闭环管理，绩效申诉管理流程示意图如图 4-6 所示。

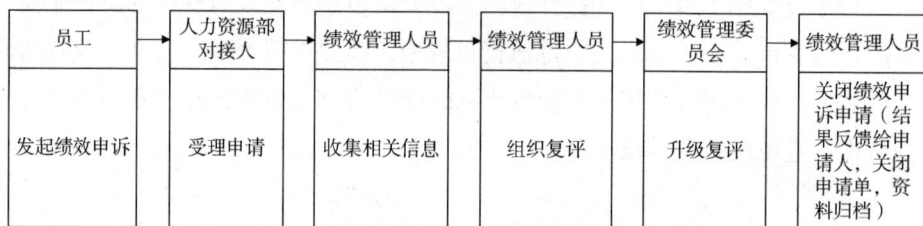

图 4-6　绩效申诉管理流程示意图

（1）发起绩效申诉。当员工对自己的考评结果有异议的时候，可以发起绩效申诉，并如实填写申请单（线上或纸质），如表 4-9 所示，可以根据实际需要进行"裁剪"。

表 4-9　绩效申诉申请单示例

申请人信息	姓名：	部门：				岗位：
绩效申诉内容概述	绩效考评等级	□A　　□B　　□C　　□D　　□E				
	申诉理由	注：相关证据可提供电子档、纸质材料				
	期望结果					
	申请人承诺：本着客观原则描述以上内容。					
					签名/日期：	
初评意见					签名/日期：	
复评意见					签名/日期：	

（2）受理申请。无论员工以何种方式提出绩效申诉申请，人力资源部对接人（通常是 HRBP 或绩效管理人员）都应予以受理，设置此环节是为了让申请人安心，同时获取更详尽的信息。

（3）收集相关信息。在受理申请的时候，对接人获得的信息是有限的。要想对申请人的真实绩效水平有全面、准确的评价，绩效管理人员还必须收集考评周期内的相关数据，并对数据进行统计、分析，为绩效复评提供依据。

（4）组织复评。绩效管理人员根据信息收集的进展适时组织绩效复评，复评参与人包括申请人直属上司、间接上司、相关岗位代表、人力资源部相关人员等。必要的时候，可以安排申请人参与复评，并对资料、关键事件等进行直接陈述，以使复评更直接、客观。

（5）升级复评。通常，在组织第一轮复评后会将复评结果反馈给申请人，同时安排相关信息的变更并关闭申请单。如果申请人对复评结果有异议，则要组织升级复评。升级复评通常由专门的绩效管理委员会或类似的组织来承接，为避免造成管理资源浪费，要适当控制升级复评的次数。

（6）关闭绩效申诉申请。无论升级复评结果如何，在公司内部都是最终的结果，结果反馈给申请人后进行资料归档并关闭申请单。如果申请人仍不接受，可以申请仲裁或聘请专业的外部评估机构进行评估，费用通过协商或法律途径解决。

在绩效申诉处理过程中，如果发生严重的冲突，需要安排员工关系管理专家、法律顾问等参与其中，避免由于处置不当而产生法律风险。对于绩效申诉中暴露出来的问题，不管是业务部门管理的问题，还是绩效管理体系本身的问题，都需要纳入问题管理清单，安排专人跟进改善，直至问题闭环。

第五章　集成绩效管理：改进管理

前面已经提到，绩效管理的核心目的是"提高组织能力，改善经营成果"，基础是提高员工自身的能力，让员工获得好的绩效。获得好的绩效是企业与员工共同的目标，如何做到呢？培训赋能当然少不了，基于绩效考评的结果分析并推进绩效改进也是不可或缺的途径。

改进管理分为三个部分：改进计划、改进实施和改进评价。改进计划对应第一节和第二节，绩效改进首要做的是绩效分析，没有分析就没有依据，这好比去医院看病，医生通过诊断确定病因之后才会对症下药。改进实施对应第三节，改进要有计划地推进实施，基于实施的效果审视绩效改进的方向、方法，推动整个绩效管理体系的持续改进。改进评价对应第四节，其是对改进实施成果的评价。第五节是改进实施的方法和案例，支撑改进实施的有效展开。

第一节　绩效分析

《论语·学而》中的"吾日三省吾身"同样适用于绩效管理。投入了工作时间、资源，是否得到有效的输出？结果是好的还是不好的？原因是什么？这些都需要通过分析来释疑。绩效分析就是对绩效执行结果的分析，从中找出产生业绩差距的原因并推动解决。

一、绩效分析框架

影响绩效结果的因素很多，绩效管理人员在进行绩效分析时往往感到千头万绪，无从下手。受绩效改进之父托马斯·吉尔伯特（Thomas Gilbert）的行为工程模型（Behavior Engineering Model，BEM）影响，很多绩效管理人员往往容易一下子就扎到行为细节里，"只见树木不见森林"的结果往往是很难找到问题的根源所在。绩效分析不是孤立地看个人的绩效，而是需要建立绩效分析的框架，包括外部环境和内部环境的各种影响因素，如图 5-1 所示。

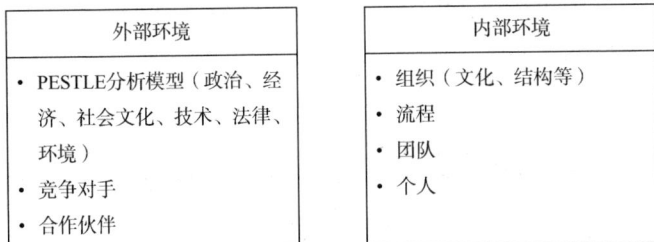

外部环境	内部环境
• PESTLE分析模型（政治、经济、社会文化、技术、法律、环境） • 竞争对手 • 合作伙伴	• 组织（文化、结构等） • 流程 • 团队 • 个人

图 5-1 绩效分析因素示意图

（1）外部环境。外部环境分析主要包括宏观环境的影响、竞争对手、合作伙伴。很多人不理解为什么要分析外部环境因素，我们举个例子来说明。

JW 公司是国内知名的研产销一体的集成电路板厂商，在 2017 年年底制定 2018 年年度经营目标的时候，销售部门的目标是 100 亿元。2018 年第一、二季度，各项工作按部就班地往前推进，业绩目标也按预期达成了。第三季度，公司被客户 A 公司毫无征兆地踢出供应商名录。JW 公司的营收有 35% 来自 A 公司的订单，尽管销售部门调整了销售策略并修订了行动方案，但第三、四季度的业务目标仍没有达成。

JW 公司的销售部门做错什么了吗？显然不可控的外部环境因素在短时间内影响甚至决定了绩效目标的达成。类似场景有很多。

深圳宝安有一个小区叫桃花源新村，离这个小区不远处有一家家乐福超市，在小区主要的出入口东门、南门分别有一家便利店，东门的叫汇鑫生活便利店，南门的叫来福便利店。家乐福超市和这两家便利店都已运营超过 15 年，起初生意还算比较红火。最近几年，随着电商发展和各种外卖送货上门，实体店生意都受到了冲击，家乐福超市冷清了不少，两家便利店得益于小区人多和店老板不懈努力还能维持，汇鑫生活便利店每个月净利润达 3 万~4 万元，来福便利店则达 4 万多元。2023 年年初，由于生意冷清等多种原因，小区附近的这家家乐福超市宣布关停。很快，汇鑫生活便利店和来福便利店的业绩暴增，汇鑫生活便利店每月的净利润增加到 7 万~8 万元，来福便利店每月的净利润增加到 10 万多元。

2024年年初，在原来家福乐超市的位置，新开了一家生活超市，规模不是特别大，除了售卖便利店经营的日常用品，还供应生鲜、蔬菜、水果等，生意红红火火。为此，汇鑫生活便利店和来福便利店采取了一些应对措施，如增加品类、提供送货上门服务等。然而，两家便利店每个月的净利润仍快速下滑，汇鑫生活便利店每月净利润基本稳定在3万多元，来福便利店每月的净利润则在5万元左右。

在2023年两家便利店业绩暴增的过程中，店长或服务员有没有突出的表现呢？肯定有，但并非主因，外部环境因素起到了关键作用——2023年年初家乐福超市关停，使得居民一部分生活用品的需求分流到两家便利店。佐证的事实是，2024年年初，新的生活超市开始运营后，两家便利店的业绩快速回落到差不多之前的水平。

还有一种情形，对比公司制定的绩效目标，都达成甚至远远超过绩效目标挑战值，这能不能说明组织绩效很好呢？可以，但又不可以。对比一开始制定的目标，达成或超过了就是好，这本身没有问题；但绩效优劣不能仅基于自我对比，还要看同行。比如，某公司年度业绩目标是增长20%，年底确实超过了20%，但同期行业出现爆发式增长，整个行业发展增速高达40%（原来预期的增速只有8%左右），也就是说公司实际的增速远远低于行业平均水平，也远远低于主要竞争对手的增速，这种好不是真正的好。

有时候，我们什么都没有做，"祸"或"福"从天而降，无法避免，分析外部环境因素的价值在于判断公司的绩效是否是通过全体员工共同努力得来的、是否跟得上市场的脚步、是否具有可持续性。脱离环境，孤立地看组织、个人的绩效，是不够真实、全面的；市场竞争意味着我们不仅仅要比过去的自己更好，还要比同行更好，有时候后者比前者更重要。

（2）内部环境。相比外部环境因素，内部环境因素相对可控，也是绩效分析的重点，包括组织、流程、团队、个人。组织主要从领导风格、企业文化、组织结构等维度分析，流程则根据成熟评估模型来分析，团队从定位、人才、协作等方面分析，个人则从个人态度、知识、技能等维度分析。在实际操作的时候需增加细分维度，根据不同部门的要求来做拆解，比如外贸部要求的技能包括英语口语能力、进出口清关的技能等，而仓库管理部需要的技能则是叉车操作、电机维修等，不同部门的技能要求差异会非常大，需要提前识别好再开展绩效分析工作。

二、绩效分析执行

绩效分析的首要工作是收集数据，因为每个业务部门负责的模块不同，需要根据职责分工找到对应的人进行数据收集。通常，绩效数据由人力资源部绩效管理相关人员负责统筹，外部环境数据由战略部门主导收集，组织相关信息由人力资源部提供，流程相关信息则由流程管理部相关人员收集，团队、个人的数据则由 HRBP 和对应的业务部门相关人员共同完成收集。

绩效数据收集应遵循客观、真实、全面、及时的原则，能从 IT 系统提取的直接提取；若 IT 系统没有数据则需要手工统计，不同来源的数据需做交叉校验，避免因为数据不准而影响分析结果。

公司层级的绩效分析由人力资源部绩效管理团队和战略部门共同开展，形成总结报告。组织绩效分析则由各个业务部门负责人主导，HRBP 或人力资源管理部绩效管理相关人员协助。个人绩效分析根据不同层级区别管理，部门负责人的绩效分析由分管领导和人力资源部相关人员协同完成；普通职员的绩效则由其直属领导进行分析，HRBP 提供必要的支持。

三、分析结果共识

绩效分析得出结论后，需与各个部门负责人达成共识，目的有以下几个：第一，为制定下一个阶段目标提供依据，秉持的是"知错改错，善莫大焉"的理念；第二，让管理者对每一个问题有更深刻、直观的认知，知道"对症下药"；第三，为制订员工绩效改进计划提供依据。

共识需要在下一个绩效考评周期目标确定之前达成，以便分析结果得到快速的应用，包括目标制定、纠偏等。

需要注意的是，绩效分析与个人绩效反馈不是一回事。绩效分析不仅针对个人，还要从公司、组织（部门、团队）层级分析，更加宽泛。当然，绩效分析可以作为个人绩效反馈的重要输入依据，有了深入的数据、事实分析，更容易获得员工的认同。但在实际操作的时候，绩效分析往往会"慢半拍"，这对于考评周期比较长的企业（如周期为季度、半年等）影响不大，对于按月来考评的企业影响则比较大，需要根据企业的实际情况把握好时间节奏。

第二节 绩效改进计划

绩效考评结果出来后，不管等级如何划分，总免不了有部分组织、员工绩效"吊车尾"，对于这一部分员工（含组织绩效"吊车尾"的部门负责人），不同公司采用的管理方式不同，绩效改进是其中比较重要且有效的途径。

一、为什么要做绩效改进

在企业运营实践中，有些企业采用美国通用电气公司（GE）的末位淘汰法则，期望通过淘汰部分绩效表现不好的员工来激活组织；有些企业则本着以人为本的原则，给这类员工一个改进绩效的机会，希望其通过为客户创造更多价值来证明自己。对于前者，企业依法给予赔偿，做好员工安抚工作即可；对于后者，企业需要建立绩效改进机制，通过机制保障实施质量。

从管理的复杂程度来看，显然采用绩效改进方式来管理员工更复杂，那么为什么不直接采用末位淘汰方式呢？这需要从多个维度来思考、决策。

第一，从法律合规角度来看，仅凭一次绩效考评结果就直接淘汰员工缺乏法律依据。《劳动合同法》第四十条有规定，员工不能胜任工作，经过培训或者调整工作岗位，仍不能胜任工作的可以解除劳动合同，企业要支付相应的补偿金。虽然绩效考评不合格可以视为员工不能胜任工作，但依照规定淘汰员工之前，企业还要履行培训或调整工作岗位的法定程序，直接淘汰不符合规定，容易引发劳动仲裁或法律诉讼风险。

第二，从企业氛围、员工体验维度来说，末位淘汰方式可能会对组织稳定性产生影响，谁也不知道下一次绩效考评被强制分布在末位的是不是自己，员工易有恐慌心理。同时，员工也会觉得公司没有人情味，很难对公司产生归属感。

第三，从用人成本来看，帮助员工改进绩效的成本要远低于淘汰现有员工后再招新员工的成本。淘汰员工意味着从发布招聘信息到新人入职后胜任工作的这段时间内，当前正在推进的工作进展会放缓甚至停滞。此外，淘汰员工的补偿金、招聘费用、新员工培训费用等直接支出构成直接成本，直接成本加上间接的机会成本，总的看来代价较大。所以，建议谨慎采用末位淘汰方式。

第四，从现实的角度看，有些部门人数比较少，不适用末位淘汰方式，对于规模不是很大的企业尤其如此。过于频繁的人员更替也容易引发业务停滞甚至中断，带来更多的问题。

毫无疑问，绩效改进是一个艰难的选择，在很多场景下往往又是不得不做的选择。如何做好绩效改进？需要建立有效的机制，以保证绩效改进按计划进行，真正赋能员工提高绩效，而非仅仅走个过场。

二、绩效改进机制

绩效改进机制需要从三个主体的定位及关系入手，明确各自的定位、责任及协作方式，共同推进绩效改进的实施。

责任主体。绩效改进的责任主体是谁？毫无疑问，是员工自己。作为责任主体，员工应该卸下精神包袱，在绩效改进的过程中客观地看待自己在某些方面的不足，积极向前看，努力往前走。只有这样才能超越自我。

赋能主体。虽然员工要对自己的成长负责，但既然公司选择了"绩效改进"而非"末位淘汰"的管理方式，就不能让员工"自生自灭"，需要有人对其进行赋能，这个赋能主体是直接主管或其授权的导师、业务骨干。如何赋能？在第三章第三节中详细介绍了绩效辅导常用的 GROW 模型，在此不再赘述。如果员工本身就是管理者，但是在管理技能上有所欠缺，人力资源部相关人员则作为主要的赋能主体，负责辅助员工快速提升管理技能。

监督主体。作为绩效管理的统筹部门，人力资源部门责无旁贷地扮演着监督主体的角色。作为绩效改进的监督主体，人力资源部绩效管理相关人员或 HRBP 需要监督绩效改进责任主体及赋能主体履行职责，及时跟进实际的进展情况，确保绩效真正改进而不仅仅是履行必要的程序。同时，要确保员工在这个过程中得到平等的对待，避免因为绩效改进而遭到周围同事歧视。

除了三个主体的确认，还要建立绩效改进例行沟通机制（周、双周等）、培训赋能机制（反馈管理、导师制等）、绩效改进考核与评议机制等。绩效改进机制的建立必须围绕如何帮助员工提高工作能力、改进绩效展开，通过建立机制来保证绩效改进计划不是虚架子，而是组织绩效改进的中继器。

绩效改进计划的沟通可以单独安排，也可以在进行个人绩效反馈的时候一起完成。无论用什么方式，都要保持态度坦诚。

三、制订绩效改进计划

绩效改进通过绩效改进计划有序推进，所谓绩效改进计划（Performance Improvement Plan，PIP）通常是指员工经绩效考评结果表现不佳后，公司和员工共同制定的改进方案。如果员工能完成就留任；如果员工无法完成，公司可调整其岗位或辞退。这一阶段对员工、直接主管和 HRBP 等相关人员而言都是较大的挑战，员工要在短时间内获得实质性的突破。

绩效改进计划需要基于上一个考评周期的分析结果有针对性地制订，具体约定改进什么（目标）、应该如何推进（行动）、计划什么时间完成（里程碑）、需要什么支持（资源、赋能等）等，如表 5-1 所示，企业在实操的时候可以根据实际情况做必要的调整。

表 5-1　绩效改进计划表

员工姓名		职位		绩效改进周期			
上一个考评周期绩效分析							
本次改进目标							
计划采取行动	衡量指标	所需支持	计划完成时间	实际完成时间	完成情况说明	权重	评分

在绩效改进计划表中，"上一个考评周期绩效分析"在本章第一节"绩效分析"中有介绍，在此不展开说明。

"本次改进目标"是针对上一个考评周期绩效分析的结果有针对性地制定的改进目标，是"计划采取行动"的关键来源。同时，对于本部门对应考评周期内的重点工作，需要员工承接的部分，也需要分解成具体的行动计划纳入计划表中。需要注意的是，尽量选取需紧急改进的且容易在短期内见效的目标，这样在绩效改进周期内就可以判断绩效改进的目标是否达成。

细心的读者会发现，绩效改进计划表与第二章第八节"个人业务承诺"中的个人业务承诺模板是不同的，表中设置了"计划采取行动"栏位，将目标分解成具体的行动计划，其目的是辅导员工构建工作分解结构（Work Breakdown Structure，WBS），这样既有利于计划的执行、衡量，也利于执行监控。部分绩效排名靠后的员工并非工作不努力，甚至可能频繁加班，却因没有把握住工作要点，而导致业绩没有达到预期。所以，工作分解的辅导是非常有必要的，也是绩效改进的关键措施之一。

"衡量指标"基于在绩效改进计划表中所列出的"计划采取行动"设置，通常可以在流程绩效指标库中匹配到一样的，如果没有一样的，则需要由流程管理或质量运营管理相关人员在流程绩效指标库中重新定义并补充完整。

绩效改进计划不设绩效等级（A、B、C、D、E），因为员工不需要跟其他同事进行排名，所以只设置"评分"栏位，同时赋予相应的权重，相关人员可根据完成情况直接评分，使得改进结果更加直观。若绩效改进目标达成，则转回正常的考评队列。通常，改进周期不会太长，根据工作类型不同，一般为 3~6 个月。

需要强调的是，绩效改进计划必须是员工与直接主管充分沟通、达成共识后制订的。如果只按直接主管的要求制订，就容易脱离实际；如果只按员工个人提报，员工可能避重就轻，就无法实现真正的改进目标。通常，绩效改进计划要上报间接主管、人力资源部相关人员备案或审核，以此对直接主管、员工形成监督。

第三节　绩效改进实施

绩效改进计划制订并达成共识后，如何才能确保其按照计划执行并达到预期的效果呢？需要有一些方法、机制来支持。

一、绩效改进方法

对员工本人来说，如果只是机械地按照绩效改进计划推进工作，往往很难有闪光点，员工需要积极地采取措施，通过各种方法来快速改进绩效。

（1）向绩优员工取经。在企业管理中经常会提到对标，如学习标杆企业领先的管理实践，这对个人来说同样适用。在同一个工作环境中，有些员工能持续取得好绩效，而有些员工的绩效则经常"吊车尾"，这肯定是有原因的。作为后者，应虚心向绩优员工"取经"。当然，如果管理者能够有计划地组织一些绩优员工的工作经验分享活动，则更有利于团队绩效的提高。

（2）向主管、导师等有经验的人学习。作为过来人，直接主管、导师（通常是资深的员工、业务骨干）在相同的业务领域有很多实践经验，通过向他们学习，可以获得更多的专业技能和职业发展经验。

（3）观摩其他同事的做法。"他山之石，可以攻玉"是观摩其他同事做法的价值所在，每个人都有闪光点，我们需要用欣赏的眼光发现。

（4）参加相关领域业务研讨会。绩效要好，不仅仅是做好自己的分内事就行，很多时候还需要分外事来成就。参加相关领域业务研讨会不仅是形式性参与，还是在为组织运营贡献自己的专业力量，让"你的努力"看得见。

（5）有针对性地训练。在制订绩效改进计划并达成共识的时候，通常已经分析过影响绩效达标的因素，若员工存在技能不足问题，需通过"刻意练习"等方法进行有针对性训练，以快速补足短板。

（6）阅读专业书籍。阅读应该成为组织学习的例行工作，是每一位团队成员工作的一部分而非额外的事项，对于绩效有待改进的员工更是如此。管理者应该营造这样的氛围，同时提供专业领域必读的书目、参考阅读的书单，并根据实际需要及时刷新；必要的时候，可以组织读书分享会或专业领域内部分享、交流会，促进组织学习，提高专业水平。作为团队成员，员工可以根据自己的职业规划或绩效改进计划需要安排阅读，在第二章第八节"个人业务承诺" 中包含了"个人能力提升计划"内容，阅读是实现目标的途径之一。

在很多管理领先企业，普遍设有对应的图书馆或阅览室，根据专业领域购买相关的书籍供员工借阅，或者让员工自行购买相关书籍后实报实销（或一定额度内实报实销），这既是企业对组织学习的必要投入，也是对员工成长提供的必要支撑。若所在企业暂时没有类似的安排，员工可以根据自己的需要到当地图书馆借阅或购买专业书籍。对绩效改进而言，阅读是最简单的实现途径之一。

有一类员工的绩效改进需要单独进行管理，这一类人本身就是管理者，负责部门的管理工作。具体分两种情况：一种是专业背景出身的管理者，其绩效不及预期往往是因为角色没有转换好，那么改进的方向是提升管理技能，这需要由直接主管或人力资源专业人员跟进辅导，其他方法是辅助性的；另一种是非专业背景空降或内部轮岗的管理者，这个时候要视部门性质而定，如果是技术类的，则可以提拔技术专家作为副手来协助管理，如果是非技术类的，则需要管理者自身提高专业及管理水平，直接主管、人力资源专业人员跟进辅导。"三军易得一将难求"，企业对管理者要投入更多的资源培养。

二、绩效改进记录

绩效改进需要留有必要的记录，一方面方便管理者和员工进行复盘，另一方面也为后续绩效考评结果应用提供必要的依据。具体记录内容如下。

第一，绩效改进计划。在条件允许的前提下，应该将绩效改进计划录入绩效管理系统或其他具备类似功能的系统中（如人力资源管理系统或 BPM 等）进行管理，包括目标、行动计划等。基于系统进行执行监控管理，确保过程相对可控。对于信息化程度不高的企业，可以使用 Excel、Word 等文档进行管理，双方制订并达成共识的绩效改进计划表需要其签字确认，以彰显对这个事情的重视。

第二，在执行绩效改进计划中产生的相关资料。对员工而言，需要按照流程管理的要求保存文档，同时一些非强制要求但能体现员工价值的资料也可以根据需要予以保存，作为后续举证的素材；对管理者而言，需要客观地记录每次反馈沟通的过程、结果等信息，记录的信息需要双方确认，为后面的绩效改进审视提供依据。

第三，在执行绩效改进计划时员工的表现情况。在推进绩效改进计划的过程中，会有很多影响因素，对于一些关键事项，管理者需要观察并记录员工的表现。对关键事项的考察，有时候比绩效目标本身更有参考价值，有助于判断一个员工的基本素养及未来发展潜力。

关于绩效改进记录，很多企业容易将其当作"把柄""证据"看待，这偏离了本意。对管理者而言，需要更深入地理解员工怎样做才能取得好的绩效，这些不是凭空想象出来的，需要根据不同员工的表现进行分析、总结得来。对员工而言，要知道自己哪一步做对了、哪一步有待改进，这些都需要真实的记录来反映，让主管、导师能有针对性地进行赋能。绩效改进的目标要聚焦于员工能力的提升，赋能是手段，绩效改进记录是分析应该采用什么方式来赋能的关键素材。

在体育球类训练中，有类似的方法可以借鉴。通常，每一场比赛或重要的训练都会安排录像，结束后教练会组织运动员反复观看，分析哪里做得好、哪里做得不足，并基于这些记录来进行总结，为后续制定训练方案提供必要的依据。

三、绩效改进审视

绩效改进是绩效管理的一个特殊场景，通常在考评周期、考评标准等具体要求上与正常的考评不同，所以在管理上也会有特定的细则，以达成特定的目标。在对绩效改进的执行监控上，也会有相应的机制，通常通过定期或不定期的绩效改进审视来实现。

第一，在绩效改进审视的目的上，根据员工绩效改进的实际进展给予必要的支持，确保绩效改进计划能按预期实现。

第二，在绩效改进审视的频率上，需要根据公司的实际情况制定明确的机制。对于运营类员工的绩效改进审视，按周或双周是比较合适的；对于任务型或项目型员工的绩效改进审视，需要根据任务或项目的周期及里程碑来确定。审视频率的度很难把握，过于频繁会让员工感觉不适，或者浪费太多时间在绩效执行的管理上；过少的话又容易让管理者看不到进展，在关键节点上不能及时赋能或协调资源来支持进度的推进。理想的方式是双方沟通并确定一个都能接受的频率，同时不断在实践中调整。原则上，审视频率不高于每周一次，也不能低于每月一次，特殊情况再讨论。

第三，在绩效改进审视的内容上，以绩效改进计划为基准，根据计划的里程碑审视。

第四，在绩效改进审视的方式上，优先安排面对面进行，不得已的时候通过线上的方式进行。无论用什么方式，都要确保审视的效果。

第五，绩效改进审视的发起人通常是直接主管或其指定的导师，具体参与的人是直接主管或其指定的导师、员工，必要的时候可以邀请业务相关方参与。

在实际运作的过程中，可能会遇到一个现实的问题，即绩效改进计划不及预期。这个时候是否要进行变更？原则上不建议进行变更，但如果是外部不可抗力因素（如战争、贸易管制、地震、火灾、法律法规调整等）引发的，可以根据实际情况进行适当的调整。在变更的时候，需要向间接部门负责人、人力资源部相关人员说明变更的原因，得到批准后生效。

无论是对于员工还是对于直接主管、导师，绩效改进实施的过程都是充满挑战的。对员工来说，绩效改进结果关系着工作稳定性；对直接主管来说，绩效改进结果不仅关系着当前组织业绩目标的达成，还关系着组织成员的前途；对导师来说，绩效改进结果一方面关系着自己的绩效考评，另一方面也关系着职业声誉。因此，在这个过程中，三方通力合作、相互成就是至关重要的。

第四节　绩效改进考评

绩效改进计划执行完之后，需要按预定的程序进行绩效改进考评。通常，绩效改进考评作为绩效考评的特殊场景单独执行，与例行的绩效考评区隔管理。通常，绩效改进考评要经历四个阶段，如图 5-2 所示。

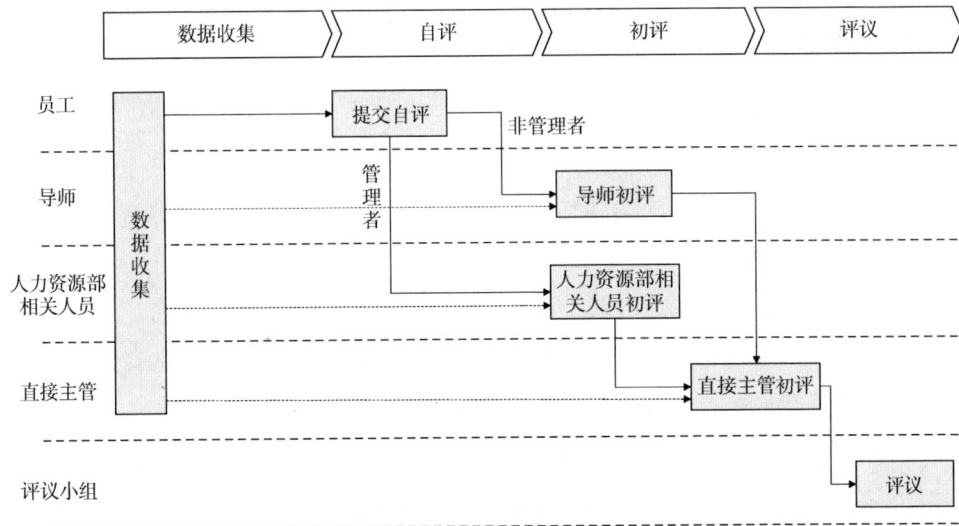

图 5-2　绩效改进考评流程示意图

一、绩效改进数据收集

对绩效改进考评来说，客观、公平、公正是基本的原则。客观就是要基于事实、数据说话，所以收集数据是首要任务。具体数据的收集，需要根据绩效改进计划中制定的具体指标或工作事项而定。

运营类绩效改进。在本章第二节"绩效改进计划"中，在制订绩效改进计划的时候，已经分解到了"计划采取行动"，非常具体。如果这些行动的衡量指标是运营类指标，其数据通常获取起来比较方便，通过信息系统或手工统计可以得到。当然，为了确保数据的客观性、完整性、准确性，有信息系统的必须从系统获取，没有信息系统的通过手工统计得到。

非运营类绩效改进。有些员工的绩效改进计划是任务型或项目型的，在日常的运营体系中无法获取有效的数据，在制订绩效改进计划的时候需要明确统计数据的来源、统计口径等，在数据收集阶段按约定的方法、方式去收集即可。还有一类，员工本身是管理者，改进的方向可能是管理技能的提升或专业知识的增加，没有固定的渠道获取数据，需要通过约定的人员、途径进行数据的收集。

在本章第三节"绩效改进实施"中强调要做好绩效改进记录，对绩效改进数据收集来说，它是强有力的支撑，尤其是对于非运营类绩效改进的数据收集和关键事件表现的记录，起着决定性的作用。

二、绩效改进自评

绩效改进考评中关键的一环是员工的自评，这与正常的绩效考评是一致的。让员工自评有几个目的：第一，体现平等的原则，让员工有进行自我陈述的机会；第二，通过员工的自评，有时候会挖掘到一些平时没有观察到或没有记录下来的信息，当然，员工自评可能有真有假，需要认真审视；第三，员工的自评也可以反映其自我认知水平，也是对员工侧面的考察。

员工自评的数据收集以员工自行收集为主，必要的时候可以向直接主管求助，以便获取真实、有效的数据。在提交自评的时候，对于一些关键事项可以提交相关的作业文档作为支撑性说明文件。绩效改进考评表基于绩效改进计划表的信息进行拓展，如表 5-2 所示。

表 5-2　绩效改进考评表

员工姓名		职位		绩效改进周期				
上一个考评周期绩效分析								
本次改进目标								
计划采取行动	衡量指标	所需支持		计划完成时间	实际完成时间	完成情况说明	权重	评分
导师意见								
直接主管意见								
人力资源部相关人员意见								
评议小组意见								

　　员工自评主要填写"评分"栏位，并对相关的信息进行补充。在实际操作的时候，评分栏位可以拆分成多个栏位，包括员工自评分数、初评分数等，企业可根据实际需要进行细化处理。

三、绩效改进初评

　　初评由导师或直接主管负责，必要的时候可以设置双重审核。对于员工自评，如果是运营类绩效改进的"计划采取行动"对应的衡量指标，由于有信息系统或手工统计报表的支撑，导师、直接主管审核起来就比较容易，复核数据是否一致即可。如果是非运营类绩效改进的"计划采取行动"对应的衡量指标，审核起来就比较困难，依赖于导师、直接主管平时做的绩效改进记录，包括关键事件表现的记录、绩效改进审视的记录等。

　　在实际操作中，导师、直接主管在进行初评时，通常都与员工就绩效改进计划的结果进行坦诚的沟通，听取员工的反馈，以便全面地了解员工，获得更充分的信息。

　　需要强调的是，在本章第二节"绩效改进计划"中提到"如果员工本身就是管理者，但是在管理技能上有所欠缺，人力资源部相关人员则作为主要的赋能主体，负责辅助员工快速提升管理技能"。对于这种情况，需要由人力资源部相关人员负责初评，反馈员工的实际表现；直接主管参与初评，尽可能全面地评价员工的表现。

四、绩效改进评议

绩效改进评议采取小组评议的方式，由人力资源部相关人员组织，评议小组成员通常有间接主管、人力资源部相关人员、关联业务人员、直接主管、导师等，根据实际需要组织相关人员参与。对于已经有类似于华为公司行政管理团队的企业，可以将评议小组与行政管理团队结合起来运作，对于暂时没有类似组织的企业，评议小组可以单独运作。

绩效改进评议针对前期员工自评、导师或直接主管初评的信息进行评议，关联业务人员参与其中，反馈在实际工作协同中的情况，作为辅助决策的参考意见。评议采用投票的方式进行，原则上少数服从多数，特殊场景下可以由评议小组负责人（如间接主管）启用一票否决制，小组成员对结果仍持有异议的，可以向更高层级的评议组织申诉。通常，绩效改进评议的结果就是最终的结果，在这种场景下，没有必要投入太多时间做员工申诉管理等工作。

若绩效改进对象是管理者，在进行评议时则需要听取其直接下属的信息反馈，"一将无能，累死三军"并非虚言，在对管理者的管理上，需要更加审慎。

绩效评议的结果由直接主管和员工进行沟通反馈，基于评议的结果沟通未来的工作安排。

第五节　导师制赋能绩效改进

导师制是指导师通过分享自身经验及专业知识，对和自己建立辅导关系的员工提供职业发展各个方面的帮助。因为导师"曾经经历过"，所以他们在分享所学知识、帮助学员掌握技能时，都会有独到的见解。导师制在现代企业管理中有着众多的拥趸，被广泛认可为一种有效的人才培养方法。

一、华为公司的导师制实践

了解华为公司的读者都知道，华为公司在人才培养上可谓煞费苦心，当然效果也是相当不错的，良将如潮。其在人才培养上采取了很多保障措施，其中导师制是比较成功的一个举措。相信每个正在或曾在华为公司任职的人都深有感触，一声"师父"胜过千言万语。

华为公司的导师制源于其中研部设立的"思想导师"制。中研部党支部设立的以党员为主的"思想导师"制，主要用于对新员工进行指导，效果不错。受这个启发，任正非建立了荣誉部，推广中研部的成功经验，在全公司实行"思想导师"制，这便是华为公司导师制的起源。

华为公司对导师的管理主要围绕几个方面，包括管理主体、导师选拔、导师提升、导师激励。

（1）管理主体。部门主管负责提报、考核，干部部负责制定标准和提出要求，人力资源部和华为大学负责赋能导师，多个部门协作，共同管理导师这个特殊的群体。

（2）导师选拔。在导师的选择上，华为公司设定了诸多原则，其中最主要的两条原则是工作业绩好、认同并真正践行公司的文化。简单地说就是有能力，有意愿，三观正。

（3）导师提升。导师由本部门提报后，再由人力资源部、华为大学组织相应的培训课程（如如何做一名优秀的思想导师等）及考试。导师培训、考试通过后才能上岗。导师不是一劳永逸的，若带新人带不好，会被要求"回炉"，甚至被撤销导师资格。通过这个机制，可以激活导师的队伍，倒逼导师进步。

（4）导师激励。华为公司对导师的激励主要有物质和荣誉层面的举措，同时在制度上做出了硬性规定："没有担任过导师的员工，原则上不予以提拔为干部。"担任导师成为"接班人"培养的必经之路。

华为公司的导师制主要应用于新员工（新入职员工、内部转岗等），当新员工到新岗位时，由部门负责人安排导师，落地执行由导师主导，从新人到岗到答辩完成，导师全程参与其中，具体如下。

（1）首先，导师会主动向新员工介绍部门的组织架构、工作环境、业务进度及周围同事，帮助新员工快速熟悉环境；明确一些具体的工作方向及未来几个月的工作计划、转正标准等。

（2）导师会带新员工做一些较为简单的工作，具体视新员工的岗位职责而定；对于工作中涉及的流程、专业知识等，导师会在日常的工作、交流中逐步传授给新员工。

（3）华为公司的文化比较独特，很多新员工一开始比较难适应，导师会在这方面重点做疏导，帮助新员工顺利适应新环境。

（4）新员工的每月工作总结要由导师审核，导师会在总结报告中添加意见；新员工转正答辩前，导师会协助其准备好答辩材料，并参加他的转正答辩，给出客观的评价。

通常，刚刚到新岗位的员工都有些不适应，导师需要及时安抚、疏导，帮助其解决工作、思想上的问题。"传道、授业、解惑"是基本的要求，带着新员工一起"打怪升级"是常规操作。在华为公司有一个共识：员工的问题就是导师的问题，员工的成长就是导师的成就。

华为公司导师制可以根据公司发展的需要，培养出既有专业水平又有务实肯干作风的"华为人"，为公司的持续发展提供源源不断的人才供应，值得借鉴。

二、宝洁公司的导师制实践

作为全球日化"快消之王"，诞生于 1837 年的宝洁公司，业务遍布全球。在复杂的业务场景与文化背景下，宝洁公司之所以总能先人一步响应消费者需求，是因为其背后有一支具有战斗力的团队。如何打造这样一支团队，对任何一个管理者来说，都是极具挑战性的。而宝洁公司保持长盛不衰的秘诀之一是有完善的人才培养体系，可以为公司的持续发展源源不断地提供人才。宝洁（中国）享有"中国企业界的黄埔军校"美名，其中最具特色的是它的导师制。

每一位宝洁公司的新员工至少有两个师傅，一个是直接指导经理（Training Supervisor），另一个是导师（Mentor）。

直接指导经理（Training Supervisor）。新员工从入职报到第一天开始，就会有一个直接指导经理通过一对一的方式直接带领其培训，这个直接指导经理是新员工工作上的师傅。通常，直接指导经理会提供一份上手计划，内容不仅包含组织、福利、考核、晋升等公司制度层面的学习资料，还包括专业训练课程及对应的训练项目。通过上手计划，新员工可以清楚地知道每一个阶段应该做什么，参加哪些专业训练课程，以及项目的计划、进展等，同时管理好自己的工作、学习时间。直接指导经理也通过上手计划跟进新员工的工作与学习，有针对性地进行辅导。这种过渡性安排时间通常是一年，一年内"新兵蛋子"必须成长起来。担任新员工的直接指导经理是经理人的业绩考核指标之一，也是经理人实现晋升的必经之路。能带好新员工，才能带好团队。

导师（Mentor）。除了给新员工安排一个直接指导经理（业务上的领路人），宝洁公司还会给新员工安排一个导师（思想上的领路人），这就是导师制。导师通常是来自其他团队的资深经理。与直接指导经理聚焦专业的传帮带不同，导师主要负责思想交流。新员工遇到困难时，包括工作、文化、学习、思想、生活等各个方面，或有与直接指导经理不方便沟通的事项时，可以和导师商谈、倾诉。因为没有上下级关系，新员工更放得开、无顾虑。导师以过来人的身份为新员工指点迷津，必要的时候还扶一把，让问题在和谐的氛围中得以解决。

宝洁公司的直接指导经理与导师制，虽然和华为公司的导师制在形式上有所不同，但从本质上来看是一致的。

三、导师制在绩效改进的应用

导师制在人才培养，尤其是新员工的培养上，起着重要的作用，如今越来越多的企业对导师制青睐有加，将其奉为人才培养的有效实践。但仔细分析导师制的实践，其应用场景仍局限在新员工辅导（如华为公司），或兼顾业务指导与思想引导（如宝洁公司）。能否将导师制的应用范围推广到绩效改进计划中呢？答案是肯定的。

首先，应用导师制存在必要性。进入绩效改进计划名单，这是每一位员工都不希望看到的，但事实就是事实，必须面对和解决。绩效"吊车尾"的原因很多，而专业技能不足或应对复杂局面经验不足依然是主因。如何摆脱这个困境呢？当然必须依靠自己，但仅仅靠自主学习，摸索周期太长。还有没有其他办法呢？本章第三节"绩效改进实施"提供了诸多绩效改进方法，其中向绩优员工、主管或导师取经是捷径，毕竟那是现成的成功经验。所以，对技能或经验欠缺的员工来说，确实需要"明白人"来领路。同时，对于绩效改进，很多员工会有心理负担，因此有必要安排人来安抚、开导他们，让他们能积极地面对问题。

其次，应用导师制具有可行性。导师制有成熟的运作案例可以借鉴，在人才培养上是被验证过的有效实践，方法、工具的应用本身没有什么障碍。但在导师的选拔、储备上，需要制定相应的机制，使得业务骨干不仅能做导师，还要有意愿做导师。

最后，导师制的引入、运行成本相对较低，不会对原有的管理体系造成冲击，是相对稳定、可靠的方法。

当然，任何方法、工具的引入都需要一个过程，导师制在绩效改进领域的应用也一样，企业需要根据自身实际情况制定切实可行的方案，以稳妥地推行导师制。

第六章 集成绩效管理：结果应用

绩效考评出结果后是否需要进行应用？不同管理者秉持的理念不同，有人认为必须应用，也有人认为进行应用会给绩效管理带来负面影响……如何判定呢？不妨先来做个假设。

MIX 公司某部门有两名工程师小李和小王，两人是同班同学，毕业后一起进入公司，现在的职位、职级都相同。尽管工作背景相似，但两人的工作业绩表现大不相同。小李每天兢兢业业，业绩表现优异，绩效考评每次都排名靠前，简直是优秀员工的代表。而小王则不同，上班"摸鱼"，对于工作能推则推，推不掉的就磨洋工，绩效考评每次都排名靠后。一次偶然的机会，两人发现大家的薪资都是一样的，你猜猜结果会怎么样？我想，小王会庆幸，甚至会暗自嘲讽小李，并且继续"躺平"；小李则会感到心酸、无奈，并默默打开求职网站……找到工作则离开，暂时找不到就开始"摸鱼"。

在企业管理中，赏罚不明是大忌，轻则人心浮动，重则要么一哄而散，要么"劣币驱逐良币"，绩优的员工离开，绩差的员工则留下来，最后团队慢慢垮掉。众多管理领先的企业的实践也表明，绩效考评结果应用往往会影响甚至决定绩效管理的成败。只有当员工切身感受到绩效与自身利益息息相关的时候，才会按照企业的管理要求不断规范、改进自己的工作行为，不断提高自己的绩效。

绩效考评结果如何应用呢？分为三个方面，包括不合格者调整、薪酬福利和人才发展。不合格者调整对应第一节，薪酬福利对应第二节，人才发展对应第三节和第四节。

第一节 不合格者调整

绩效考评排名靠后的员工常被称为"不合格者"，如何对这个群体进行管理是一个难题：有法律法规要遵守，有企业文化要遵从，还有一些管理原则要遵循，最终要归集成公司的流程文件，以实现统一管理、执行。

一、绩效考评结果应用原则

没有规矩不成方圆，绩效考评结果的应用需要遵循一些基本的原则，包括以人为本、战略驱动、合法合规、科学合理等。

以人为本。绩效管理围绕企业、部门、个人展开，通过考评牵引个人业务能力的提升，通过个人能力的提升推动组织能力的提高，最终改善经营成果，实现企业目标。人是组织的核心，因此，绩效考评结果的应用应从促进员工的发展角度出发，通过坦诚地与员工沟通，以彼此都能接受的方式推进绩效改进。

战略驱动。企业的发展应该由战略驱动，员工的发展与企业发展紧密关联，在做战略规划的时候就需要同步规划组织发展所需的能力、人才等，提出需求，做好匹配。在战略实施的过程中，通过绩效管理来牵引，这个过程是企业与个人双向适配的过程，员工为企业的战略规划实现做出贡献，获得物质、精神回报的同时与企业一同成长。

合法合规。遵纪守法是一家企业保持长期稳定发展的基础和前提，在绩效考评结果应用上更应如此。部分企业在制定管理制度的时候设置了很多与法律法规相悖的规定，并强制要求员工服从，这种行为比较容易引发劳动仲裁或法律诉讼风险，不利于企业的长期可持续发展。

科学合理。员工的考评结果要与薪酬、任职资格、个人晋升等关联起来，需要企业站在总体规划的高度，统筹安排。赏罚有度，这个"度"的评判依据之一是绩效考评结果，通过合理应用绩效考评结果，牵引员工规范工作行为，认真履行工作职责，为企业发展贡献更多力量，获得更广阔的发展空间。

二、不合格管理者调整

员工是企业的核心，管理者则是核心中的核心，所谓"三军易得一将难求"，必须充分重视对这个群体的管理。对于绩效考评结果不合格的管理者，应该如何调整呢？需要从两个维度看，一方面看不合格的驱动因素，另一方面看管理者的背景，同时结合管理者自身的意愿。

不合格的驱动因素。在第五章第一节"绩效分析"中提到，影响绩效考评结果的因素可以分为外部环境和内部环境。如果仅是外部环境导致绩效考评结果不好，那么对管理者而言可能只是恰好碰上恶劣的环境；如果其自身的工作能力、意愿度都很好，就需酌情考虑处理方式。如果是内部环境导致绩效考评结果不好，则要评估能否调整好企业的内部环境，使管理者更好地履行职责；如果是管理者自身问题导致绩效考评结果不好，就需要审慎进行人员调整。

管理者的背景。这里的背景不是关注他是"谁的人"，而是特指管理者本身的工作背景，如空降、晋升、内部轮岗等。不同背景的管理者，基于来源与绩效不合格原因，可以有不同的处理方法。

比如，MIX 公司的张大宽经理遵从公司管理者之字形成长路线，从技术管理岗转到销售管理岗。轮岗一年后，公司发现其在技术管理岗表现出色，转到销售管理岗之后却无法胜任，但是他具有出色的管理技能、技术能力及强烈的企业文化认同感。这个时候，公司就可以考虑做岗位的调整，将张大宽调回原来的技术管理岗位。如果仅仅因为张大宽在新岗位上表现不佳就将其辞退，对公司来说将损失一名出色的技术管理人才，对员工个人来说也是职业生涯的一次"滑铁卢"，形成双输的局面。此外，后面再进行轮岗的时候，大家都会掂量掂量能不能承受这个后果，人才培养的轮岗计划就很难推行下去了。

管理者的意愿。绩效考评结果应用的第一条原则是"以人为本"，如何体现呢？尊重员工的意愿就是其中一种体现。尽管现阶段员工与企业建立了劳动关系，但不意味着这个状态可以一直维持下去，尊重彼此的选择是比较关键的。无论是晋升、轮岗还是降职，都需要以法律为底线，以员工的意愿为核心，在企业需求与员工选择间寻找平衡点。当物质生活基本满足的时候，遵从内心喜好成为相当一部分人的职业追求，"不将就"不仅是年轻人的信条，也是企业管理者不得不尊重员工意愿的客观因素。

仍以前面 MIX 公司为例，从各种分析的结果看，将张大宽经理调回技术管理岗位，更能发挥其特长。但这只是站在企业的视角看，能最大化地开发人力资源，如果张大宽经理不愿意呢？比如，张大宽经理在做了一年销售管理工作后觉得自己未来应该走销售管理的路，一方面自己喜欢做，另一方面随着年龄的增长再回去做技术压力也大，虽然眼下遇到了一些困难，但这不是他放弃的理由。在这种场景下，勉强是没有用的，只能看看内部有没有合适的位置，如管理岗转专家岗、销售管理岗降职使用（如经理岗降为主管或小组组长）等。当然，站在张大宽经理的视角看，是去还是留，还要权衡更多东西。企业和员工最后要在某个点上达成一致，企业可以选择，员工也可以选择，最终企业还是要尊重员工的选择。

对于管理者的管理，可以参考华为公司的做法，建立能上能下的机制，对管理者同样采用末位淘汰方式，专家岗与管理岗无缝切换。当然，这些都需要有坚实的组织能力做支撑，要有充足的人才储备，否则一切都是空谈。

三、不合格非管理者调整

与管理者相比，非管理者的调整要简单一些，但并不意味着可以掉以轻心，任何涉及人的问题都是极具挑战性的，需要审慎应对。

不合格非管理者的调整，主要有内部轮岗、降职使用、辞退等。到底采用哪种方式，需要看企业发展的需要及人力资源政策。没有一成不变的方法，在不同阶段需要结合实际情况来处理。

对于规模比较大的企业，可以建立人才资源池，在某个部门不适岗的员工可以选择进入人才资源池，当其他部门有用人需求的时候，可以在资源池里组织面试、配对，通过的员工可以再上岗。对新用人部门来说省事不少，对原用人单位来说减少了辞退员工的麻烦。当然，前提是员工符合新用人部门的用人要求，同时员工也愿意去这个部门工作。员工个人的意愿是至关重要的，企业可以选择解除合同，但是无法强迫员工从事不喜欢的工作。比如在华为公司，集团人力资源部就主导建立了人才资源池，通过资源池的缓冲，给众多员工提供了内部更换岗位的机会，使管理更加人性化，获得了广泛的好评。

当然，人才资源池需要有管理规则，并非所有员工都能进入，员工也不能一直待在里面，企业需要建立涵盖进入、流转、退出的管理机制，使之真正成为员工重获活力的中转站。

无论是管理者还是非管理者，一旦到了最后要做调整的时候就不能拖泥带水，否则对员工和企业都是不利的。很多时候，绩效不佳并不是员工本身不够优秀，而是员工与企业环境不兼容或员工与岗位匹配度不高，调整对双方来说都是解脱。"菩萨心肠，霹雳手段"是最大的善良，也是彼此最后的体面。

第二节　绩效与薪酬福利

在第一章第一节"绩效管理定义"中阐述了几种常见的理解误区，其中一种是"绩效管理等于扣钱"，这个误区使得很多人在做绩效管理的时候"谈钱色变"，似乎绩效管理就是企业变相扣员工工资的手段。事实上，谈钱不伤感情，不谈钱才可怕，提前制定好规则，按规则来操办即可。

一、为绩优者加薪

"为众人抱薪者，不可使其冻毙于风雪。"对于绩优者，如果企业不给予相应的回报，那么后面就没有人愿意出力了。根据绩效考评结果调整团队成员的收入，通常有几种方法：绩效工资、绩效奖金、基本工资等。

（1）绩效工资。绩效工资是较常用的方式，具体操作会因薪酬设计理念及所在的行业、职业类型而有所差别。例如，一家公司普通职员的薪酬标准为 6000 元/月，有些企业将其拆为两个部分，如 5000 元基本工资加 1000 元绩效工资，实际应用的时候如表 6-1 所示。

表 6-1　绩效工资表（1）

个人绩效等级	基本工资/元	绩效工资/元	系数	合计工资/元
A	5000	1000	2.0	7000
B	5000	1000	1.5	6500
C	5000	1000	1.0	6000
D	5000	1000	0.8	5800
E	5000	1000	0.6	5600

说明：基本工资、绩效工资、系数都是假设数字，企业根据实际设置即可；合计工资=基本工资+绩效工资×系数。

有些企业做得更简单一些，仅设置基本工资和系数，如表 6-2 所示。

表 6-2 绩效工资表（2）

个人绩效等级	基本工资/元	系数	合计工资/元
A	6000	1.3	7800
B	6000	1.1	6600
C	6000	1.0	6000
D	6000	0.9	5400
E	6000	0.8	4800

说明：基本工资、系数都是假设数字，企业根据实际设置即可；合计工资=基本工资×系数。

依据表 6-1 所设计的方式，同一名员工绩效表现最好跟绩效表现最差时的薪酬差距是 1400 元，绩效波动比例=（7000−5600）÷6000×100%=23.33%；依据表 6-2 所设计的方式，绩效波动比例=（7800−4800）÷6000×100%=50%。不同的设计方式对员工的影响不同，在设计的时候需要根据业务场景审慎考量。

（2）绩效奖金。绩效奖金的形式比较多，如季度奖、年度奖、特殊利润分成奖等，分配起来也复杂一些。通常在组织（部门）层面会做一次奖金包分配，和员工个人绩效工资类似，用组织（部门）的基础奖金包乘以组织绩效的系数，最终得到组织的实际奖金包金额，之后，将奖金包在内部做二次分配，分配的依据有两个：一个是奖金基数，一个是绩效考评结果对应的系数。

比如，MAX 公司第二季度业绩暴增，利润同比增长 5 倍，为了激励士气，公司决定发放特殊利润分成奖犒赏全体员工。经过财务部、人力资源部和业务部反复合计，以基本工资为奖金基数，根据贡献大小乘以相应的系数，贡献大小的判断依据就是绩效考评结果，绩效奖金表如表 6-3 所示。

表 6-3 绩效奖金表

个人绩效等级	奖金基数/元	系数	合计奖金/元
A	20,000	2.0	40,000
B	20,000	1.5	30,000
C	20,000	1.2	24,000
D	20,000	1.0	20,000
E	20,000	0.8	16,000

说明：奖金基数、系数都是假设数字，非实际数据；合计奖金=奖金基数×系数。

奖金基数根据不同的奖金类型往往不同，系数可以与个人绩效等级固定匹配或动态调整（每次确定一个系数）。系数固定的，每次根据奖金包的大小确定奖金基数；系数不固定的，可以根据当期需要重点激励的对象设置不同的系数，这种方式更灵活，当然在发放的时候需要同时确定奖金基数和系数，测算的过程更复杂。无论采用哪种方式，都能达到激励的效果。

（3）基本工资。除了绩效工资、绩效奖金，还有一种方式是为绩优者增加基本工资，因为增加基本工资通常会和岗位、职级、薪酬带宽相关，相对来说更复杂。当然，站在绩效管理的视角，只要约束增加的对象、幅度即可，如表 6-4 所示。

表 6-4　基本工资调整表

个人绩效等级	A	B	C	D	E
调整标准	15%	5%	2%	0%	0%

说明：以上数据仅为展示说明使用，非实际数据。

因为绩效工资、绩效奖金是临时性的，而基本工资是长久性的，所以调整基本工资需要综合考虑。总的来说，薪酬向绩优者倾斜，绩差者往往会失去加薪的机会，更有甚者会降薪。

二、绩优者的特殊福利

金钱的激励是一方面，其作用无可替代。但不可忽视的是，金钱激励存在边际效用递减规律，需要通过其他方式对绩优者进行持续激励，而福利就是其中一种方式。福利并非仅指买一堆奖品犒劳员工，而是通过各种方式让员工觉得花更多时间和精力做好分内工作以获得绩效等级 A 是值得的。

深圳 ABC 公司是一家提供供应链和金融服务的企业，拥有 3000 多个员工。该企业采用了比较严格的绩效管理制度，薪酬福利向绩优员工倾斜。除了例行的绩效工资，对于基层的绩优员工，人力资源部每月会组织这些员工与公司高层至少共进一次晚餐，并进行深度交流。每年公司举办辞旧迎新晚会，都会邀请当年的绩优员工家属参加。当绩优员工或其家属过生日时，公司会送一份礼物。公司对员工、家属的关怀备至，使得员工更有归属感，更有责任感。

类似的福利形式很多，比如华为公司会在每年新年的时候让员工选择新年礼品（公司提前设计好礼品组合供员工选择），选好后，由公司统一采购，并以公司的名义送给员工家属。企业可以通过这种方式，表达对员工家属的关怀。

三、绩优者的精神激励

精神激励和物质激励一样重要。奖金到位了，精神上的激励也要跟上。正如"仓廪实而知礼节，衣食足而知荣辱"。"荣誉感"是成本最低的激励，却是最长久的激励。

将绩优员工的光荣事迹上墙、上报、发布至官网与公众号，或者颁发荣誉证书、奖状、奖杯、奖牌等，这些方式看似老套，但仍有其独特的价值和意义。

华为公司每年都会给绩优的团队、个人颁发金牌团队奖、个人金牌奖等荣誉奖，通常任正非会到现场给员工讲话鼓劲、合影留念。很多主管、员工在介绍同事的时候，如果介绍的是绩优员工就会提一句"这是我们的金牌员工，要多向他取经"。这份荣誉感的确让人自豪。当一名员工从华为公司离职或退休后，若与他谈论在华为公司赚了多少钱、持有多少虚拟股份，他听了可能只是淡然一笑，但若提及拿了几个个人金牌奖，他肯定会对你刮目相看，这就是荣誉的力量，是精神激励的价值和意义所在。

榜样的力量是无穷的，一家企业对待曾经或当下为企业做出突出贡献的绩优员工的态度往往决定了其他员工对企业的态度。要么双向奔赴，相互成就；要么分道扬镳，相忘于江湖。

第三节　绩效与任职资格

为绩优员工加薪、提供更多的福利、给予应有的荣誉等，这些都相对容易达成共识；为绩优员工提供更多的发展机会，这个也没有问题。在实际操作过程中，很多绩优员工被提拔到新的岗位之后却出现了绩优迅速转变为绩差、不胜任甚至快速流失等情况。是什么原因导致的呢？这涉及任职资格的问题。

一、什么是任职资格

任职资格（Competence）是指为了保证工作目标的实现，任职者必须具备的知识、技能和行为等方面的综合要求，简单地说就是员工为完成职责内工作所需具备的能力。它常常表现为胜任职位所需的学历、专业知识、工作经验、工作技能等，与之相关的概念是胜任力模型，可以追溯到 20 世纪 70 年代。

1973 年，哈佛大学戴维·C. 麦克利兰（David C. McClelland）教授提出了胜任力的概念，其经过大量研究证实了用智力测试判断一个人能力的不合理性，同时发现了能真正影响工作业绩的特定知识、技能和行为等胜任素质。他将胜任力分为两大类：一类是可以轻松改变的知识、技能，另一类则是很难甚至不可改变的能力、价值观、性格特质、动机，这些要素构成了一种独特的人格结构，可以激发个体的潜力，从而实现更高的绩效。

起初，关于胜任力的研究只是为了在特定范围内选拔合适的人员，后经麦克利兰等人的推广，胜任力的理论开始被广泛应用到政府、企业中。到 20 世纪 80 年代，英国建立了英国国家职业资格证书制度（National Vocational Qualification，NVQ），这个制度是任职资格体系的思想来源，且应用了胜任力模型的理论。到 20 世纪 90 年代中期，我国劳动和社会保障部门（现为人力资源和社会保障部）与英国合作引入职业资格认证体系。1998 年，华为公司在外部专家的帮助下开始建立任职资格管理体系，成为国内首批试点引入这个体系的私营企业。经过不断实践总结，华为公司最终成功地将 NVQ 转化为自己的任职资格管理体系。华为公司在任职资格管理体系引入实践上的成功，带动了中国电信、TCL 集团、阿里巴巴、腾讯、蒙牛集团等各行各业的企业相继建立任职资格体系。当前，该体系已经被广泛应用在各个行业、企业，成为人力资源管理的一个标准模块。

二、绩效与任职资格的关系

绩效管理与任职资格是两个不同的管理范畴，却有着千丝万缕的联系。其关联主要体现在两个方面：一方面，任职资格影响绩效目标的达成，另一方面，绩效管理反向影响任职资格的优化。

（1）任职资格影响绩效目标的达成。在第一章第一节"绩效管理定义"中对绩效及绩效管理有过定义，绩效是组织创造的价值，影响这个价值创造的因素有很多，如有形的物资（设备、物料等）、流程、价值观、员工等。其中关键的能动因素之一是员工，即使设备、物料、流程相同，不同员工生产的产品或提供的服务也会有很大的差别。下面举个例子来说明。

在商超的收银处排队结账，经常会发现一个现象：有些队伍移动得很快，有些队伍移动得很慢。这导致一些排在移动缓慢队伍中的人经常伸长脖子观望，时不时有人从一个队伍中间跑到另外一个队伍的末尾。在同一家单位，设备、流程都是一样的，为什么会有如此大的反差呢？关键在于负责操作的人。有些员工操作熟练，干劲十足，所以办事效率就高；有些员工动手能力差或手生、磨洋工等，办事效率就低，排队等待的人自然就难受了。

从这个案例中可以看到，创造价值的"好赖"，员工是关键影响因素之一，如何确保能有一个好的结果呢？这需要有一个能胜任工作的员工。如何找到能胜任工作的员工呢？可以基于任职资格来挑选。仍以商超收银处负责结账的收银员为例，如何才能快速给消费者结清款项呢？收银员需要具备手脚麻利且对扫描枪、电脑操作熟练，计算能力强等特质。基于工作要求制定的任职资格去选人，当选到对的人时，收银员的绩效自然而然就会提高。

基于任职资格去选人，任职资格标准制定得好，就容易选到合适的人，工作开展起来就会顺利，绩效自然就会提升；反之，如果任职资格标准制定得不合理，就会导致选到的人跟工作不匹配，绩效自然也就难以达标。

（2）绩效管理反向影响任职资格的优化。如果实际绩效不理想，开展绩效分析后发现是员工的问题，就可能会反过来推动任职资格的优化。下面举个例子说明。

Mic 电商公司最近接到很多消费者的投诉，主要原因是没有及时将产品送到消费者手中。经质量运营部门调查发现，仓库最近做了设备升级，并引进了一套比较智能的设备，因新旧作业模式差距较大，员工操作还不熟练，导致作业效率下降。虽然仓库安排了培训，但是现有员工大部分为初中学历，个别员工甚至只读过小学，对新设备的学习进度比较慢，操作不熟练，导致很多货没有按要求发出去，进而引发消费者投诉，绩效因此变差了。

基于上述案例中公司的现状，如何才能改善绩效呢？从短期看，加强员工培训是必不可少的，好让他们快速上手，以缓解眼前的困境；从长期看，应优化任职资格，通过选拔更合适的人来解决胜任力的问题，最终促进绩效的持续稳定提高。

绩效和任职资格是相辅相成的，任职资格是人员选拔的重要依据，选拔到合适的人更容易获得好的绩效，为绩效管理提供支撑；员工的绩效表现反过来推动任职资格的优化，以便据此来找到更合适的人。在绩效管理的过程中必须留意绩效管理与周边业务模块的关联，捋顺这些业务的逻辑，从根本上解决问题。

三、任职资格认证实践

自我国引入职业资格认证体系以来，其在众多企业中逐步得到普及应用，对企业管理水平的提升起到了积极的作用。由于每家企业的现实情况不同，在实际应用的时候也会有差别，有些注重学历、专业证书，有些注重实际工作经验，有些则注重实际成效，各具特色。用什么方式来管理更合适呢？仁者见仁，智者见智。下面举个例子供参考。

H公司是国内最早引入任职资格认证的企业之一，在任职资格方面的管理要求比较综合，简单地说就是该公司采用"既要……又要……还要"的管理模式，如表6-5所示。

表6-5　任职资格认证评价表

第一部分：绩效贡献	
任职资格达标要求	达标情况自述
第二部分：组织回馈	
任职资格达标要求	达标情况自述
第三部分：关键能力	
任职资格达标要求	达标情况自述

第一部分是绩效贡献。如果员工个人的绩效考评结果不好，则没有资格参与任职资格认证。按照H公司的等级划分标准（A、B+、B、C、D），通常绩效靠前

的 A、B+、B 是可以参与认证的，C 和 D 则无缘参与。

第二部分是组织回馈。这个部分主要是看员工为组织能力建设做了什么贡献，包括做导师、讲师、流程优化、总结案例等。

第三部分是关键能力。这个部分是评价个人专业能力的核心，不同职业的岗位要求有差异，在任职资格标准文件里会有明确的规定。

业绩为王，这是 H 公司经过长期实践得到的经验。换句话说，公司通过任职资格认证选拔对公司有价值贡献的员工，无论员工个人能力有多强，如果不能给公司带来价值，那么对公司来说他就是没有价值的。

总的来说，任职资格认证要回归其本身的价值管理，为公司选拔与公司战略要求匹配度高的员工，选拔能为实现组织目标贡献力量的员工，选拔能持续为组织带来高绩效的员工。

第四节　绩效与晋升管理

在本章第三节"绩效与任职资格"中对绩效与任职资格的关系做了简要的阐述，任职资格是晋升管理的条件之一，因此绩效也不可避免地会对晋升管理产生影响。

一、要绩效还是要潜力

关于晋升管理有两种不同的观点：一种观点认为通过绩效的好坏来识别人才，进而决定员工的晋升或降职；另一种观点认为通过潜力来识别人才，提拔有潜力的员工。到底应该怎么选呢？

首先来看看第一种观点。其假设是过去绩效好，将来在更高职级的岗位上仍会持续获得好的绩效。该假设是否成立呢？可能成立，也可能未必。可能有人就要问了："绩效代表过去的成就，是客观的，毋庸置疑，有什么问题呢？"下面举个案例来说明。

HND 公司是国内知名的专业无线通信设备厂商，经过近二十年的发展在国内已经占据领先地位，也不可避免地遇到了发展瓶颈。2019 年年初，公司决策开拓海外市场，第一站是市场比较活跃的印尼市场。为了拓展顺利，HND 公司决定在现有的人员中优中选优，最后曾有海外拓展成功经验的市场总监梁宽被选中并外派常驻印尼。虽然是新市场，公司还是按惯例设定了绩效目标，与新任印尼总经理的梁宽达成共识。梁宽到任后，按部就班推进各项工作，但结果并不尽如人意，因为前期做市场调研的时候很多信息没有挖掘到，现在不得不进行补救。尤其是 2019 年年底，无论是当地市场拓展还是进出口业务等都遇到了阻碍，曾经长期获评优秀员工的梁宽绩效考评结果从最初多次的 A 变为 B 或 C（公司绩效分五个等级，A、B、C、D、E，A 最好，D 最差）。尽管业绩不及预期，但值得肯定的是，在梁宽的努力下，当地员工团队基本形成战斗力，各个渠道的代理商体系已经初步搭建完成。2022 年年初，由于公司施行轮岗政策，梁宽调回总部任原职，公司改派另外一名市场总监张大路接任印尼总经理。

如果仅仅从印尼市场的业绩来看，梁宽只能算合格，或者说勉强胜任。

张大路接任印尼市场总经理后，经过数据分析发现，印尼市场盈利不如预期的主要原因是前任总经理梁宽在渠道关系维护上投入大量费用。尽管通过维护，渠道商对 HND 公司产品的推广力度有所加大，但市场培育需要时间，在前期并没有太大效果。张大路当机立断，削减大部分渠道关系维护的费用，当年营收只有小幅的增长，但利润率大幅提高。一年后，公司基于在印尼市场的表现，晋升张大路为公司副总，负责整个市场部，成为梁宽的上级，另外一名市场总监刘月接任印尼总经理。

如果仅仅从业绩的视角看，张大路表现优秀，得到晋升理所当然。是否真是这样呢？

刘月接任印尼总经理后，在市场推广上频频发力，却处处受阻。此前梁宽曾介绍印尼分公司与渠道代理商关系比较密切，可以从这个方面推动形成合力，但在实际运营中，刘月发现代理商对 HND 产品态度冷淡，并不像梁宽所说的那样。在用尽十八般武艺后，刘月在印尼市场的业绩表现仍未达预期，最终被调回总部降职任用。

如果仅仅以绩效表现为依据，HND 公司这样的干部任用似乎没有什么问题，但市场的结果不是这样的。因为另外一个竞争对手在 2019 年年底进入印尼市场，略晚于 HND 公司，到 2024 年上半年，在印尼市场的营收已是 HND 公司的两倍。

当然，HND 公司在绩效指标的设计上存在一定的偏差，没有充分考虑组织能力建设带来的延后作用。但无论怎么设计，意外的市场因素冲击都是无法预测的，因此在识别人才的时候仅仅看绩效有时候会失真。如何修正这些问题呢？在华为公司就有明确要求，"洗盐碱地"的员工要重点培养，如 HND 公司的梁宽就是这一类员工；仅仅是做"市场收割"的员工要谨慎提拔，如 HND 公司的张大路就是这一类员工；只是恰巧"替人受过"的员工要考察了再任用，如 HND 公司的刘月就是这一类员工。

既然仅仅看绩效存在偏差，那么看潜力是否会靠谱一些呢？事实上也未必。绩效是过往的结果，不能代表未来还能成功，但起码说明有解决某些业务场景的成功经验。潜力是什么呢？只是具备做好一件事情的必要条件，能否发挥作用还是未知的，而且潜力本身很难衡量，仅仅以这个作为晋升的依据，可能选中的会是擅长纸上谈兵的"赵括"。

看绩效存在风险，看潜力也有问题，怎么办？回归到任职资格上，应看绩效、看组织回馈、看关键能力。好的绩效虽然不是晋升的唯一依据，但好的绩效是晋升的"门票"。每个公司的经营环境不同，可以参考管理实践领先企业的做法，根据实际情况设置一定的绩效等级门槛，如表 6-6 所示。

表 6-6　任职资格认证及晋升资格要求表

个人绩效等级	A	B	C	D	E
任职资格认证	√	√	√		
晋升资格	√	√			

说明：上述信息仅为举例说明，非实际运作信息。对于特殊情况（C、D、E）下需要晋升的人员，可以设置例外的审批流程。有资格晋升与实际晋升不是一回事，有资格晋升仅意味着获得了晋升"门票"，还需要通过一系列评估程序，经审核通过才能正式晋升。

二、在赛马中相马

关于员工的晋升管理，还有一个常用的工具——人才盘点九宫格，如图 6-1 所示。

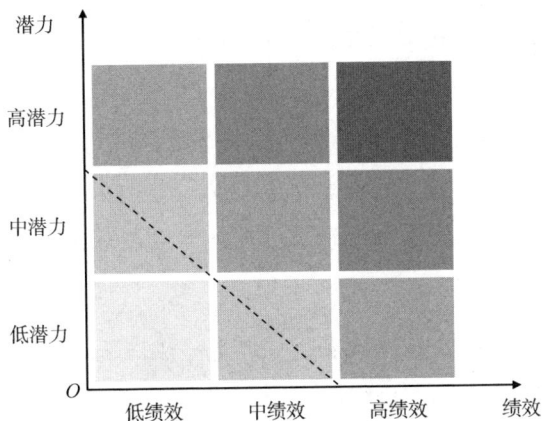

图 6-1 人才盘点九宫格

人才盘点九宫格是对"要绩效还是潜力"的一个回答。潜力是一个维度，绩效是另外一个维度，它和本章第三节"绩效与任职资格"中的任职资格认证评价表的共同点是，都涉及对实际发生绩效的评估。通常对于处在斜线下方位置的员工，通过有针对性赋能措施推动其绩效改进，若无改进就要考虑岗位调整。

关注潜力，与相马相似。相马是通过马的外在特征判断马的优劣，能不能找到好马依赖伯乐的独到眼光，主观性比较强。即使按照要求的特征对比一遍，且特征都挺好，也仅停留在"参数"层面，最终能不能奏效谁也说不准，本质是"按图索骥"。

关注绩效，与赛马相似。赛马是通过实际赛跑来评判马的优劣，不需要过多的人为判断，马儿跑起来就知道行不行了。

赛马与相马不冲突，被相中的马可以通过实际赛跑验证能力；赛赢的马也可以重新审视其外在特征，再通过多次实际赛跑验证这些特征的普适性，并据此更新"相马特征表"，方便下次相马。在赛马中相马，更容易找到适合自己的马。

三、晋升管理实践

在日常企业运营中，有些企业人才济济，在业务上不断开疆拓土，永远都有人顶上去；有些企业多年来则一直靠老板维持运转，无法拓展新业务；有些员工晋升后在工作中得心应手；有些员工晋升后却把工作弄得一团乱麻，不忍直视。为什么会有如此大的反差？这跟员工的晋升机制有很大的关系。虽然每个公司都有自己的特点，但也有相通的地方，好的管理实践可以借鉴，在此以华为公司为例。

（1）任职资格认证与绩效强关联。公司明确规定，绩效不佳的员工不能参与任职资格认证。在华为公司，绩效考评结果分为 A、B+、B、C、D 五个等级，A 最好，D 最差，B 及 B+ 是可以接受的，C 和 D 则被视为需要改进绩效或予以辞退的情况。

（2）任职资格与职级关联。比如，任职资格认证通过四级者，可以对应晋升至 18 级、19 级岗位，注意，有资格不代表一定会晋升。任职资格认证有效期为 2 年，2 年后必须重新认证，认证不通过的员工会面临再学习和降级的情况。

（3）绩效、任职资格等级与晋升关联。任职资格认证通过且绩效也达标的员工，若遇职位空缺，则有机会晋升，晋升的时候会经行政管理团队评议，评议通过的才能获得晋升。

（4）在干部选拔上，坚持优先从成功团队中选拔干部，做到"出成绩的地方也要出人才"。有成功实践经验的人，更容易带领团队持续获得成功。

通过将任职资格认证、晋升与绩效紧密关联，华为公司选拔出一批批优秀的人才，"良将如潮"推动华为公司不断开疆拓土，业务范围从电信设备拓展至企业用通信设备、消费者智能终端产品、芯片研发、云服务、汽车解决方案、数字化转型咨询服务等领域。在这个过程中，行业领军人物不断涌现，推动着企业、行业不断向前发展。

第七章　质量运营管理

在第二章"集成绩效管理：目标制定"中介绍了组织和个人确定绩效指标的详细过程、方法，这些绩效指标对于公司战略目标的达成起到了积极的牵引作用。但企业的运营是一个复杂的体系，几十个，甚至几百个绩效指标也仅仅是流程绩效指标池的一部分，毫无疑问，KPI 是企业运营的关键部分，但不是全部。流程绩效指标之间是有关联的，一方面体现为纵向的自上而下的分解关系，另一方面表现为横向的相互关联与影响关系，一些非关键绩效指标的变化可能会影响甚至决定 KPI 的走向，应该怎么管理这部分绩效指标呢？如果对其置之不理，原来一些次要矛盾、问题可能会上升为主要矛盾、问题；如果将其统统纳入绩效管理的范畴，原来确定的 KPI 不再关键——绩效指标太多，变成"眉毛胡子一把抓"，导致绩效管理没有了"靶心"而起不到牵引的作用。既不能简单粗暴地不管，又不能将其和 KPI 等同视之，该怎么办呢？这个时候就需要通过质量运营管理来解决了。

提起质量运营管理，读者可能会联想到产品或服务本身的质量管理，实际上此外所指的是流程运营的质量管理，在流程管理专著《打造流程型组织：流程管理体系建设实操方法》中，第五章第四节"质量运营管理"已对此有过简要介绍。质量运营管理的本质是向流程要效率、效果，通常包括质量运营规划、质量运营执行、运营绩效管理和管理持续改进四个阶段的工作，遵循 PDCA 的闭环管理。

第一节　质量运营规划

无规划不管理，对质量运营亦然。质量运营规划通常在企业做年度经营计划的时候一并考虑，在这个阶段主要是确定质量运营诉求、目标、策略和机制等，形成质量运营规划方案，支撑质量运营工作有序展开。

一、确定质量运营诉求

质量运营的诉求来源渠道比较多，包括企业内部的中长期战略规划（3～5年）、年度经营计划、运作效率、作战能力等，同时也包括行业竞争、客户的诉求等，如图7-1所示。

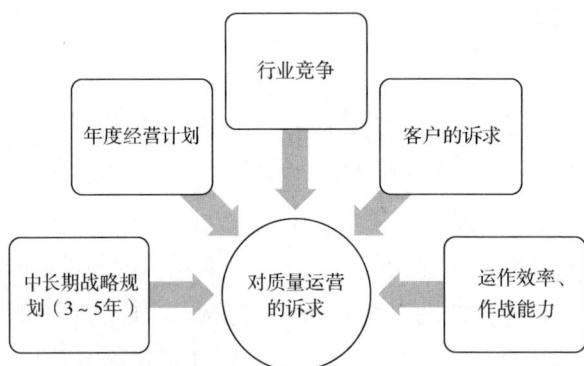

图 7-1 质量运营诉求

第一，中长期战略规划（3～5年）。战略规划基于企业未来3～5年的发展需求，对某些业务领域提出要求，并通过战略分解导出业务规划、变革规划等，最终形成质量运营诉求。

比如，某手机品牌公司为了提高市场竞争力，规划对标苹果公司，在未来3年内消费者服务满意度超过苹果公司，达到99.5%的行业领先水平，质量运营管理部和对应的业务部门在开展战略解码工作的时候就会对该规划进行分解，形成战略层面的运营诉求。

第二，年度经营计划。在做年度经营计划的时候，各个业务部门都会确定来年的KPI，这些指标是质量运营诉求主要的来源。同时，对于一些没有纳入组织KPI考核管理范畴但对企业运营至关重要的绩效指标，会纳入运营管理的范畴。

比如，Moo公司是知名的锂电池原材料供应商，得益于公司前期的流程变革，公司整体运营良好，过去三年订单交付及时率都超过99.2%，在同行中遥遥领先。在制定年度目标的时候，供应链管理部门并未将订单交付及时率纳入考核的KPI中，而将考核重心放在制造工艺改良、物流管理上。这是否意味着订单交付及时率不重要了呢？其实不然，确保订单交付及时率依然是供应链管理的核心职责，虽然该指标没有被纳入组织绩效考核管理的范畴，但是需要作为质量运营管理的核心绩效指标进行管理，以满足客户的需求。

第三，行业竞争。行业竞争是一种被动的质量运营诉求——竞争环境变了，组织不得不跟着调整。

比如，Pee 公司有四个粒子原料供应商，分别是甲、乙、丙、丁，一直以来物料验收的质量标准是色差在 0.1% 以内即可。2023 年以来，甲、乙、丁三家公司相继进行了产品工艺升级，产品质量大幅提升，色差稳定控制在 0.01% 以内，价格仍维持不变，Pee 公司的采购订单分配明显开始向这三家倾斜，丙公司仍然可以继续供货（份额在收缩）。这个时候，作为丙公司的业务负责人、质量运营管理人员，毫无疑问，无论是否将这个指标纳入组织绩效考核的范畴，都应该按照同行的标准来提升质量运营水平，推动内部产品工艺升级，否则被淘汰是迟早的事。

第四，客户的诉求。市场的需求一直在变，客户为了应对市场的变化不得不变，这是一个连锁反应。对于直接面对消费者的企业，更是如此。客户的诉求就是最直接、最有价值的质量运营诉求，只有把握住客户的诉求，才能活在当下、赢在未来。

第五，运作效率、作战能力。各个流程领域、业务部门都可以提出效率或能力提升的需求。虽然这些需求未必需要组织绩效管理牵引，但仍有必要跟进管理，通常也会被纳入质量运营管理范畴。

除此之外，还有许多源自其他渠道的质量运营诉求，如监管部门要求、质量标准协会要求、环保法律法规要求、认证机构要求、社区要求等，这些诉求也需要被纳入质量运营管理范畴。

在实际操作过程中，可能发现有些质量运营诉求在流程绩效指标池中没有对应的指标，这个时候就需要重新定义流程绩效指标，并更新到流程绩效指标池中统一管理。流程绩效指标的定义在第二章第五节"流程绩效指标体系"中有介绍，在此不再赘述。

二、确定质量运营目标与策略

质量运营管理人员通过各个渠道收集诉求，经过与相关业务人员沟通、评审后，选定来年质量运营的重点领域、重点指标。具体绩效指标确定之后，再确定基线值、拟定目标值，并基于实际需要拟定质量运营的原则、策略。

通常，绩效管理的 KPI 是进攻型的，需要向上突破；质量运营管理的指标是防御型的，需要防止向下滑落。所以，在质量运营目标的制定上更偏向"保守"，当然这也是相对的，要以满足业务需求为前提。

比如，Bear 公司是一家小家电品牌商，主要在线上销售产品。为了让产品更具竞争力，公司制定的年度质量目标是产品质量不良导致的消费者退货量占总销售量的比例低于 0.01%（产品不良退货率）。该指标作为供应链的 KPI 进行管理。在质量运营上，承接产品不良退货率这个指标的目标值即可，在下一层指标中，可以根据公司的实际情况设置相应的绩效指标目标值，以确保上一层绩效指标达成。经过数据分析发现，Bear 公司的主机不良是产生不良退货的主因，把这个指标降下来就能解决大部分问题。经与业务部门沟通后，特设置具有挑战性的质量运营目标，如图 7-2 所示。

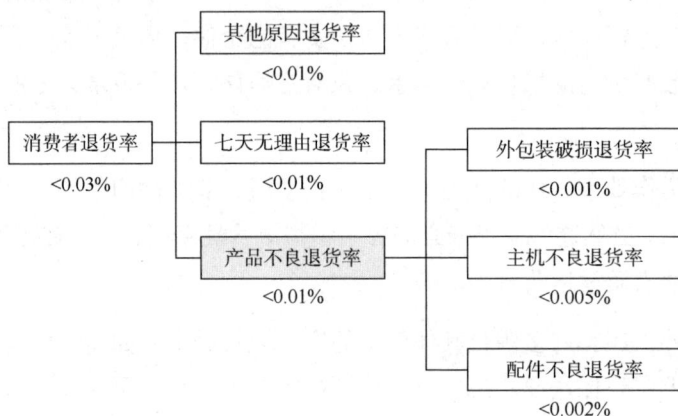

图 7-2 运营指标分解示例

在制定质量运营目标的时候，需要根据不同的指标类型，在流程绩效指标池内匹配到合适的指标，通过流程绩效指标回归到业务运营中。同时，根据不同的指标类型、业务现状确定不同的运营方向、策略。

三、制定质量运营机制

质量运营诉求的收集、质量运营目标的制定都需要有相应的组织、人员及运作规则支撑。在推动质量运营管理的时候，需要根据企业的实际情况定义好对应的角色、职责与岗位匹配表，模板如表 7-1 所示。

表 7-1 质量运营角色与职责表

阶段	角色	职责	对应总部岗位	对应区域岗位
质量运营规划（P）				
质量运营执行（D）				
运营绩效管理（C）				
管理持续改进（A）				

质量运营管理通常涉及三个关键角色：业务责任人、质量运营（Business Partner，BP）和专家中心人员（Center of Expertise，COE）。三者在不同企业、不同阶段的职责不同，所发挥的作用也不同，匹配到的岗位也不同。业务责任人或其授权的业务代表是诉求的提出者、运营方案的确认者，对应的是各个业务部门负责人，既是业务责任人也是流程责任人，还是质量运营责任人；质量运营是运营指标的制定者、运营方案的执行者，通常对应的是各个领域的质量运营人员、质量保证人员（Quality Assurance，QA）等；专家中心人员则是运营规则的制定者、赋能者、监督者，通常是总部的质量运营人员、变革项目组成员、流程管理人员、各业务领域专家等，可以根据需要指定。

对于多区域布局的企业，会有总部和区域的岗位划分，按照不同的管理层级进行管理，总部扮演专家中心人员的角色，统筹规划、制定规则并赋能区域相关组织人员，区域相关组织人员负责执行。对于业务相对比较单一的企业，可以精简质量运营组织，将总部、区域的岗位合并，对应的职责也进行整合。

四、发布质量运营规划

质量运营负责收集各个渠道的质量运营诉求，基于需求拟定指标并确定运营指标的目标值。与各个业务责任人评审确定质量运营规划方案之后，由各个领域的业务责任人发布各自的质量运营规划。质量运营规划包括流程绩效指标、基线值、目标值、责任人、起始时间等，其发布可以跟随年度经营计划的时间节奏，作为年度经营计划的一部分进行管理。

质量运营规划是整个质量运营的"火车头"。质量运营效果的好坏，往往在这个阶段就奠定了底色，所以前期的资源投入必须充足，以为后面运营工作的开展开好头。

第二节　质量运营执行

质量运营执行是指根据质量运营规划开展工作，包括设计预防控制方案、流程赋能、过程审核和例外事件管理。其目的是保证各项业务工作按部就班地推进，最终达成公司的战略目标。

一、设计预防控制方案

质量运营规划在方案制定阶段，会对重点的运营指标进行分析，评估潜在风险，并基于风险等级（高、中、低）区隔管理。如果是低风险，可以记录备案或暂时忽略；如果是中、高风险，在运营执行之前需要基于识别到的风险源来设计预防方案，以防问题发生，同时设计控制方案，以便在风险实际发生的时候可以快速启动应急方案，确保事态不至于失控。

在运营执行过程中，需要根据业务实际运转情况确定是否需要调整风险等级，同时根据风险等级刷新预防控制方案。业务是循环的，风险也会随之动态变化，没有一劳永逸的预防控制方案。

二、流程赋能

在流程梳理的时候，从流程方案设计到实际应用，都会有一个流程培训赋能的过程，尤其在变革项目转运营的时候，流程赋能是必不可少的步骤。到了运营阶段，随着时间推移，流程会不断迭代优化，员工也会不断流动，这个时候就有必要重新进行流程的培训赋能了。流程的培训赋能需要做到"分门别类，因材施教"，即根据不同的人群安排不同的内容，同时结合人群、内容采取有针对性的方式。

人群。在企业内部，所有的员工都会用到流程，但用到的方式、频率等会不同，可以据此将员工划分为不同的人群，如管理层、执行层、支撑层（流程管理人员、流程内控人员、审计等）。

内容。由于岗位职责不同，员工关注的点是不同的，管理层关注流程的治理（流程责任体系、流程指标测评体系、评估机制等），负责执行的员工则更加关注自己所负责的业务关联流程是怎样的，而流程管理人员关注流程设计方法、工具的使用，需要基于不同人群的关注点制定有针对性的赋能方案。

形式。随着科技的进步，培训赋能的形式也有了更多的选择，如线下授课、实践指导、面对面交流、专题小组研讨、线上分享、录视频观看、知识分享（文本类）等。具体需根据人群及内容采取合适的形式，要更注重效果而非形式，可以通过矩阵表的方式进行管理，如表 7-2 所示。

表 7-2　培训赋能表

培训赋能内容	流程管理基础知识	流程设计规范	流程图画法	流程优化	流程成熟度评估	……	流程绩效管理
总监							
经理							
主管			线下授课				
工程师							
专员							
助理							

说明：表 7-2 中的培训赋能内容、培训人群只是简单列示做说明用，在实际操作的时候需要根据公司的实际情况识别；中间部分匹配不同人群与内容，对有需要的打上标记即可，可以同时备注培训赋能的方式，如线上交流、小组研讨等；表 7-2 中给了一个示例，"主管"对"流程图画法"有需求，需要用"线下授课"的方式进行，质量运营管理人员就可以根据这个需求组织讲师进行授课。

三、过程审核

质量运营管理人员需要根据运营对象、特征等，通过定期或不定期的方式来审核业务运行的过程，以确保运营的顺畅。

中、高风险问题审核。通常对于中、高风险问题，需根据预防方案定期进行审核与例行性的过程监控，频率可为每日、每周或每双周等，具体根据实际需要安排即可。对于信息化程度比较高的企业，如果有完善的数据看板或 BI（Business Intelligence，商业智能）平台，则可以根据不同领域、不同业务场景实时审视业务运行情况，一旦发现异常就可以快速介入，推动问题解决。

历史问题审核。对之前发生过问题并经过流程优化后投入运营的对象，虽然已通过测试、验证，但由于测试的样本量通常比较小，因此无法保证正式运营的稳定性。这有几个方面的原因：第一，业务量大，容易出差错；第二，业务场景多，有些场景在测试、验证的时候未被覆盖；第三，业务是动态变化的，在运营的时候要留意这些变化可能导致的问题。因此，针对这类运营对象，需要进行定期的审核，若周期内验证无异常就代表优化是成功的，可以纳入常规运营管理。

新增业务场景审核。对于新增的业务场景，由于没有太多的历史运营数据支撑，无法很好预判运营过程中可能出现的问题，因此有必要进行定期审核，一方面确保业务高效运作，另一方面收集数据，为后面制定运营方案提供数据支撑。

除了定期审核，质量运营管理人员还需要进行随机审核并制定相关机制，包括抽查比例、抽查方式、抽查对象等。以结果为导向没有问题，但是不能忽视对过程的管理，过程不对结果对是偶然，过程对结果也对才是必然。

四、例外事件管理

质量运营管理的对象多，过程复杂，往往会有"计划赶不上变化"或"百密一疏"的时候。这时，例外事件管理就显得非常关键了。

在《打造流程型组织：流程管理体系建设实操方法》第一章第二节"为什么要进行流程变革"中提到工作可以分为两类：一类是例行工作，另一类是例外工作。这里的例行与例外是相对流程而言的，按流程执行没有问题的是例行工作；按流程执行出现异常或流程还没有覆盖到这个业务场景的是例外工作。处理例外工作不仅仅是业务管理人员的责任，质量运营管理人员也应协助其推动问题的快速解决。

流程执行异常。对于这一类问题，需首先审视流程是否按要求正确地执行。如果答案是否定的，那就是流程执行力问题，需要通过培训赋能的方式引导员工执行好流程；对于屡教屡犯的，要有相应的惩戒措施，措施需围绕提高流程执行力来展开。对于严格按流程执行（执行力很强）但依然出现异常的，需要追本溯源，审视流程本身设计是否存在问题。若流程设计确实存在缺陷，则优化流程，将例外工作转变为例行工作即可。同时，需要审视流程有没有固化，是否能通过数字化手段提高流程执行效率、防止流程绕过等。

流程覆盖问题。部分业务场景（包括成熟的业务场景里因突发变化衍生的细分新业务场景，以及创新型业务场景）缺乏成熟的流程来支撑，需要重新梳理流程，将例外工作转变为例行工作。流程梳理由流程责任人（通常也是业务责任人）主导，流程管理人员和质量运营管理人员协助，以快速填补空白，让业务重新回归正常轨道。

需要注意的是，在质量运营执行阶段，流程变革、流程优化并不是最主要的功能，流程变革通常由相关的变革项目组推进，流程优化由流程优化项目组处理。质量运营协助处理的通常是零星的流程优化，对于重大的优化、变革通常跟进处理。质量运营注重的是流程，即流程执行的好坏，在日常过程中关注的重点是流程遵从性，对于非现场工作能快速解决的，需由相关项目组解决，如果没有项目组承接，则由管理层通过例会决策解决。

第三节　运营绩效管理

质量运营执行阶段对流程的执行起到了监督、促进作用，有利于提高流程遵从性。这些最终都会反映到运营绩效上：既可以识别表现好的一面，予以保持，又能发现表现不那么理想的一面，推动改进。质量运营管理的价值在于推动企业的管理方式从定性转变为定量，从"语文"式走向"数学"式，实现基于事实和理性分析的实时管理。

一、数据收集与分析

定量管理最基本的要求是有数据，所以数据的收集与分析是运营绩效管理的首要工作，也是最基础的工作，数据收集与分析的质量决定了运营绩效管理的质量。

数据收集。公司层面的运营绩效管理例会通常按月组织。频率太高会影响业务运营，使大家感觉每天都在应付各种报表和会议；频率太低则易导致业务进展失控。各个职能部门、业务单元可以根据业务的需要按每周或每双周的频率组织部门内部的运营例会。数据收集是通过管理活动的需求来驱动的，在启动月度报告筹备的时候，质量运营管理人员、业务部门运营相关人员需要根据各自负责的模块收集业务数据，数据归口到质量运营管理人员处汇总。数据收集需要围绕运营规划中的绩效指标所需的数据来展开，要有针对性，最终汇总成结构化的绩效指标报表。数据收集需要注意统一数据源、统计口径和数据质量，确保真实、完整和有效。

数据分析。绩效指标报表处理完后，各个指标的实际达成情况就可以清晰地显现出来，通常将实际值与目标值、基准值进行比较，找出有异常的指标，并对这些异常指标进行分析。

比如，Moo 公司 2024 年 10 月份的运营绩效管理报告显示，上个月的订单交付及时率出现了异常，公司的基准值是 99.2%，目标值也是 99.2%，但实际达成率只有 96%，这是过去从来没有出现过的，质量运营管理人员组织供应链管理各部门相关人员一起来分析数据。首先进行问题的定位，订单交付及时率的下一层影响指标包括主计划准确率、采购物料到货及时率、物料齐套率、生产计划达成率等。通过分析发现，物料齐套率和生产计划达成率两个指标没有达成目标，原来是某个关键物料质量大批量不合格，导致生产线缺料而停产。直接原因找到了，匹配到具体的业务部门，由责任单位给出临时解决方案，管理层评审通过后快速推进执行。同时，追根溯源，设计出长远解决方案。

数据分析通常从趋势、差距分析、波动性分析三个维度展开，以实现对业务过程效率、效果的有效管理。数据分析常用的方法有鱼骨图、头脑风暴、5Why、流程分析法等，企业应根据不同的业务场景选择合适的方法。由于绩效指标是围绕流程设计的，理想状态是将数据分析与流程关联起来，沿着流程分析原因。需要强调的是，如果仅仅是一堆数据报表的堆叠，本身没有什么价值，数据仅仅是基础素材，只有通过分析形成指导业务运营改善方案，才能真正产生价值。

二、内控评估

与运营绩效管理并行的是内控评估，运营绩效管理关注的是效率和效果，内控评估关注的是风险，对企业来说，安全、合规、持续稳健经营是至关重要的，所以内控的弦一刻也不能松。内控评估常用的工具包括主动性审视（Proactive Review，PR）、遵从性测试（Compliance Testing，CT）、职责分离矩阵（Separation of Duties，SOD）、半年度控制评估（Semi-Annual Control Assessment，SACA）等。

主动性审视是由业务管理者发起的业务自检工作，通常由流程责任人或其指定的业务代表发起，流程、内控、质量运营等部门相关人员协助实施。其主要从运营痛点入手，通过流程审视推动问题自我发现与自我改进。它需要基于业务实际去审视流程设计状况、流程执行情况和内控工具质量，以验证评估控制活动是否有效、流程是否得到遵从等。

遵从性测试是指由流程责任人或其指定的业务代表定期组织独立的人员，对流程关键控制点（Key Control Point，KCP）执行情况进行持续的测试，旨在及时暴露流程设计和业务执行中的问题，确保关键控制点设计合理且得到有效执行，提高的流程遵从性。

职责分离矩阵是一项控制措施，其通过将相互冲突的职责或权限分配给不同的员工，确保任何员工都不能利用其职责或权限滥用或转移企业资产。

半年度控制评估是各级管理者和流程责任人对所负责领域内控体系设计与执行有效性进行的半年度整体风险评估机制。

对质量运营管理人员来说，工作的重点不是内控体系的搭建与执行，而是审视现有的内控体系能否有效运行，运行的效果是否符合预期等。如果内控体系存在不足，那具体的问题是什么？可能导致的问题或损失是什么？是否已经采取预防管控措施？针对这些问题，质量运营管理人员需要和相关业务人员沟通，了解真实情况，并尝试去协助他们解决问题。

由于本书的主题是绩效管理，限于主题与篇幅，内控评估详细的操作方法、步骤等已通过微信公众号"荔园管理评论""马掌管理咨询"发布专题文章进行分享，读者可以根据需要选择相关的文章辅助阅读理解。

三、运营审核与决策

质量运营管理人员要按照要求定期组织运营绩效管理例会。在例会上需要对运营绩效数据分析报告与内控评估报告进行审核，既要确保业绩增长也要保障经营活动安全、合规，推动有质量地持续发展。

运营绩效管理例会的内容主要是审核与决策，为了使决策更高效，质量运营管理人员需要在正式开始会议之前将分析的结果发给相关人员审阅，对于一些重点问题或存在争议的问题，先和相关人员进行沟通，在会前达成初步的共识，沟通的内容包括问题的根因、解决方案（根据业务场景，可以设计多个方案，供管理者与会时进行决策选择）、争议问题说明、需要的资源支持等。"台上三分钟，台下十年功"不仅仅是针对舞台表演，对会议管理也同样适用，只有提前做足准备，决策才能水到渠成。

运营绩效数据分析报告、内控评估报告都需要在运营绩效管理例会上进行"晾晒"，各个运营绩效指标负责人要对自己所负责的指标达成情况进行说明，重点在于对未达标指标的分析及计划采取措施，由于大部分问题与计划在会前已经沟通过，会上主要做一个宣讲，个别问题还没有定论的需要在会上讨论与决策。会议由质量运营管理人员组织，为了保证会议开得更有效率，可以通过会议卡片来进行管理，如表 7-3 所示。

表 7-3　会议卡片

会议名称：××××运营绩效管理例会				
会议目标				
会议时间			会议地点	
主持人				
参会人				
会议成功关键因素提示				
会议议程	决策程序	时间	对应议程的上会资料	资料提交人
会议输出				
会议组织部门				
备注				

会议按照会议议程推进,主持人要控好场。会议结束的时候形成会议记录初稿,供与会人员确认,会后发出正式的会议记录。会上有决议的由相关人员跟进执行,有待办事项的也要由专人跟进解决等,确保"会而必议,议而必决,决而必行,行而必果",支撑运营绩效管理有序开展。

四、发布运营报告

运营绩效管理例会结束后,质量运营管理人员根据会议的决议形成最终的质量运营管理报告(月度),内容包括运营绩效数据分析报告、内控评估报告、管理例会的决议事项、遗留问题及待办事项等。质量运营管理报告(月度)经管理层审阅后发布,推送给业务、流程、内控、变革项目组等部门相关人员,确保各项任务落实到下一个周期的质量运营管理中。

需要说明的是,运营绩效管理和战略管理中的经营分析相似,但并不完全相同。经营分析聚集宏观层面,侧重经营结果指标的分析,涉及对内外部环境的分析;运营绩效管理聚集微观层面,侧重流程过程的执行管理,过程指标偏多。若企业还没有设立质量运营管理部门或相关岗位,经营分析部或流程管理部可以顺带承担这个职责。在实际操作的时候,可以根据公司的规模、业务复杂度、信息化程度来确定是否成立专门的组织或岗位来管理流程质量运营。

第四节 管理持续改进

在质量运营执行、运营绩效管理环节,可能会暴露一些问题,这些问题可能是流程设计的问题,也可能是流程执行的问题,还可能是新增的业务场景引发的问题,等等。这些问题若不及时解决,则会影响组织目标的达成。因此,需要根据实际需要推动相关人员开展改进工作,确保绩效目标的达成。

一、确定改进任务

对于质量运营过程中发现的问题,质量运营管理人员组织相关人员进行讨论,确定具体的问题与影响,并经过一系列的分析后确定改进任务。

第一，找出业务改进机会。差距是驱动改进的触发器，没有差距就没有改进。差距一方面来自内部目标达成的差距，比如，订单交付及时率的目标是98%，实际达成率是95%，产生了3%的差距（98%-95%），这个差距就是驱动业务改进的触发器；另一方面是外部的竞争差距，同样以订单交付及时率为例，目标是98%，实际达成率是98.5%，虽然表现良好，但是对比竞争对手99.5%的实际数据，这个差距更具压迫感，是更大的触发器。在实际运营的过程中，业务的痛点问题也是业务改进机会。

第二，定义客户的需求。这里的客户不仅仅指狭义上的外部客户，在公司内部，流程的上下游也构成供应商-客户关系。"客户至上"的理念基于一个基本的假设：提高客户满意度的大部分工作都会对后续业务产生积极的影响，流程上下游协同好，无疑对流程运营效率、效果大有裨益。协同或流程里面强调的端到端拉通，其前提是上下游彼此清楚需求，这是建立紧密衔接的基础与关键所在。在定义需求的时候，客户的期望、业务的声音都是至关重要的，不可缺失。

第三，拟定项目团队宪章。在质量运营中发现的问题，如果可以匹配到现有的变革项目、优化项目（通过流程架构匹配），且可以通过需求变更纳入的，则发起需求变更申请，将其纳入现有的项目管理；不能的，则拟定项目团队宪章，以新项目的方式进行管理。注意，重大变革通常受预算及其他资源的约束，不会在这个时候启动，可以作为来年年度经营计划的输入项管理；特别紧急的需求可以由业务部门高层向公司高层汇报，决策是否调整预算投入。对于纳入变革项目的，质量运营管理人员需要跟进，确保能满足业务的需要。

第四，描绘现状流程。用流程的语言将当前的业务运作情况描绘出来，通常通过SIPOC图呈现，如图7-3所示。

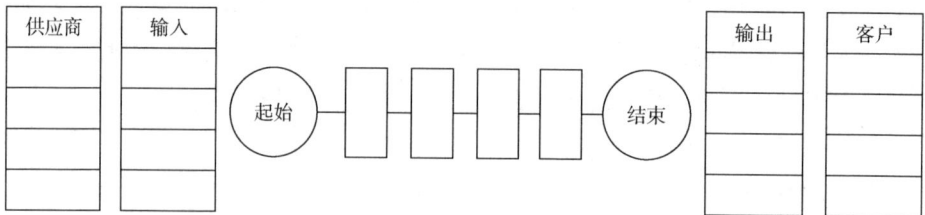

图7-3　SIPOC示意图

第五，过程定性分析及快赢措施。过程定性分析旨在找出现有流程中的非增值活动，并审视这些活动是否有优化空间。有些流程由于长期执行，易使人员形成"存在即合理"的惯性思维，难以发现不妥之处。这时，只要绘制一张简单的流程现状图，就有可能发现许多明显的改进点，这类改进通常被称为快速取胜的机会（或快赢项目）。如何判断是否为快速取胜的机会呢？可以通过快速取胜的机会评估表快速判断，如表 7-4 所示。

表 7-4　快速取胜的机会评估表示例

解决方案	易于实施	快速实施	廉价实施	团队控制范围之内	容易逆转	是否为快速取胜的机会
A	√	√	√	√	√	是
B	×	√	√	√	√	否
C	√	×	√	√	√	否
D	√	√	×	√	√	否
E	√	√	√	×	√	否
F	√	√	√	√	×	否

如表 7-4 所示，解决方案只有同时满足易于实施、快速实施、廉价实施、团队控制范围之内和容易逆转五个条件才是快速取胜的机会，即有一个或一个以上不符合条件的都不算快速取胜的机会。快速取胜机会的评估标准，如表 7-5 所示。

表 7-5　快速取胜机会的评估标准

快速取胜机会的标准	描述
易于实施	变革或优化的实施不要求大量的协调和规划，涉及的业务部门、人群相对较少
快速实施	变革或优化的实施不需要大量的时间投入，实施的周期相对较短
廉价实施	变革或优化的实施不需要占用太多的资源，包括资金、人员、设备、场地等，对现有的业务不会造成过多的干扰
团队控制范围之内	变革或优化所需的资源可以快速通过本团队成员及其管理者的影响力获得
容易逆转	当变革或优化所需的资源出现异常、超出预期的时候，快速取胜的方案可以回归原样，确保不会因此对现有业务的运营产生较大的影响

二、实施改进

优化项目立项完成后，进入实施改进的阶段，包括测量、分析、方案设计与实施。

第一，测量。测量是将问题从定性分析转向定量分析的关键所在，也是寻找关键少数问题的关键手段之一。测量首先要确定测量内容，即找出主要的输入、过程和输出指标（测量）。在这个过程中需要收集客户的声音、关键客户的需求和关键质量特性。确定测量内容之后就可以进行数据的采集，需要提前明确采集什么数据、如何采集、采集数据的标准、采集多少、什么时间完成采集、由谁来负责采集等。数据采集完成后，需要进行验证，确保数据是完整的、真实的、可靠的。

第二，分析。分析是基于收集到的数据进行深度的挖掘、推理，找出作业过程中的约束因素（瓶颈）、潜在问题的根本原因和变异源，需对这些因素、根本原因、变异源进行对比分析，通过核实根本原因并开展相关性分析和回归分析，确保最终锁定的问题根因是真因子。

第三，方案设计与实施。方案设计主要有两种方式，一种是通过对标最佳实践"复制"得到，另一种则是基于实际的问题重新设计得到，前者需要确保信息源的可信度及应用环境的适用性，后者则需要确保数据分析的可信性及可靠性。方案设计需要经过开发、评审及选择几个阶段，在确定最终方案后评估是否需要试点，需要试点的则需先进行方案的试点，试点验证通过后再推行，推行完成后转运营；不需要试点的则直接进行方案的推行，推行完成后转运营。

三、闭环管理

优化方案实施完成转运营后，并不意味着问题的终结，在实际操作中，由于各种因素测试验证并不充分，在转运营后也不会马上就出现问题，一些比较少见的场景需要时间的检验。对于一般的优化方案，会设置 3 个月左右的运营监控过渡期。在这个过渡期内，如果没有出现类似的问题，则问题关闭；如果出现类似的问题，则需要重新进行分析、方案设计及实施，确保所有问题都能得到有效的闭环管理。

任何管理模式都有特定的背景及适用场景，需要持续地进行管理改进，包括变革与优化，正如华为公司前轮值董事长郭平所说："常变才能长青。"

第五节　质量运营机制

质量运营管理作为质量管理体系的一部分，有着独特的价值，对流程管理、绩效管理及经营分析等起着辅助与促进作用，建立质量运营机制对企业来说尤为重要，其需要从目标、组织及应用几个维度着手。

一、质量运营目标

目标决定策略与实现路径，决定资源的投入程度与管理方式。对质量运营管理来说，"瞄准战略，支撑战略目标实现"是一以贯之的目标。

首先，质量运营规划承接了战略的要求。质量运营管理部门在战略解码的过程中就开始介入，全程参与战略绩效指标、重点工作和变革项目的解码，让运营真正"上承"战略。在做质量运营规划的时候，战略解码的结果就是关键的输入，把这些指标的要求贯穿流程执行的全过程，从而让运营真正"下接"业务。

其次，质量运营管理人员对流程的执行进行持续的监控，对任何指标的异常快速做出反应，进行数据收集和分析，推动运营问题通过变革、优化等方式改进，清除运营的障碍，使得战略目标落地有抓手。

最后，为了实现对指标的持续监控，质量运营管理部门负责指标体系的建设、维护。在流程架构设计和具体流程文件开发过程中，流程管理部和业务部门都对指标有过定义，在第二章第五节"流程绩效指标体系"中介绍过流程绩效指标池的建立，这个是从 0 到 1 的跃升；后面是从 1 到 N 的过程，由质量运营管理部负责推动维护、刷新，若缺乏维护，绩效指标池就会变成一潭死水，最终无法与实际业务运营相匹配。

二、质量运营组织

在国内，华为公司的质量运营管理的运作模式实践最为成熟，效果也最好，成为众多企业学习的对象。在华为公司，质量运营组织自上而下贯穿各个领域。首先在集团层面的职能部门中有质量与流程 IT 部，如图 7-4 所示。

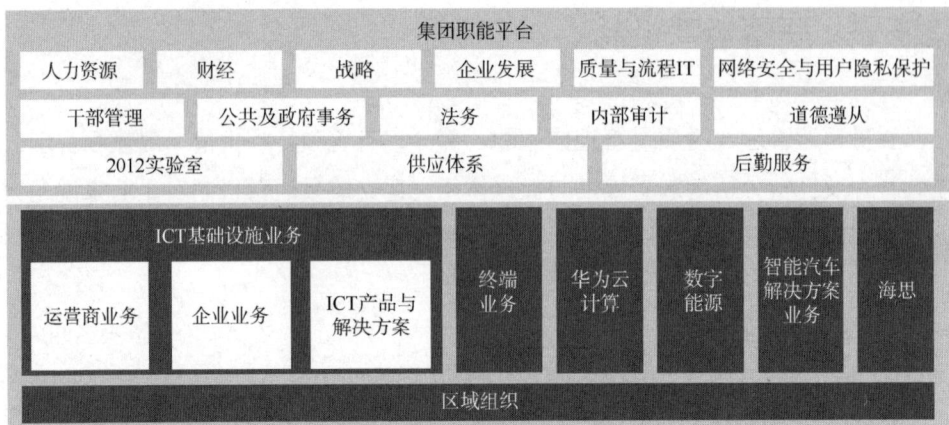

图 7-4 华为公司一级组织架构图（摘自华为公司官网）

质量与流程 IT 部下设质量运营管理部。在各个事业部、职能部门都有对应的质量运营管理部，通过矩阵的方式进行管理。公司层面的质量运营管理部是规则的制定者、运营的统筹者，扮演专家的角色，而各个事业部、职能部门的质量运营管理部则是执行者，负责各个领域质量运营工作的开展。

目前，少数管理领先企业已经建立质量运营管理体系，而大部分企业在这一块的实践还处于盲区。对于组织规模不大、管理基础比较薄弱的企业，如何进行质量运营管理成为一个普遍的难题。在过往一些咨询项目中，有些企业将质量运营管理的职能与流程管理的职能合并，统一设立流程管理部，负责推动流程的建设与运营，这对流程管理水平的提高有很大帮助，但由于管理实践案例数量不够多，是否具有普遍适用性仍有待实践检验。

由于每个公司的质量运营管理部门所处的组织架构位置不同，在组织中的定位也会有所差异，在质量运营管理的职责上没有统一的标准。比较常见的职责包括质量运营规划、质量运营执行、运营绩效管理和管理持续改进，并围绕这几个方面建设运营管理的组织、能力和文化。高绩效是质量运营管理者所追求的组织文化导向。质量运营管理相关角色的职责，在本章第一节"质量运营规划"中有阐述，在此不再赘述。

质量运营管理通过质量运营例会推动工作，公司层面通常是月度例会，具体业务领域可以按每周或每双周的频率进行，并与经营分析会结合起来推动。对于重大的质量运营异常，通过临时组织质量运营会议来讨论、决策。

三、运营结果应用

质量运营管理得到的结果如何应用？主要体现在以下方面：战略管理、绩效管理、流程管理。

首先，战略管理。无论是进行战略规划还是制订年度经营计划，都需要审视企业内部的经营环境，数据从哪里来呢？最直接、也是最重要的来源是质量运营管理的各种报表信息。企业各个模块业务运作的效率怎么样、各个模块之间的协同情况怎么样，等等，各个指标都可以在质量运营管理的报表中快速提取，对战略管理部门来说，只需进行数据校验及定制化的处理即可，大大减轻了战略管理部门的负担。同时，质量运营的情况反映了业务的真实情况，在战略执行的过程中，管理者可以通过这个来管理战略，审视是否需要进行战略目标变更或战略举措的调整等。

其次，绩效管理。在本章第一节"质量运营规划"中提到绩效管理的 KPI 是进攻型的，质量运营管理的指标则是防御型的。换句话说，绩效管理的 KPI 是根据当前公司面临的主要问题设置的，必须要有所突破；质量运营管理的指标则是根据当前企业面临的次要问题设置的，至少维持在某个水平上。"矛盾是相互依存的，在一定的条件下会相互转换"对绩效管理同样适用，当前纳入绩效管理的 KPI 在某个时间点可能变成次要的，而原来次要的指标也有可能变成主要的，这个转换取决于目标达成情况及战略管理的要求。通常，在制定绩效指标的时候需关注质量运营的指标达成情况，将其作为制定绩效指标目标的一个输入依据。

最后，流程管理。质量运营与流程管理的关联不仅仅体现在流程绩效指标上。事实上，流程管理是质量运营的基础，无流程不运营，质量运营的结果反过来会影响流程管理。对流程来说，流程管理部门是流程管理规则的制定者，是流程管理环境的营造者，负责"生"流程；而质量运营则负责审视流程执行的情况，流程运营的效果往往取决于质量运营工作，换句话说质量运营负责"养"流程。对流程来说，不仅仅要"优生"，还要"优育"，这样流程才能真正成为战略落地的抓手。质量运营的结果驱动流程管理的优化，推动流程变革的发生，使得流程管理越来越好。

质量运营管理立足于流程，质量运营运作的机制需随流程的完善而完善，包括组织、人员与职责等，并在实际运作的过程中不断优化，使得质量运营符合战略管理的要求。

第六节　质量运营系统

质量运营管理是推动企业管理方式从"语文"式走向"数学"式的关键所在，数据的获取、运用则是关键中的关键，因此，搭建质量运营系统是至关重要的。

一、运营系统规划

运营系统的规划需要基于战略规划，在不同的阶段需要规划搭建的系统不同。通常，只有具备数字化基础，才能建设智能运营分析平台，如图 7-5 所示。

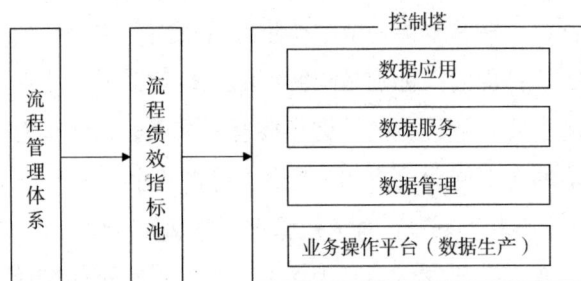

图 7-5　运营系统建设示意图

整个运营系统要构建在业务操作平台之上，包括供应链、产品研发、市场营销、产品销售、客户服务、人力资源、财务等。流程通过业务操作平台执行操作时会产生数据，这些数据会进入数据仓（湖），通过记录、挖掘、存储、传输等数据服务后进入数据应用环节，支撑运营监督、智能预警、智能决策和实时可视等应用。

二、运营系统建设

运营系统的建设通常分为可视、分析和执行三个阶段，每个阶段运营系统所承载的内容及管控范围都有比较大的区别，如图 7-6 所示。

第一阶段：可视	第二阶段：分析	第三阶段：执行
• 发生了什么？ • 正在发生什么？	• 为什么会这样？ • 将会发生什么？ • 怎么改善或避免？	• 决定及执行
• 业务可视 • 产生预警 • 数据可视	• 根因分析 • 假设分析 • 风险分析	• 信息公告、执行计划 • 跟踪执行 • 持续改进
• 业务流集成、IT化 • 核心业务流管控	• 端到端全覆盖的业务流管控	• 整个价值链/网络的同步管控

（左侧竖排标注：平台承载 管控范围）

图 7-6 运营系统建设阶段

第一阶段：可视。在这个阶段，根据业务运营需要建立各种数据报表平台（dashboard），不同的业务场景建立不同的数据报表，从而既满足运营的需要又避免造成信息冗余，进而避免让员工疲于应付各种报表。"看得见"业务处于什么状态是这个阶段最鲜明的特征，其核心是让管理人员知道发生了什么、正在发生什么，对于异常问题可以产生预警，以便相关人员及时介入，做好应对措施。

第二阶段：分析。在这个阶段，不仅需要"看得见"，还需要"知其然，知其所以然"。通过建立分析模型，基于数据进行根因分析、假设分析、风险分析等，其核心是让管理人员知道为什么会这样、将会发生什么、怎么避免或改善等。这个阶段对基础操作类系统的要求比较高，需要建立端到端全覆盖的业务流程，并进行数字化处理，有了这个基础才做分析。

第三阶段：执行。执行是智能决策与自发执行的过程，要求数字化、智能化的程度都较高。决策需要有决策的模型，需要建模并进行模型训练。运营平台承载了信息公告、执行计划、跟踪执行和持续改进的功能，需要对整个价值链/网络有同步管控的能力。现阶段，完全做到智能决策的还是个例，辅助决策是比较理想的状态。

运营系统建设遵循产品开发的流程，从项目建议阶段（需求提出）开始，到概念阶段进行项目立项、制订项目计划、产品开发、测试验证、试点、推行，最后是系统的运营，如图 7-7 所示。

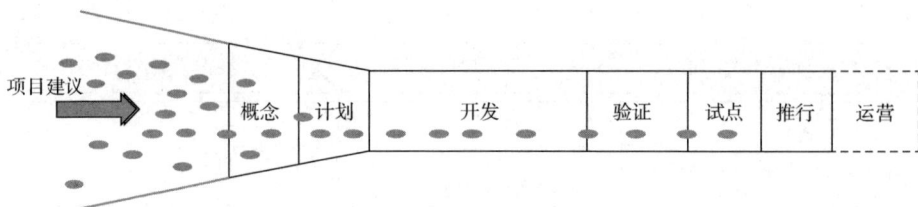

图 7-7　运营系统开发流程示意图

三、运营系统维护

质量运营管理部门负责运营系统的总体规划、建设和运营，业务部门根据自己的需要提出需求、进行场景化的配置，运营系统应该成为业务部门的管理仪表盘，使其可以随时随地看到自己负责的业务的状况，同时知道出现了什么问题、如何去解决等。

运营系统不是一成不变的，需要根据业务的变化而不断调整。场景化管理已经成为一种趋势，基于场景、角色需要设置不同的管理界面。比如，仓库主管要开晨会，运营系统可针对该场景预设在晨会上要看到的数据、要沟通的事项等结构化信息，支持一键输出即用，避免管理者通过各种报表拼凑，消耗大量的时间，为管理者提供实质性帮助。

四、AI 助力运营能力提升

2022 年 11 月，ChatGPT 横空出世使得 AI 应用被快速提上日程。近两年，随着华为、腾讯、字节跳动、阿里巴巴等不断升级 AI 模型，AI 也逐步被应用到一些业务场景中。如何利用 AI 提升企业效率、效能也成为众多管理者讨论的热门话题。当前，部分企业已利用 AI 进行数据收集、数据分析、数据挖掘等工作，并取得了一定的成效。

对质量运营管理者来说，AI 不仅仅是工具，也是助手和工作伙伴。在数据收集、关联问题分析、根因分析等场景中，AI 拥有得天独厚的优势。如何将 AI 广泛应用到质量运营各项工作中，既是质量运营管理的必答题，也是质量运营管理未来发展的方向。

第八章 组织保障与文化赋能

绩效管理不是一个孤立的管理行为，它与其他管理措施相互结合构成企业整体的管理体系，这个管理体系需要有组织和文化来支撑运作。

组织保障。绩效管理不是自然而然完成的，而是需要有组织制定规则，有组织发起绩效目标的制定，有组织负责绩效执行与评估，最后绩效考评结果出来之后还需要有组织对其进行应用。若没有强有力的组织支撑，再好的管理方法、措施也无法落地。

文化赋能。文化之于企业，就如空气与水之于人类，平时我们并没有感觉其特殊，一旦缺失就会发觉其无比重要。"蓬生麻中，不扶而直；白沙在涅，与之俱黑"说明文化对于企业的重要性，企业向员工传递的价值（提倡什么、鼓励什么），会引导员工为之努力，因此打造高绩效文化对于企业绩效管理是至关重要的。并不是每个员工都理解绩效管理的重要性及相关的管理方法，赋能便是让组织成员统一管理"语言"、具备管理能力的重要路径。

第一节 绩效管理的组织运作

绩效管理涉及企业各个业务领域和各个层级的员工，是一个综合性比较强的管理活动，需要依托合适的组织来支撑其运作。

一、绩效管理的组织结构

华为公司轮值董事长徐直军有言："战略决定组织，流程决定组织。"不同企业对绩效管理的定位差异决定了它在组织结构中的位置必然有所差别。尽管每个企业各具特点，但共性在于都有决策组织、统筹与赋能组织、执行组织，只是承接的部门所有不同。

图 8-1 是某企业的绩效管理组织示意图，由于该公司业务多样、规模也比较大，所以设置得相对比较复杂。决策组织是董事会领导下的薪酬与考核委员会；统筹与赋能组织的主体是绩效管理部，因为部分业务部门设置了 HRBP，所以 HRBP 承担了部分赋能职责，没有设置 HPBP 的业务部门则由绩效管理部直接对接；执行组织是各个业务部门，被考核的对象都是执行者；公司还设置了质量运营管理部作为支撑组织，以支撑绩效管理工作的开展。

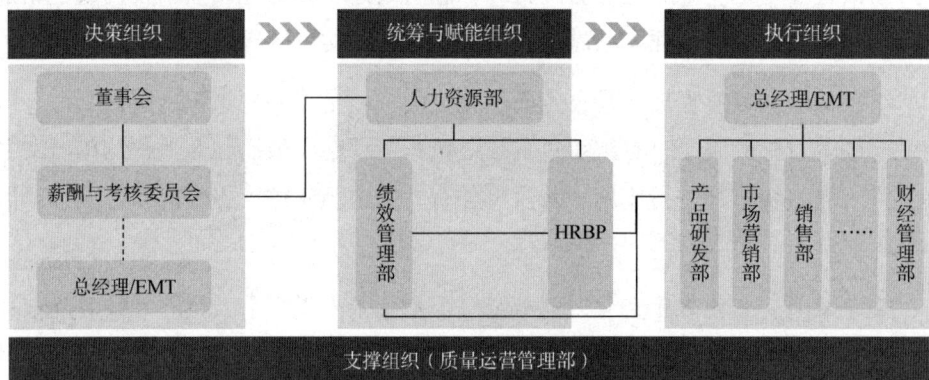

图 8-1 某企业的绩效管理组织示意图

二、决策组织设计

在绩效管理组织中，负责决策的组织通常有三种类型：一个是委员会决策，另一个是高管团队集体决策，还有一个是总经理决策。每种决策组织都有自己的特色。

委员会决策。在规模较大的企业，尤其是上市公司，董事会下设四大专业委员会，包括战略委员会、提名委员会、审计委员会、薪酬与考核委员会。其中薪酬与考核委员会对薪酬与绩效管理负责，是绩效管理的最高决策机构。人力资源部在其指导下开展工作，绩效管理部承接具体的工作，统筹绩效管理的各项工作。

高管团队集体决策。有些企业，包括上市、非上市公司，采用高管团队集体决策的方式进行管理，类似 EMT 等组织承担了重要事项的决策职责，绩效管理作为公司重大的管理行动，也要由高管团队集体决策后在公司内执行。当然，具体方案由人力资源部相关人员提报，作为专项决策议题进行决策。

总经理决策。大部分企业采用的是总经理或相似岗位负责制，重大事项由总经理或其授权的管理者进行决策，决策后在公司内执行。在中小型企业中，比较普遍的是总经理授权分管人力资源的副总经理或人力资源总监决策，并在公司内推动执行。

绩效管理的决策组织是绩效管理的最高机构，负责绩效政策、方针和目标的审批，关键争议的裁决等，具体如下。

（1）提出对公司绩效管理的总体要求，审视绩效管理方案和流程等关键管理要素。

（2）基于公司总体战略规划和年度经营计划，审视所制定的年度组织绩效目标是否符合要求。

（3）负责对绩效管理工作进行指导、监督，并针对绩效管理中的问题提出改进意见。

（4）负责评议与裁决绩效管理中的争议事项，包括经理及以上岗位的绩效申诉。

（5）采用薪酬与考核委员会、EMT等集体决策方式管理的，其绩效管理相关决策工作通常以会议形式进行，由绩效管理部负责人收集问题或议题，组织会议并跟进会议结论的落地执行。

组织设计是一个不断迭代的过程。在企业规模小的时候依靠个人决策；在企业规模扩大后，则需要汇聚更多人的智慧，采用高管团队集体决策或组建专业的团队进行决策，具体方式的选择，需要适配企业的发展阶段及经营理念。

三、统筹与赋能组织设计

绩效管理是人力资源管理主要的职能之一，原则上应该由人力资源部负责统筹。有些企业由于各种原因，可能会由总裁办、财务部等部门来负责统筹绩效管理，这种情形属于其他部门暂时履行了人力资源部的职责，当企业要规范管理的时候，绩效管理职责还是应该归人力资源部。

人力资源部通常会下设绩效管理部（或小组、岗位）来管理绩效，规模比较小的企业也会将薪酬与绩效或将组织发展与绩效合在一起管理。部分企业按照HR

三支柱的做法设立了 HRBP，绩效管理的部分职责（如赋能业务等）会由 HRBP 来承接。尽管形式各异，但对应的职责基本是相似的，具体如下。

（1）绩效管理部负责输出绩效管理总体方案，制定绩效管理相关流程。

（2）绩效管理部负责输出绩效管理专业的方法、工具，并对业务相关方进行赋能。同时负责维护绩效管理信息系统（需求提出、日常维护等）。

（3）绩效管理部负责统筹安排绩效管理各项工作，包括目标制定、绩效辅导、绩效改进、绩效考评、绩效反馈和绩效申诉等。

（4）HRBP 负责辅导和监督各经营单位执行绩效管理工作，收集大家在过程中反馈的问题，并推动相关问题闭环解决。

（5）经理级以下员工的绩效争议、绩效申诉，由绩效管理部、人力资源部负责人和业务部门负责人（直接与间接上级）沟通解决；经理级及以上员工的绩效争议、绩效申诉由绩效管理决策组织进行裁决。

总的来说，人力资源部下设的绩效管理部（或小组、岗位，下同）是绩效管理的归口管理部门，HRBP 是协同落地执行部门；绩效管理部负责制定规则及统筹绩效管理各项工作，HRBP 负责在业务部门推动具体工作的落地执行。

四、执行组织设计

绩效管理由人力资源部相关人员统筹，具体的执行则由各个业务部门负责人在部门内部推动，是各个业务部门进行团队管理的重要抓手。业务部门负责人承接公司战略规划要求，在部门内部分解战略绩效目标，确保部门的绩效能有效支撑战略目标的达成。具体职责如下。

（1）按照人力资源部（绩效管理部或 HRBP）的要求，在部门内部宣传公司绩效考核的政策、方针与总体目标。

（2）将组织目标分解并落实到下一级组织、个人，审核每个员工的绩效目标。

（3）负责组织绩效目标变更申请、员工绩效目标调整与审批。

（4）根据业务节奏组织绩效辅导，通过赋能员工，提高组织能力；根据人力资源安排进行绩效考评、绩效反馈。

（5）辅助绩效待改进者制订改进计划，并跟进计划执行；对改进不及预期者进行处理，确保组织充满活力。

对被考核的对象（员工）来说，同样也需要承接部门绩效目标，确保自己的绩效目标与岗位职责相匹配，支撑部门绩效目标的达成，具体职责如下。

（1）按照人力资源部（绩效管理部或 HRBP）的要求，拟定个人绩效目标初稿，并与部门负责人沟通确认。

（2）对绩效目标达成有问题的（实现方法、路径等），与部门负责人沟通，申请绩效辅导。

（3）按照公司规定进行绩效自评，审视绩效目标达成情况。

（4）根据绩效考评结果反馈，规划下一阶段的改进目标与计划；考评等级"吊车尾"的（D 或 E，根据公司的等级确定），与主管沟通，制订绩效改进计划，并按计划执行。

（5）对绩效考评结果不认可的，发起绩效申诉并举证。

除了决策组织、统筹与赋能组织、执行组织，支撑组织的作用也不容忽视。尤其是质量运营管理职能，对支撑战略目标的达成起着重要的作用，与绩效管理形成有效互补；财务、IT 等部门也为绩效管理的数据统计、分析等提供强有力的支撑。在数字化转型的今天，这些尤为重要。因此，绩效管理人员必须集合多方力量，才能真正管理好绩效。

第二节　绩效管理的角色与能力

在本章第一节中，我们从组织的视角阐述了各个部门在绩效管理工作中的职责，部门的职责最终要落实到员工身上，员工的角色分工及能力是绩效管理能否推行成功的关键所在，如何界定这些角色及其能力也成为绩效管理不得不关注的事项。

一、绩效管理的角色分工

绩效管理的活动链条比较长，从绩效管理目标制定到绩效考评结果应用，自始至终贯穿企业运营的方方面面，涉及企业各个业务层级的员工。在不同阶段，参与的人员不同，他们的角色分工也不同，具体如表 8-1 所示。

表 8-1　角色分工表

业务阶段	业务活动	活动描述	主导角色	参与角色
目标制定	战略解码	通过战略解码得到重点工作、战略绩效目标	战略规划负责人	质量运营人员、绩效管理人员、流程管理与变革相关人员
	流程绩效	依据流程架构（L1~L4）进行流程绩效分解，形成流程绩效指标池，对绩效指标池进行例行的刷新	流程管理部负责人	流程负责人（PO）、流程控制员（PC）、业务骨干、质量运营管理人员
	组织绩效	根据战略解码结果、组织发展需要、运营异常、关联领域要求等制定组织绩效目标，落实到具体的责任部门、责任人	绩效管理部负责人	各个业务部门负责人
	个人绩效	根据组织绩效要求制定个人绩效目标，包括业务目标、个人学习与成长目标等	绩效管理部负责人	业务部门负责人、HRBP、参与考评的员工（绩效管理对象）
执行管理	绩效辅导	根据员工绩效计划执行达成的情况择机进行辅导，赋能员工，使其更好地完成工作，以获取高绩效	业务部门负责人	参与考评的员工、绩效管理人员、HRBP
	绩效审视	对绩效执行实际达成情况进行分析，审视是否需要采取必要的措施进行干预，以确保最终绩效目标的达成	业务部门负责人	参与考评的员工、绩效管理人员、HRBP
	绩效调整	当原绩效目标的假设发生变化的时候，坚守原来的目标已经失去牵引作用，对原绩效目标进行修改	业务部门负责人	参与考评的员工、绩效管理人员、HRBP
考评管理	绩效评价	对考评周期内绩效目标的达成情况进行评价，并进行如A、B、C、D、E等级排名	绩效管理部负责人	业务部门负责人、HRBP、参与考评的员工
	绩效反馈	将绩效情况反馈给员工，包括日常的绩效执行及绩效考评结果等，通过反馈的方式持续赋能员工	业务部门负责人	参与考评的员工、绩效管理人员、HRBP
	绩效申诉	被考评的员工对考评的结果不认同，发起绩效复评的请求，需要独立第三方介入评估	绩效管理部负责人	业务部门负责人、HRBP、参与考评的员工

续表

业务 阶段	业务活动	活动描述	主导角色	参与角色
改进 管理	改进计划	对于处于绩效考评末位的员工，需要按要求进行绩效改进，部门负责人与其一起制订绩效改进计划	业务部门 负责人	参与考评的员工、绩效管理人员、HRBP
	改进实施	根据绩效改进计划推进各项工作，并对这些改进进行监控，及时纠偏	业务部门 负责人	参与考评的员工、绩效管理人员、HRBP
	改进评价	对绩效改进计划目标的达成情况进行评价，确认达成情况并识别未达成的影响因素	业务部门 负责人	参与考评的员工、绩效管理人员、HRBP
结果 应用	不合格者 调整	对于经过绩效改进及再培训等仍绩效不达标的员工，予以调整，包括轮岗、降职、解聘等	业务部门 负责人	参与考评的员工、绩效管理人员、HRBP、员工关系管理人员
	薪酬福利	如何将绩效考评的结果与薪酬、福利结合起来，以起到激励作用	业务部门 负责人	参与考评的员工、绩效管理人员、HRBP、薪酬与福利管理人员
	人才发展	如何将绩效考评的结果与任职资格、人才培养、升降等关联起来，帮助企业找到更能"打胜仗"的人	业务部门 负责人	参与考评的员工、绩效管理人员、HRBP、组织发展与人才发展管理人员、培训人员
质量运 营管理	质量运营 规划	根据公司战略、年度计划等要求进行质量运营规划，确定当年运营的目标与重点领域	质量运营 部门负责人	流程管理人员、业务部门负责人、绩效管理人员、HRBP
	质量运营 执行	根据质量运营规划推动各项运营工作落地执行，实时监控各项指标的达成情况及重点工作的进展等	质量运营 部门负责人	流程管理人员、业务部门负责人、绩效管理人员、HRBP
	运营绩效 管理	对各项运营指标进行执行监控，观察实际进度与目标的差距，并进行干预管理	质量运营 部门负责人	流程管理人员、业务部门负责人、绩效管理人员、HRBP
	管理持续 改进	在质量运营过程中，存在这样或那样的问题，需要管理持续改进，以实现绩效目标的达成	质量运营 部门负责人	流程管理人员、业务部门负责人、绩效管理人员、HRBP
组织保障与文化赋能	绩效管理的组织运作	根据公司现状设计绩效管理的组织，明确各个组织的职责及运作规则	绩效管理部 负责人	组织发展管理人员、业务部门负责人、HRBP
	构建高绩效文化	围绕高绩效的组织目标构建文化，包括管理理念与相关的行为规范，让获得高绩效成为习惯	绩效管理部 负责人	组织发展管理人员、业务部门负责人、HRBP

由于绩效管理运作的组织不同，每个阶段参与的角色及分工就会有差别，因此，表8-1仅为样例，不是实操的信息，读者可以根据实际需要进行适配、调整，以保障组织内各项绩效管理工作的有序开展。

二、角色对应的能力要求

在组织中，对员工的能力要求不是一成不变的，而是因事而定的，即根据员工在流程中扮演的角色确定其所需的能力。在绩效管理中，各个角色参与的环节不同，对应的能力要求也不同，具体如表8-2所示。

表 8-2　角色能力匹配表

角色分工	绩效管理相关的职责	绩效管理相关的知识与技能
战略规划负责人	确保战略解码按要求完成，战略绩效目标有效落实到各个组织，对各项指标进行评价与验收	战略解码方法与工具、绩效管理基础知识
流程管理部负责人	建立流程绩效指标池，确保指标池指标能满足绩效管理及质量运营管理的需求	流程绩效指标设计方法、流程优化方法、质量运营管理、战略解码方法与工具
流程管理人员	根据绩效管理或质量运营管理的需求刷新绩效指标池	流程绩效指标设计方法、流程优化方法、战略解码方法与工具
人力资源部负责人	对绩效管理总体方案进行审核，确保绩效管理方法、工具的有效利用，同时与其他管理活动无缝衔接	绩效管理、组织与人才发展、薪酬与福利、企业文化
绩效管理部负责人	设计绩效管理总体方案，建立绩效管理运作机制，统筹各项绩效管理工作	绩效管理、战略解码、项目管理、会议管理、流程绩效指标设计方法
绩效管理人员	根据绩效管理方案推进各项绩效管理工作的开展，赋能业务部门进行绩效管理，确保绩效管理工作的落地执行	绩效管理、战略解码、项目管理、会议管理、流程绩效指标设计方法
组织发展管理人员	参与设计绩效管理组织运作规则，推动高绩效文化氛围的构建	绩效管理、组织设计、企业文化
员工关系管理人员	在处理绩效考评结果连续不及预期的员工时，维护好员工关系，应对各种可能出现的问题	劳动法、员工关系管理
薪酬与福利管理人员	将绩效考评结果应用到薪酬与福利管理中，两者结合，制定综合的解决方案，以达到更好的效果	绩效管理、薪酬管理、福利管理
人才发展管理人员	将绩效与任职资格、人才培养、人才晋升关联起来，制定综合的解决方案并推动其落地执行	绩效管理、任职资格、人才发展

续表

角色分工	绩效管理相关的职责	绩效管理相关的知识与技能
HRBP	根据绩效管理部门要求推动各项绩效管理工作在业务部门落地执行，同时承担部分赋能业务的工作，协助业务部门负责人管理员工的绩效	绩效管理、项目管理、会议管理、任务管理
质量运营部门负责人	设计质量运营运作总体解决方案，推动各种运营问题优化解决，支撑战略目标达成	质量运营、流程管理、绩效管理、项目管理、战略解码方法与工具
质量运营管理人员	根据公司要求制定质量运营规划并执行落地，协助各种运营问题优化解决	质量运营、流程管理、绩效管理、项目管理、战略解码方法与工具
各个业务部门负责人	根据绩效管理部门要求推动各项绩效管理工作在部门内落地，通过绩效管理赋能员工，提升组织能力，改善经营成果	战略解码方法与工具、绩效管理、GROW 模型、质量运营、流程管理
员工（绩效管理对象）	根据要求制定绩效目标并执行落地，按照要求执行各项工作，达成绩效目标，支撑组织目标达成	绩效管理基础知识、流程管理、质量运营管理

　　由于不同企业所处的发展阶段不同，涉及的绩效管理活动环节也各不相同，各角色对应的能力要求差异会比较大，因此表 8-2 仅为示例，不是实操的信息，读者可以根据实际需要进行适配、调整。一些通用的知识与技能包括战略解码、流程绩效管理、质量运营管理、项目管理、会议管理、辅导（GROW 模型）等。

　　战略解码。绩效管理强调"上承战略"，怎么"承"呢？需要通过战略解码实现，这部分内容在第二章第一节到第四节中做了重点介绍。当然，仅仅理解这些方法、工具（OGSM、OCOSA、BEM 等）是不够的，还需要对业务有深刻的理解，只有业务理解到位了，方法和工具才能发挥作用。

　　流程绩效管理。绩效管理还需要"下接业务"，怎么"接"呢？需要将绩效指标回归到衡量业务运作水平的流程绩效上，通过流程与业务无缝衔接。这部分内容在第二章第五节"流程绩效指标体系"有简要介绍，更系统的流程管理知识需要阅读流程专著《打造流程型组织：流程管理体系建设实操方法》。与战略解码一样，流程是底层的方法、工具，要做得更好，还是要回归业务，理解业务的逻辑。

　　质量运营管理。质量不仅仅是产品或服务的质量，也包括其他工作交付的质量，如何体现呢？需要通过流程绩效指标来评价其"好""坏"。在第七章"质量运营管理"中介绍了其端到端的流程及要点，由于篇幅限制，更多的质量运营管理相关的文章在微信公众号"荔园管理评论""马掌管理咨询"中推送，可以作为辅助阅读。流程管理与质量运营，一个负责导入最佳实践，一个负责让流程执行到位，都对绩效目标的达成起着关键支撑作用。

项目管理。项目管理是企业管理的基础能力，是重点工作落地的主要方法，尤其是对于重大的工作事项，如产品研发、数字化转型等，没有掌握项目管理方法根本无法推进。对绩效管理来说，项目管理是推进、关注各项工作进展的工具，也是赋能业务的工具。

会议管理。与项目管理类似，会议管理也是企业管理的基础能力，经常有员工戏谑"不在开会就在开会的路上"，无效会议会造成巨大的成本浪费，如何开好会是一个值得深究的课题。

辅导（GROW 模型）。"赋能员工，提高组织能力"是绩效管理达成目标的关键手段，而实践证明，通过辅导来赋能员工是比较有效的方式。如何通过辅导来赋能员工呢？GROW 模型是比较常用的工具，在第三章第三节"绩效辅导 GROW 模型"中有简要介绍。

除此之外，对管理者来说，组织设计、人才发展管理、企业文化构建等也是必备的技能，这些对于绩效目标的达成同样起着至关重要的作用。

三、绩效管理能力的培养

绩效管理需要诸多能力，如何获得这些能力呢？可以遵循 7：2：1 学习和发展原则，如图 8-2 所示。

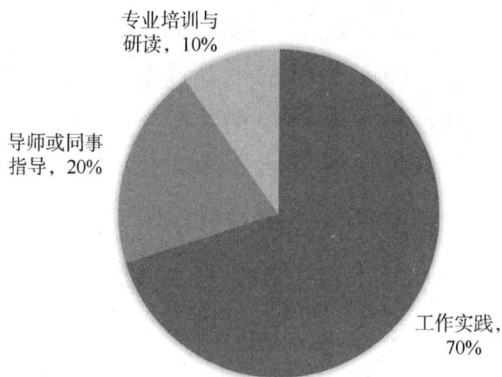

图 8-2　7：2：1 学习和发展原则

工作实践。实践出真知，即使在智能化时代，也仍然适用。这部分技能的习得，通常占比 70%。通常在所有的学习中，来自工作经验的积累是最多的，也是最可靠的，因为已经验证过。对员工来说，要不断尝试创新，挑战自我，从而成就自我。

导师或同事指导。论语有言："见贤思齐焉，见不贤而内自省也。"对导师、同事的观察，或接受他们的指导，都是非常好的技能习得方式，这部分占比 20%。在组织内部，倡导将好的实践经验、不好的失败教训都沉淀成流程或培训案例，通过这种方式让"后来者"少走弯路，避免"被同一块石头绊倒两次"。

专业培训与研读。这部分占比 10%。随着信息化、数字化的发展，AI 技术的不断应用，获取知识的渠道越来越多，也越来越容易，但自我学习的不确定性越来越大，原因是信息"大爆炸"引发的信息泛滥使得获取可靠信息更困难，真假难辨。对于认知能力足够的人，可以不断获得有效信息；对于认知能力不足的人，可能会因为无法过滤掉错误信息而在错误的道路上越走越远。

需要强调的是，无论员工采用哪种技能习得方式，组织都需要为其创造条件、建立机制、营造氛围，最终使得学习成为一种组织惯性，方能持续发挥作用。

第三节　组织能力构筑在流程上

在前文中，我们一直强调赋能员工，通过赋能提高员工的能力，进而提高组织能力，换句话说，员工能力的提高是组织能力提高的关键。现在，我们又提到组织能力构筑在流程上，这两者是否矛盾？事实上并不冲突，从短期来看，提升组织绩效最快的方式是提高员工绩效，而要想提高员工绩效首先要提高其创造业绩的能力，以快速获取经营成果；从长期来看，训练有素的员工可能很快就流失了，因此，组织要想时刻保持战斗力，就要构建无生命的管理体系，即将组织能力构筑在流程上，通过运营流程来获得持久、稳定的组织能力，进而获得好的经营成果。

一、流程是组织能力的关键变量

关于组织能力，有两个著名的论断，一个是杨国安教授的定义，另一个是克莱顿·M. 克里斯坦森（Clayton M. Christensen）教授的定义。

杨国安教授认为，组织能力（Organizational Capability）指的不是个人能力，而是一个团队（无论规模大小，10人、100人或100万人）所发挥的整体战斗力，是一个团队（或组织）竞争力的DNA，是一个团队在某些方面能够明显超越竞争对手、为客户创造价值的能力。杨国安教授提出了著名的组织能力"杨三角"，即组织能力主要取决于员工能力、员工思维模式和员工治理模式。

克莱顿·M.克里斯坦森教授则认为，组织能力往往受到资源（Resource）、流程（Procedure）、价值观（Value）三类因素影响，被称为"资源-流程-价值观"框架，如表8-3所示。

表8-3 "资源-流程-价值观"框架

资源 （Resource）	• 资源是影响机构能力的三类因素中最为直观的一个，包括人员、设备、技术、产品设计、品牌、信息、现金，以及与供应商、分销商和客户的关系等； • 与"流程"和"价值观"相比，资源更易于在不同机构间实现转移；毋庸置疑，获取大量的优质资源有助于提高机构的能力，但并不足以代表一个机构的真正实力，这是因为能否将机构能力转化为增值产品和服务是由该机构的流程和价值观决定的
流程 （Procedure）	• 在员工将资源（人员、设备、技术、产品设计、品牌、信息及现金）转化为产品或更大价值的服务的过程中，机构也随之创造了价值；在实现这些转化的过程中，人们所采取的互动、协调、沟通和决策的模式就是流程； • 流程不仅包括制造过程，还包括实现产品开发、采购、市场研究、预算、规划、员工发展和补偿，以及资源分配的过程；不同流程的差异不仅在于目的性，还在于其可预见性；有正式的，也有非正式的；流程的定义或演变实际上都是为了解决特定的任务
价值观 （Value）	• 价值观是企业在确定决策优先级时所遵循的标准，即员工在做出优先决策时所依据的标准，有些企业的价值观是以道德为基础的； • 事实上，良好管理的一个关键衡量标准就在于，在机构内部普及了清晰、统一的价值观

与杨国安教授仅仅将组织能力聚焦于员工不同，克莱顿·M.克里斯坦森教授的"资源-流程-价值观"框架展现了更广阔的视野，人（员工）只是其中一个因素，除人外，设备、技术、品牌等资产作为资源构成了组织能力；流程是组织价值创造的机制，不仅仅包括产品生产或服务提供的活动，还包括其他支撑价值创造的业务活动；价值观是基于人的一定的思维感官而做出的理解、判断或抉择，也就是人认定事物、判定是非的一种思维或取向，简单地说就是组织倡导的判定对错的准则或原则。

每个组织都有其存在的意义，对企业来说，为客户创造价值是组织长久存在的理由，正如华为公司任正非先生所说："为客户服务是华为公司存在的唯一理由。"组织的价值是如何创造出来的呢？简单地说就是从客户需求中来，回到客户满意中去，如图 8-3 所示。

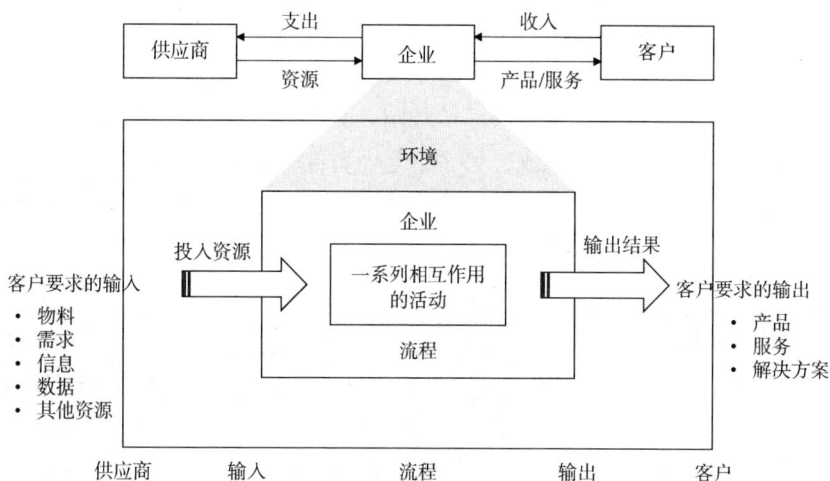

图 8-3　组织价值创造图示

企业先从供应商处采购资源，通过内部价值创造后为客户提供产品或服务，从而获得收入，再用收入支付供应商的费用，剩余部分内部再分配，形成循环。从投入资源到输出结果中间是执行企业流程的过程，也是价值创造的过程。在整个过程中，流程是关键的变量，设备、物料、人员等通过流程关联起来，通过流程执行实现价值的增值。价值观如果仅仅是一些"标语""口号"就无法落地，其需要分解到具体的流程中，成为员工的操作指引，方能真正落地。资源、价值观都需要通过流程来发挥作用，流程是组织能力发展的关键所在。

流程是组织能力发展的关键，这并不是要否定员工的重要性，事实上两者是相互成就的。第一，再好的流程也需要员工来设计、运营才能发挥作用，员工是不可或缺的。第二，经过设计的流程可以赋能员工，员工能力提升后反哺流程，流程会呈现不断迭代优化的过程。第三，员工实践的知识、经验等不断沉淀到流程中，形成了标准的操作，无论人员如何流动，按照标准执行结果都不会太差，这是组织发展的下限。第四，沉淀到流程中的知识、经验如果不能得到持续刷新，组织能力就很难持续发展，所以能推动流程持续优化、进而提升组织能力的人才是组织发展的上限。

在企业内，各种因素组合在一起，难免有不同的方向，通过流程可以统一步调，协同各方力量对齐战略，做到"力出一孔，利出一孔"。

二、业务能力是组织能力提升的关键

流程的建设首先要从流程架构设计开始，根据流程管理的"Y模型法"，需要从两个方面着手，一个是价值流，另一个是业务能力，如图8-4所示。

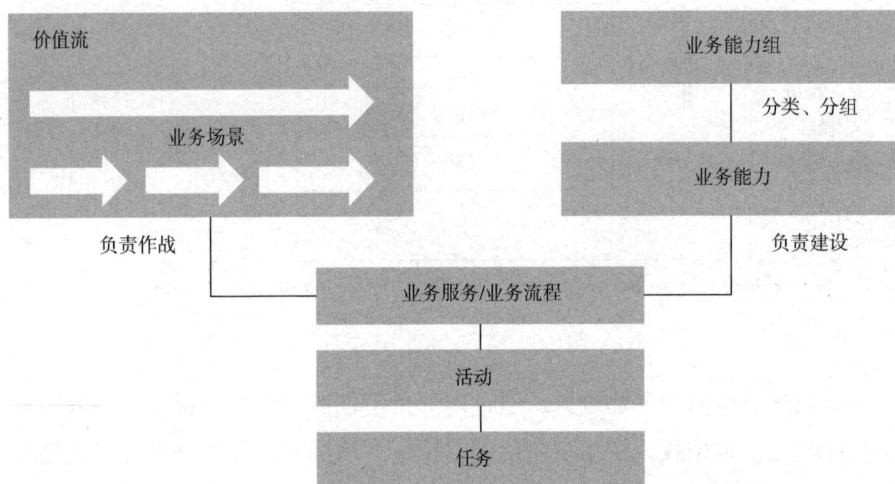

图 8-4 Y模型法

价值流是指企业为实现价值创造，从输入客户需求开始到交付产品及服务给客户，获得客户满意并实现企业自身价值的端到端业务过程。企业的战略决定商业模式，商业模式决定价值流，因此，友商之间的价值流大部分是相似的，甚至是相同的，但为何最终有的企业在竞争中胜出，有的则落败？差别在于实现价值流的业务能力不同。

所谓业务能力是指业务自身拥有或从外部获取的特定能力，以实现某一特定目标和结果。

例如，同处在广州的两家企业，Kix 公司和 Mam 公司都是生鲜水果贸易商。2024 年 5 月，北京市市民对新鲜荔枝的需求非常旺盛，信息传出来后，Kix 公司和 Mam 公司都积极组织新鲜荔枝的采摘，准备发往北京销售。Kix 公司一直以来与铁路运输相关单位有合作，所以先人一步争取到了广州发往北京的若干高铁空余车厢资源。Kix 公司将在广州本地采摘的荔枝当天通过高铁运输，8 小时直达北京，并在当地快速开卖，抢占了市场先机，获得了较为丰厚的利润。而 Mam 公司一直以来通过大货车运输水果，这次也想选择高铁，但要按部就班走一系列的商务流程，包括议价、签合同等。最终 Mam 公司决定，部分荔枝通过航空快递、部分荔枝通过大货车运输，而通过飞机空运的部分荔枝，成本太高导致亏损；通过大货车运输的部分荔枝，由于成本低但运输时间长，到北京后很多已经变味了，卖不出好价钱，也亏损了。

Kix 公司和 Mam 公司的价值流都是一样的：收购新鲜水果—采摘、装箱—运往目标市场—通过各大渠道售卖。在干线运输上，Kix 公司具备较为快捷、低价的铁路运输能力，获得了商业的成功；Mam 公司则因为运输能力稍逊一筹，在市场竞争中落败。胜负的关键，往往体现在业务能力上。同样，在价值流的其他环节，也需要有类似的能力支撑，如图 8-5 所示。

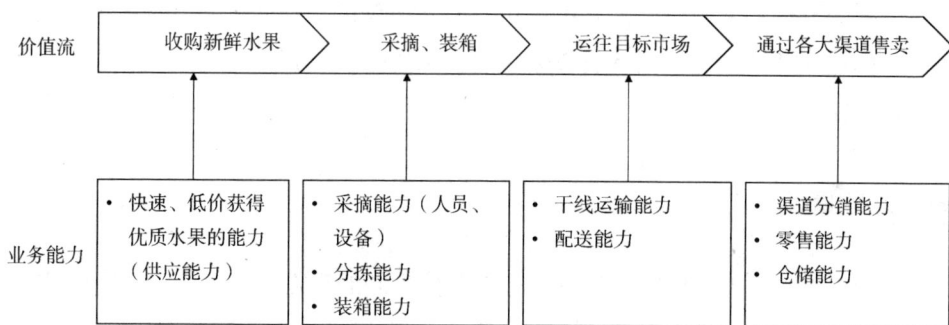

图 8-5 业务能力示例

需要注意的是，业务能力可以通过自建获得，也可以通过外购获得；业务能力可以体现为汽车、仓库等实物形式，也可能表现为类似数据、产品工艺等非实物形式。如何构筑这些业务能力呢？需要基于战略方向，围绕流程进行建设，将能力构筑在流程上。

三、构建以客户为导向的绩效管理体系

"客户导向""客户为先""客户至上"等将客户放在至关重要位置的词是各大公司的价值观中的"常客"，但在实际运营的时候其往往沦为"口号""空话"。如

何将以客户为导向从口号变成现实呢？需要将具体的要求落实到流程中。

比如，为了体现以客户为导向的精神，提高客户满意度，公司规定对于客户的技术类问题必须在 1 小时以内响应，4 小时以内给出初步的解决方案。这个要求就比较具体，员工可以按照这个要求去执行，同时，在做绩效管理的时候也可以依据这个来设定绩效目标，如技术类问题响应及时率、技术类问题及时解决率等。

企业进行价值创造、价值交付的目的是满足客户的需求、提高客户的满意度，从而实现企业自身的目标。价值创造、价值交付是围绕着流程进行的，而绩效管理本质上是对员工创造、交付价值的评价，因此也要围绕着流程进行。这样才能实现以客户为导向的闭环管理。

第四节　构建高绩效文化

企业的管理变革离不开文化的牵引，有什么样的文化就会有什么样的行为，因此，构建高绩效文化对绩效管理来说是至关重要的。讨论文化就离不开人，离不开对人性的理解与应用。

一、X-Y 理论

古今中外，关于人性的讨论一直存在截然不同的观点。有人认为，"人之初性本善"，也有人认为"人之初性本恶"，究竟谁对谁错，无法形成定论。有学者另辟蹊径，通过假设来探索在不同人性情景下应该如何进行管理，美国管理学家道格拉斯·麦格雷戈（Douglas McGregor）的 X-Y 理论（Theory X and Theory Y）就是比较典型的代表。

1957 年，道格拉斯·麦格雷戈在其所著《企业的人性面》（The Human Side of Enterprise）一书中提出 X-Y 理论。X 理论认为人们有消极的工作原动力，而 Y 理论则认为人们有积极的工作原动力，这是一套基于两种完全相反假设的理论，具体如表 8-4 所示。

基于 X 理论的人性假设，相应的管理方式是"胡萝卜加大棒"，一方面通过物质激励，另一方面通过严密控制、监督和惩罚迫使员工为组织做出贡献，这种方式依赖对员工行为的外部控制。基于 Y 理论的人性假设，管理人员应把重点放在创造机会、发掘潜力、消除障碍、鼓励成长、提供指导的过程等方面，这种方式重视依靠自我控制和自我指挥。

表 8-4　麦格雷戈的"X-Y 理论"

维度	X 理论	Y 理论
对待工作	人生性都是懒惰的，尽可能地逃避工作	视工作如休息、娱乐一般自然，工作到底是一种满足还是一种处罚，要视环境而定
对待责任	缺乏进取心和责任心，不愿对人和事负责，没有雄心壮志，不喜欢负责任，宁可被领导	愿意对工作、他人负责
对待组织	以个人为中心，这会导致个人目标与组织目标相矛盾，为了达到组织目标必须依靠外力严加管制	愿意实行自我管理和自我控制来完成应当完成的目标
理智与克制	缺乏理智，不能克制自身行为，易受别人影响	人具有自我指导和自我表现控制的愿望
对待变革	欺软怕硬、习惯于保守，反对变革，安于现状，为此，必须对他们进行惩罚，以迫使他们服从指挥	人具有独创性，每个人的思维都具有其独特的合理性，但是在现代工作生活的条件下，一般人的智慧、潜能只是得到了部分发挥
工作目的	工作是为了钱，为了满足基本的生理需求和安全需求，他们会选择可以在经济上获利最大的事去做	天生勤奋，能够自我约束，勇于承担责任，具有创造力，有高层次的需求

麦格雷戈的"X-Y 理论"对应管理学两个典型的管理思路，X 理论对应的是泰勒式的严格控制，Y 理论对应的是德鲁克式的激活管理。到底是选择"X 理论"还是"Y 理论"，并没有绝对的标准，往往是将"X 理论"和"Y 理论"混合使用，因管理对象不同而设置不同的比例。"X-Y 理论"的意义在于企业可基于对人性的正确认识，制定合适的绩效管理流程，以提高组织绩效。

二、马斯洛需求层次理论

麦格雷戈的"X-Y 理论"提到"工作目的"，X 理论认为工作是为了钱，为了满足基本的生理需求和安全需求；Y 理论认为人们天生勤奋，具有创造力，有高层次的需求。提到人们的需求问题，就不得不提马斯洛的需求层次理论。

马斯洛需求层次理论（Maslow's Hierarchy of Needs）是由美国心理学家亚伯

拉罕·马斯洛（Abraham Maslow）提出的。他认为人的需求是有不同层级的，这些需求成金字塔结构，在一种需求获得满足或部分满足之后，另一种需求就接着要求被满足。起初，马斯洛将人的需求分为五个层次，后来又增加到七个层次，再后来增加到八个层次，具体的需求层次如表 8-5 所示。

表 8-5　马斯洛需求层次理论

五层次理论	七层次理论	八层次理论
• 生理需求 • 安全需求 • 归属与爱需求 • 尊重需求 • 自我实现需求	• 生理需求 • 安全需求 • 归属与爱需求 • 尊重需求 • 自我实现需求 • 认知需求 • 审美需求	• 生理需求 • 安全需求 • 归属与爱需求 • 尊重需求 • 自我实现需求 • 认知需求 • 审美需求 • 超越需求

马斯洛将这些需求分为两大类，一类是基本需求，另一类是心理需求。这些需求的发展演进呈波浪式，不同需求的优势由一级演进到另一级，高层次需求的出现是建立在低层次需求相对满足的基础上的，但并非要等到低层次需求完全得到满足才会出现，较低一层的需求高峰过后，较高一层的需求就会产生优势作用，这和古人讲的"仓廪实而知礼节，衣食足而知荣辱"意思相近。

马斯洛需求层次理论对绩效管理的意义在于，它提供了一个思路，绩效管理需要根据不同的管理对象采取不同的管理措施，在绩效考评结果应用的时候，根据不同的管理对象采取不同的激励措施，以发挥更好的作用。

三、以人为本的文化

随着经济的发展，温饱已经不再是人们关注的重点问题，尤其是随着"00 后"新生力量不断涌入职场，没有生存焦虑的新生代更在意的是马斯洛需求层次理论中的高层次需求，如尊重需求、自我实现需求、审美需求等。如何让职场新生力量更好地发挥作用，成为管理者不得不面对的问题。构建尊重员工、关注健康与成长、激发创新、公平公正的工作环境，营造以人为本的文化氛围是当下企业的必然选择。

尊重员工。"宁可身累，不可心累"是当下"打工人"比较普遍的心态。越来越多的企业开始尊重员工的个性化需求，提供公平的工作环境，确保员工的权利和尊严得到维护。具体如何做到呢？一些管理领先企业通过设置"员工体验官"的角色来推动内部不断改善，为员工提供更好的工作环境，带来更好的工作体验。比如，华为公司、顺丰快递、京东物流等企业都设有相关的岗位。

关注健康与成长。IBM 在《IBM 商业价值蓝皮书：比快更快》中发布了一项研究信息：关注员工健康短期会消耗利润，但长期来看比没有关注员工健康的组织绩效更优。在前文中，我们一直强调通过赋能员工提高组织能力，该如何做到呢？辅导、培训是基本要求，制订有针对性的员工个人发展计划（Individual Development Plan，IDP）也越来越普及。越来越多企业选择从内部培养、提拔员工，为员工提供更多的轮岗及晋升机会。员工是价值创造的核心力量，只有每一位员工的绩效得到提升，组织总体的绩效才能持续向好。

激发创新。"酷""好玩""新意"等成为年轻一代向往的氛围特质，也是企业管理者需要关注的重点。创新是这个时代的主旋律，不仅仅体现在技术、产品上，也包括商业模式、工作方式的突破。随着数字化转型的深入及 AI 技术的发展与应用，企业需要通过变革、创新适应外部环境的变化。当下，营造有利于变革、鼓励创新、容许犯错的组织氛围尤为重要。

公平公正。公平是指不偏不倚，其基本含义是"得其所应得"。公平公正是大部分"打工人"渴望得到的待遇——他们希望付出有所回报。

需要注意的是，倡导以人为本的文化并不意味着一团和气，事实上，组织绩效与组织内部的人际冲突水平并不成正比，将人际冲突控制在适当的水平反而有利于组织绩效的提高，如图 8-6 所示。

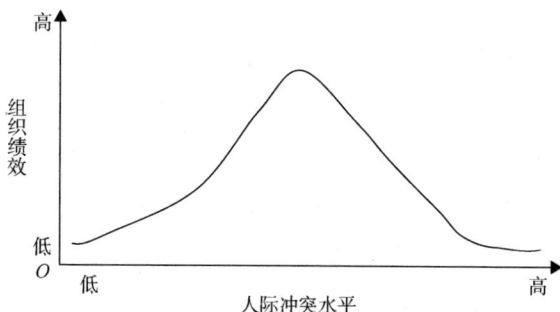

图 8-6 组织绩效与人际冲突水平关系图示

人际冲突水平的控制程度，跟组织内部的环境有很大关系，没有绝对的标准，需要企业在长期的管理实践中探索。

四、绩效导向冲锋的文化

无论是"X-Y 理论"和马斯洛需求层次理论的应用，还是以人为本文化的构建，都是手段而非目标，对企业来说，最终要构建崇尚高绩效的绩效导向冲锋文化，以获得更好的组织绩效。

如何构建绩效导向冲锋的文化呢？美国管理专家米契尔·拉伯福（Michael LeBoeuf）提出"人们会去做受到奖励的事情"。这一观点称得上对绩效导向冲锋文化最好的诠释。

拉伯福是一个从车间里提拔起来的管理者。在长期的管理实践中，他一直感到困惑的是：当今许多企业不知出现了什么毛病，即使管理者使出浑身解数，企业的效率也难以提高，员工还是无精打采，整个企业就像一台生锈的机器，运转起来特别费劲。他也试图从汗牛充栋的管理学著作中向管理大师们讨教，却还是一头雾水，不明所以。最后有人告诉他，最伟大的真理往往最简单：当你不能理解一项问题时，就回归基础重新审视，或许会发现答案。就这样，拉伯福回过头基于自己的管理实践反复思索。终于，他悟出了一条最简单、最明白，然而也是最伟大的管理原则：人们会去做受到奖励的事情。这个原则被称为拉伯福法则。

拉伯福认为，当今许多企业之所以做事无效率，是因为其员工考核体系、奖罚制度出了问题。对今天的组织体而言，最大的障碍就是他们所要的行为和他们所奖励的行为之间有一大段距离。拉伯福在实践中有如下发现。

（1）人们得到的是人们奖励的行为。人们不会得到人们所希望的、要求的、渴望的或哀求的，人们得到的是人们所奖励的。与其仅仅停留在希望上、要求上，不如对这种行为做出明明白白的奖励。

（2）在尝试做正确的事时，人们很容易掉入这样的陷阱：奖励错误的行为，而忽视或惩罚正确的行为。人们往往犯这样的错误：希望、要求得到 A，却往往得到了 B。原因是人们往往不经意地奖励了 B。

拉伯福法则可以应用到绩效管理的目标制定及绩效考评结果的应用上，基于战略要求来制定目标，基于考评结果来进行奖赏，与员工的晋升等建立关联。若员工知晓达成什么样的绩效目标就有什么样的奖励后，自然而然地就会朝着预期的方向前进，企业最终也会达成所期望的绩效目标。

构建绩效导向冲锋文化除了在绩效目标制定、绩效考评结果应用等绩效管理活动上发力，还需要企业最高管理者的坚定支持，以及需要广大中、基层管理者夯实基础工作，将促进绩效导向冲锋的具体要求落实到具体的流程中，规范员工的行为，同时为员工获取高绩效消除障碍。

第五节　组织健康比绩效更重要

达成高绩效目标是广大企业经营者孜孜以求的事。但如果单纯地追求高绩效是否一定是好事呢？如果高绩效目标的达成是以牺牲组织健康为代价的，那么是否还值得呢？组织健康与高绩效目标如何取舍，是管理者必须面对的问题。麦肯锡公司的两位高级合伙人斯科特·凯勒（Scott Keller）和科林·普拉思（Colin Price）有一个观点：组织健康比绩效更重要。

一、绩效与健康

绩效是指组织成员行为的综合结果；健康是指组织能够比竞争对手更快地进行调整、执行和自我更新，以持续获取优异绩效的能力。在第二章第七节"制定组织绩效目标"中描述了两者之间的冲突，组织需要在冲突中寻求平衡，开启"既要……又要……还要……"模式。

在日常生活中，大家对小朋友的期望是德、智、体、美、劳全面发展，就是说既要学习成绩好，又要体格健壮，还要精神面貌好。对企业来说，同理，短期目标是"成绩好"，长期目标是"体格健壮，精神面貌好"，这是评估组织健康的重要维度。俗话讲"健康当发财""身体是革命的本钱"，这一道理同样适用于企业管理——不仅要看当前的利益，还要着眼长远。研究表明，成功的公司领导者不仅关注与近期绩效相关的举措，还关注那些不会立竿见影甚至将来也不一定有收益的事情，业绩优异和组织健康两者并不冲突，而是可以互补的。所以，对绩效目标设定和组织健康来说，"和"是重要的指导原则。所谓"和"是指既要达成高绩效目标，又要维持组织健康度，在确保组织健康的基础之上全力以赴，获取更高的绩效。

如何做到"和"呢？可以参考第二章第七节"制定组织绩效目标"中华为公司的做法，将组织健康作为绩效管理体系的一部分来管理，通过设置一定的比例来实现二者协同。

二、培养软实力

组织健康应该从哪些方面着手呢？斯科特·凯勒和科林·普拉思总结了组织健康的九个要素，包括发展方向、领导力、文化和氛围、责任、协调和管控、能力、动力、外部导向、创新和学习。

（1）发展方向。传递清楚、强有力的愿景，让员工了解组织的未来方向、如何实现目标及其对员工的意义。

（2）领导力。运用适当的领导力风格，激发组织成员采取行动以达成高绩效。

（3）文化和氛围。公司全体成员认可并践行统一的价值观。

（4）责任。确保每个人都了解公司对他们的期望，被赋予足够的工作权限并对结果负责。

（5）协调和管控。具有评估组织绩效与风险的能力，同时在问题出现时能采取行动并解决问题。

（6）能力。确保组织具有执行战略与建立竞争优势的组织能力和人才。

（7）动力。培养员工的忠诚度与热忱，鼓励员工尽力达成高绩效。

（8）外部导向。与重要的外部利益相关方（客户、供应商、合伙人等）密切高效互动，以更有效地实现价值。

（9）创新和学习。鼓励源源不断地创新，使组织能不断学习与成长。

这九个要素可以归结为一句话："方向大致正确，组织充满活力"。其包含以下三个方面的内容。

战略。战略是确定方向和资源配置，保证做正确的事情，包括战略规划（3～5年）、战略解码、年度经营计划（1年）、战略执行与评估。构建战略规划与执行能力是组织得以持续稳定发展的基础。

执行。执行是正确地做事，关注效率、效果与风险，需要构筑以流程为主线的管理体系，推动数字化运营管理。执行需要有正确的组织、合适的员工及评价与激励措施等，这些要素都需要流程来承载，并与业务流程建立关联，进行集成化管理。再好的战略，如果没有好的执行力，都是空中楼阁。

变革。微软公司CEO萨提亚·纳德拉（Satya Nadella）曾言："任何组织和个人，当达到某个临界点时，都需要自我刷新——重新注入活力、激活生命力、组织并思考自己存在的意义。"这是他对如何推动微软公司转型升级的总结，实际上也是一个公司得以持续发展的根本。华为公司前轮值董事长郭平也有过相似的论断："常变才能长青，通过变革构建华为组织级能力。"英国生物学家达尔文说过："世界上最后能生存的生物，不是最强的，也不是智慧最高的，而是适应能力最强的。"变革是组织自我刷新的工具，也是适应外部环境变化的推手，不可或缺。

三、让变革发生

组织变革的核心是改变人，从观念到行为，都需要进行深度的改造，以适应外部环境变化。根据企业的情况，变革可以分几步走：启动项目、制订计划、实施变革、防止回潮。

（1）启动项目。变革不是凭空产生的，首先，要承接战略，通过战略解码明确关键的战略举措；其次，要关注运营的痛点问题，基于战略举措与运营的痛点问题进行变革项目的规划，进行变革优先级排序、确定项目与范围等；最后，进行变革项目立项，立项通过后正式启动。

（2）制订计划。项目立项的时候，通常会规划关键的项目里程碑，由于其比较"粗放"，无法落地执行。项目立项后，项目团队要对需求进行分析，明确现状与目标的差距，制订更详细的执行计划。一般计划分为总体计划、周或双周计划、天计划，一层层拆分，落实到具体的活动与执行人上，确保计划能有效落地执行。

（3）实施变革。实施变革是变革的主体部分，包括设计方案、系统开发（涉及信息系统的时候才需要）、方案验证、试点、推行和转运营。

（4）防止回潮。变革项目最大的挑战是，推动的变革在变革项目关闭后成果退化。防止回潮是推动变革时必须考虑的事情。领导变革之父约翰·P. 科特（John P. Kotter）提出的变革八步法的最后一步"将成果融入文化"确有必要，但还不足够。一方面，变革成果要形成文化，成为公司文化的一部分；另一方面，应不断变革，以持续应对外部环境变化。在具体操作上，可以通过质量运营管理来实时监控，一旦偏离原定的方案即启动纠偏机制，不断审视，持续优化。

组织健康对大部分企业来说是一个全新的概念，组织健康如何与绩效管理相结合仍有许多值得研讨、实践的地方。在变革道路上需要坚信：组织健康是保证组织长期发展的基石，它和绩效一样重要，甚至比绩效更重要，在进行绩效管理的时候必须同步考虑组织健康的问题。

变革不是非要等到某一特定的时间才宣告开始，"今天"就是最好的时机；不能仅仅停留在观念上，唯有行为改变，方能带来实质改变。

附录 A　绩效管理的发展历程

尽管近代绩效管理思想源自西方，当前我们使用的大部分绩效管理方法、工具亦如此，但我国古代的绩效管理思想源远流长。正所谓"前事之不忘，后事之师"，让我们来回顾过往，启迪未来。

一、我国古代绩效管理思想

我国古代的绩效管理在不同时期的称谓不同，主要有"考绩""考课""考核""考成"等，其主要是对政府官员的表现和政绩以有效的方式进行考核，然后评级，并据此进行奖惩。它随着部落联盟议事会的公职分工而萌芽，又随着夏商周奴隶制国家的产生、发展而逐渐成型，到春秋战国时期，随着封建官僚制的产生而初步形成。总体来说，可以分为五个阶段，如图附 A-1 所示。

- 尧、舜、禹，《尚书》
- 夏、商、周，《周礼》
- 春秋战国，《管子》《荀子》《韩非子》
- 奖勤罚懒，扬善惩恶，进贤退拙
- 春秋战国时期出现"计书"

- 隋结束南北朝混乱状态，恢复考核制度
- 至唐代，古代的绩效管理成熟，有立法如《考课令》《职官令》《唐律疏议》《唐六典》等
- 实行解由、历子批书制度

- 明代实行考满、考察并行制度，朝廷内外有别，分类分级管理，坚持循名责实原则
- 清代简化了考核程序，提高了效率；采用堂官负责制以保证公平性，强调依据

先秦时期　秦汉时期　隋唐时期　宋元时期　明清时期

- 秦制追溯到商鞅的"二十级军功爵位"制度；五善五失的考核标准，建立中央到地方的考核系统
- 汉承秦制，实行考计制，即考核和上计，已经程序化、规范化

- 宋代继承了唐代的考核制度，同时将考核重心转到县级官员身上，以量化考核为主，分五级
- 金代承上启下，创建了廉察制度
- 元代实行汉、元双轨制

图附 A-1　我国古代绩效考核图示

先秦时期。从有文献记载开始算，可以追溯到部落联盟及后来的军事民主制时期，《尚书》《史记》等著作中有记载。夏商周是奴隶社会，国家产生，取代了部落联盟。有国家就有官员，早期的考核制度形成，成为国家行政管理的手段。春秋战国时期，诸子百家思想争鸣，涌现出很多考核思想，《管子》《荀子》《韩非子》等著作中都有记载。"计书"制度的形成是一个关键里程碑。总的来说，先秦时期的考核相对比较简单，体现为程序简单、内容简单、标准参差不齐、考核结果应用也仅限于升迁和夺职等简单的奖惩，是中国古代比较朴素的绩效管理。

秦汉时期。秦朝大一统的时间很短，秦的制度要往前追溯，追溯到哪里合适呢？商鞅变法是一个标志。商鞅将绩效考核与二十级爵位建立关联关系，即将绩效考核与晋升、薪酬挂钩，此举强化了"战功"的主导地位，用今天的话来说就是"绩效管理导向冲锋"，这为后面秦始皇统一天下奠定了经济、军事基础。西汉初期"汉承秦制"，至"萧规曹随"，在相当长一段时间内没有大的改变。到东汉末年，朝纲不振，课计制基本处于废弃状态。魏晋时期虽偶有恢复，但多流于形式。南北朝政权更迭频繁，大部分时间处在动荡状态，对于考核就有心无力了。

隋唐时期。隋代是一个过渡性的朝代，唐代是封建社会的巅峰，堪称古代考核管理的集大成期。《考课令》《职官令》《唐律疏议》《唐六典》等法规中，对官吏的职能、考核周期和年限、考核体制、考核程序与方式、考核内容与标准、考核失实责任及奖惩政策都做了详细的规定，使得考核进入标准化、程序化和法治化的轨道，达到了成熟的程度。

宋元时期。宋代继承了唐代的绩效考核制度，同时因官僚体系的改变而有所扬弃。神宗元丰年诏"皆分五等"，开创了考核五等法，较过去九等法、三等法更科学。金代的考核制度上承唐、宋，下启元、明，具有一定的特色。其中最著名的是创建了廉察制度，它既是一种监察方式，又是一种考核方式，并把选拔人才也纳入其中，三位一体。元代基本承袭了金代的考核制度，但又有不同，元代实行汉、元双轨制。汉蒙有别、内外有别（中央、地方官）、注重立法等是元代鲜明的特点。

明清时期。明代在考核制度上仿唐，借鉴金、元，汲取宋代的一些做法，因此也形成了自己的特色。第一，考满、考察并行，即将绩、德分开考核，这种制度在初期起到了很好的效果。第二，拉长考核周期，仿《尚书·舜典》三年考、六年再考、九年通考黜陟的制度。第三，根据职务不同分级分类管理，对朝廷内官员考核相对宽松，对朝廷外的官员考核相对严苛。第四，坚持循名责实，重点与全面相结合。第五，重视立法，依法考核。第六，评定等级，分上、中、下三等，即称职、平职、不称职，弱化了考核结果的应用。清代继承了明代一些优良的做法，同时依据"去繁文而求实效"的原则进行了改革，形成了自己的风格。

尽管从今天的视角来看，我们可使用的方法、工具要比前人多得多，但仍有必要了解这些管理机制的历史变迁。正如英国前首相温斯顿·丘吉尔（Winston Churchill）所言："The farther backward you can look, the farther forward you are likely to see.（你能看到多远的过去，就能看到多远的未来。）"

二、西方近代绩效管理发展历程

西方近代绩效管理的形成与发展经历了多个阶段，包括绩效管理的萌芽期、绩效管理的发展期和绩效管理的创新期。

绩效管理的萌芽期。近代西方绩效管理思想源于罗伯特·欧文（Robert Owen）在他管理的工厂内进行的"四色板"试验，即用黑色、蓝色、黄色和白色四种木板对员工的工作表现进行评价、记录。美国军方在 1813 年开始进行绩效考核，美国政府在 1887 年建立了绩效考核制度；英国政府则在 1854—1870 年文官制度改革中建立了重视绩效考核的制度。从 19 世纪初到 20 世纪初是西方绩效管理的萌芽期，这个时期绩效考核重心在效率评价上。

绩效管理的发展期。随着第二次工业革命的持续深入，企业的规模不断扩大，所有权与经营权分离，新型的绩效评价方法应运而生，其中最著名的是杜邦分析法。在 20 世纪初期，杜邦公司设计了多个重要的指标，其中最重要的评价指标是 ROI，后经过不断改良成为著名的杜邦分析法（见图附 A-2），至今仍被广泛应用，不少证券网站都将杜邦分析作为例行的分析项单列。

20 世纪 60 年代，约尔·M. 斯腾恩（Joel M. Stern）提出了 EVA 的概念。到 20 世纪 80 年代，财务视角的绩效管理发展走向成熟，尤其是 EVA 被广泛应用到各类企业中之后，更是到达了一个鼎盛期。

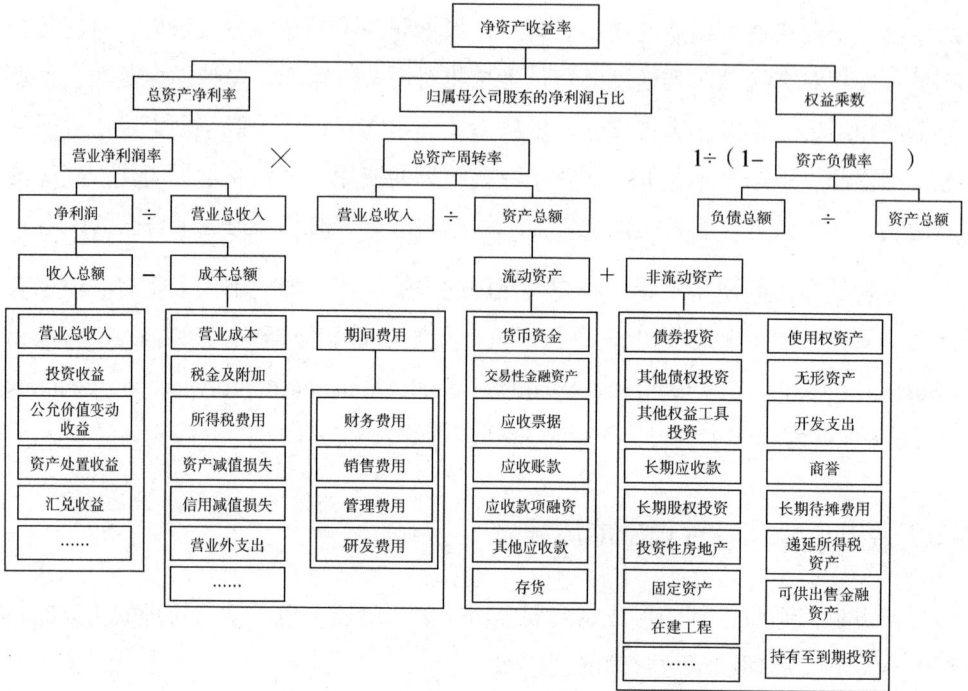

图附 A-2　杜邦分析法示例图（摘自东方财富网）

　　绩效管理的创新期。评价一个公司是否持续成功，仅看单一的财务指标还不够，绩效管理的目的也不仅仅是评价，还包括促进目标的达成，这就催生了新的绩效管理方法、工具。1990 年，凯文·克罗斯（Kelvin Cross）和理查德·林奇（Richard Lynch）提出了业绩金字塔模型（Performance Pyramid）；1992 年，罗伯特·S. 卡普兰（Robert S. Kaplan）和戴维·P. 诺顿（David P. Norton）提出了著名的 BSC，绩效管理指标从单一的财务维度转变为多个维度，更趋多元、科学。

　　总的来说，西方近代绩效管理发展较快，从一开始关注效率、成本，到后面关注财务指标，到现在关注战略和非财务信息指标，由简单的管理逐渐演变成现代的科学管理，伴随着工业革命的发展而不断发展，成为人力资源管理领域不可或缺的部分。

三、我国近代绩效管理实践

　　尽管我国古代的绩效管理思想与实践源远流长，有深厚的积累，但局限于"朝廷"官员的绩效考核。而近代，我国的绩效管理实践在摸索中不断进步，经历了如下几个阶段。

艰难摸索阶段。在 20 世纪初，我国和西方现代管理实践的差距并不是特别明显。1911 年，科学管理之父弗雷德里克·温斯洛·泰勒（Frederick Winslow Taylor）的经典之作《科学管理原理》在美国首次出版发行，1915 年在我国就出现翻译版本（杂志连载），1916 年正式成书。进入 20 世纪 20 年代之后，由于特殊原因，我国在管理思想研究、管理实践上出现中断甚至自我封闭，而这时恰好是西方管理理论、实践蓬勃发展的时期，双方差距逐渐拉大。改革开放初期，国内普遍实行人事考核。"德、能、勤、绩"中的德被置于第一位，"绩"是次要的。

积极发展阶段。到了 20 世纪 90 年代末期，尤其是 1998 年亚洲金融危机之后，中国经济虽然保持高速增长态势，但全球化竞争压力骤增，迫使企业不断改进内部的经营管理方法、工具，绩效管理也随之发生改变——从原来的人事考核变成绩效考核。与人事考核不同的是，绩效考核关注的首先是事而非人，即以工作任务、事项为中心，关注完成的进度、质量等。随着企业发展与西方绩效管理理念的导入，绩效考核又转变为绩效管理，实现了跨越式发展。在这个时期，管理领先企业开始系统地管理绩效，涵盖绩效计划制订、过程监控、结果评价、沟通反馈等；关注的重心也从工作任务、事项转向工作目标，KPI 成为核心工具。部分管理领先企业开始关注绩效管理与战略的衔接问题，BSC、OKR 等工具成为新宠。

探索创新阶段。单一的绩效管理工具已经不能满足企业日益复杂的业务场景需求，不同方法、工具组合应用成为新常态，如 BSC+KPI、OKR+KPI、KPI+360 度反馈评估法等。组合的目的是融合两种及以上工具的长处，同时弥补彼此的短板。在实践中这种方式起到了作用，取得了一些效果，但也带来了新的问题，比如一个方法的短板并没有完全弥补，还影响到了其长处的发挥。又如，多种方法的组合会增加管理的难度，影响最终的效果。总的来说，多种方法的组合应用还需要更多的探索与创新。

四、主要绩效管理工具的发展

绩效管理理论和实践经历了漫长的发展历程，产生了很多绩效管理工具，包括 MBO、OKR、KPI 等，摘录主要的如图附 A-3 所示。

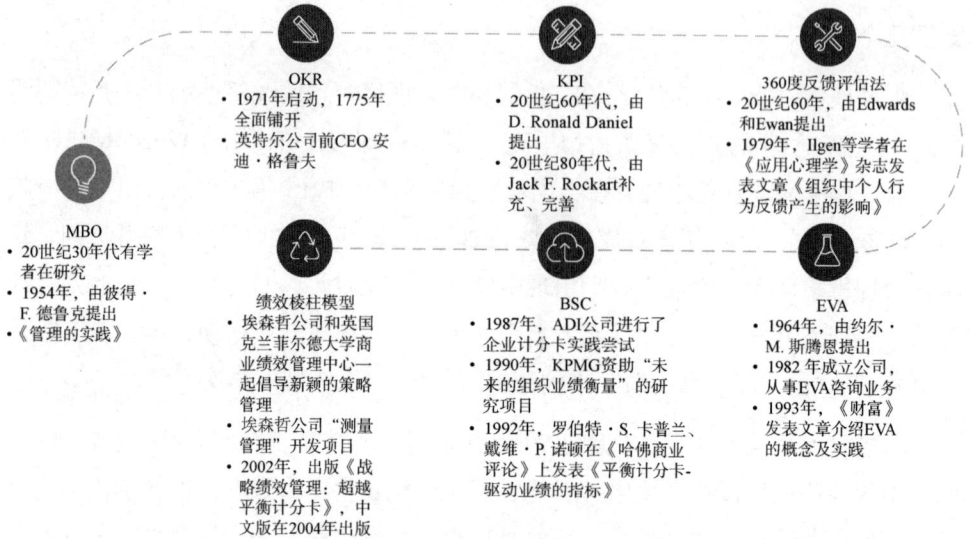

图附 A-3　主要绩效管理工具图示

考虑到绩效管理工具在当前企业实际的应用情况，我们挑选了七个比较常用的工具在"附录 B"中进行介绍，旨在将这些工具的形成过程、内涵、应用和优劣势等简要地呈现出来，读者可以通过这些信息建立起一个管理框架，在实操的时候慢慢填充细节。

附录 B　绩效管理工具箱

《论语》有言："工欲善其事，必先利其器。"在开展绩效管理工作的时候首先得清楚有哪些工具可以用，再根据企业实际情况选择合适的。如何才能选到称手的工具呢？需要理解其形成的背景、基本逻辑及应用场景。

一、MBO

MBO 由彼得·F. 德鲁克（Peter F. Drucker）在 1954 年出版的《管理的实践》"目标管理与自我控制"一节中提出。

德鲁克认为，并不是有了工作才有目标，而是有了目标才能确定每个人的工作。目标应该根据企业整体的战略来制定，强调团队合作和团队成果，即目标不仅仅要自上而下地分解，还要进行横向拉通，确保组织整体的绩效最大化。同时，不同领域、不同层次的管理者在制定目标时，都应该兼顾长期目标和短期目标，同时考虑有形的目标和无形的目标。正确的绩效管理要求兼顾各种目标，高层管理者应该负责统筹，各级管理者应该积极并负责任地参与有关目标的讨论，通过"思想交流"达成目标共识。管理者不仅要确定共同的方向，还要排除错误的方向，高层管理者需要保留对目标的同意权。

MBO 首先在通用汽车公司取得了较好的效果，而后被许多公司导入，并在实践中不断发展和完善。在实际操作的时候，按制定目标、实施与监控、考核评估、反馈与应用步骤实施管理。

MBO 开创了管理学的新篇章，不仅为彼得·德鲁克赢得了声誉（2002 年，被授予"总统自由勋章"，MBO 被认为其三大成就之一），也为早期导入该方法的企业赢得了利润。MBO 通过目标凝聚团队，通过目标分解、工作计划制订及执行监控等手段提高组织的整体执行力，有利于调动员工的主动性和创造性，形成良好的组织氛围。

俗话讲"金无足赤，人无完人"，MBO 也存在一定的局限性，如没有提供具体落地的工具、与战略的关联度偏弱、与业务流程脱节、评价的维度相对单一等。由于存在局限性，现在单纯使用 MBO 的企业越来越少，比较现实的做法是将 MBO 和其他绩效管理工具（如 BSC 等）组合使用。通过组合发挥不同工具的长处，同时规避其短板，可以起到更好的管理效果。

二、OKR

OKR 是近年来热门的管理工具之一。OKR 的起源，从理论上看有两个，一个是彼得·德鲁克的相关理论，另一个是埃德温·洛克（Edwin Locke）的相关理论；从实践上看则主要是安迪·格鲁夫（Andy Grove）在英特尔公司的管理实践，以及后来在 Google 公司的成功实践。

OKR 由两个部分组成，O（Objectives，目标）+KR（Key Results，关键结果）。O（目标）回答"要做什么，不做什么"。通常情况下，目标分为公司级、部门级和个人级三个层级，三个层级自上而下分解。公司级目标支撑使命、愿景和战略要求，部门级目标承接公司级目标，个人级目标则承接部门级目标，要求目标设定具有挑战性且符合 SMART 原则。KR（关键结果）回答"如何衡量目标达成"。关键结果不仅仅是一个数据，其背后还隐含着实现的路径，即需要明确从哪个路径推进才能得到这个关键结果。

由于有英特尔公司、Google 公司的加持，OKR 一时间名声大噪。但遗憾的是，国内导入 OKR 成功的公司少之又少，"不是已经失败就是在失败的路上"是很多 HR 从业者对其的戏谑之语。从实践成功的企业来看，OKR 有其特定的适用场景，如知识型员工为主的企业、创新型企业、创业型企业、项目型企业等，Google 和飞书就是典型代表。而传统制造业并不适合推行 OKR，或者说 OKR 在这一类企业中的优势并不明显，劣势倒是比较突出。

OKR 有四大利器，包括对优先事项的聚焦和承诺、团队工作的协同和联系、责任追踪，以及挑战不可能，其中"挑战不可能"被俗称"PUA 神器"，是 OKR 的核心理念，也是 OKR 饱受争议的主要原因。为减少争议，Google 公司将 OKR 分为两类，一类是承诺型目标，另一类是愿景型（或挑战性）目标，二者有着本质的不同。除了"四大利器"，OKR 还可以帮助管理者更加清晰地看到企业内部发生的变化，因为 OKR 可以提升企业运营的"可视化"程度。可视化可以提高执行力，同时减少内耗。OKR 的优势突出，劣势也不少，如门槛高、耗时长和兼容难等，这些劣势也使得导入 OKR 的项目失败率特别高，令不少参与者谈"OKR"色变。

三、KPI

KPI 是通过对组织内部某一流程的输入端、输出端的关键参数进行设置、取样、计算、分析，衡量流程绩效的一种目标式量化管理指标，是一种把企业的战略目标分解为可操作的工作目标的工具，是企业绩效管理系统的基础。它的理论基础是"二八原理"——源于一位意大利经济学家维尔弗雷多·帕累托（Vilfredo Pareto）的发现。到了 20 世纪 60 年代，D. Ronald Daniel 首先提出了 KPI，经过数十年演变才逐渐被广泛应用。有数据显示，超过半数的企业在绩效管理中应用了该工具。

KPI 的精髓是企业业绩指标的设置与企业的战略目标挂钩，以战略目标为出发点，自上而下层层分解，建立组织和个人的绩效衡量指标体系，如图附 B-1 所示。

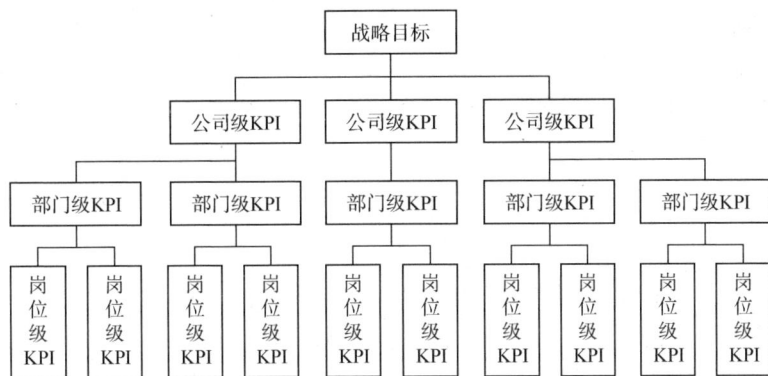

图附 B-1 KPI 分解示意图

KPI 体现了战略目标达成的关键驱动因子，只反映组织、职位最主要的经营活动效果，而非全部工作。通常，KPI 具有如下特点：来自对战略目标的分解，对可控因素的衡量，对重点经营活动的衡量，经过上下共识，具有系统性、牵引性和导向性等。

KPI 的设计是其应用的难点，也是关键所在。通常，除了 SMART 原则，KPI 设计还要遵循战略导向原则、可控性原则、可操作性原则等。战略导向原则是指各个层级的 KPI 都要围绕战略展开，自上而下层层分解，同时自下而上层层支撑；可控性原则是指指标设计需要考虑被考核者对指标的控制能力，如果被考核者的工作职责对指标毫无影响力，那么这个指标基本是失效的；可操作性原则是指指标设计必须有清晰的定义，包括数据来源等的约束，确保评价的操作性，同时有清晰的责任归属。KPI 的设计原则为其提供了"护栏"，避免失控。如何设计好 KPI？常用的方法有鱼骨图分析法、流程分析法和九宫图分析法等。

KPI 的优势很突出：聚焦战略目标、核心工作，让员工的行为与企业的目标达成所要求的行为高度一致，真正做到"力出一孔"，促进战略目标的达成。同时，KPI 的劣势也很明显，如 KPI 目标设置引发的上下博弈、定性指标评价难、数据收集难及指标容易僵化等。在实际操作中，需要根据实际情况进行调整。

四、360 度反馈评估法

360 度反馈评估法（360-degree feedback assessment）又称多评估者评估（multi-rater assessment）或多源反馈系统（multi-source feedback）或全方位评价（full circle appraisal）。顾名思义，与仅由单一的评估者（上级主管）进行评估的方式不同，它是由不止一个评估者进行评估的工具，即它是从多个工作相关者那里收集被评估者工作表现反馈信息的一种方法。通常，反馈评估的渠道（来源）分为三类，包括团队外部、团队内部和评价者自身，如图附 B-2 所示。

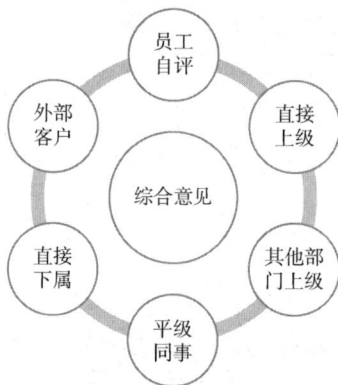

图附 B-2　360 度反馈评估法评估维度示例

评估指标根据工作的职责进行设计，通用性比较强，如表附 B-1 所示。

表附 B-1　360 度反馈评估法评估指标与解释示例

评估指标	解释
工作质量	岗位职责、责任心、创新性、认可度
工作效率	项目、服务、产品及相关工作的数量、主动性、时间管理
工作知识	知识与工作的匹配度、学习新知识的能力
计划控制能力	制订计划、编制预算、执行方案、规范流程、计划履行、成本控制
制度执行能力	规章制度的制定及执行、服务管理、参与活动积极性
解决问题能力	实用性解决办法的能力、工作中的应用
协作信任能力	工作态度、工作协作、敬业精神、可信任度
管理激励能力	部门管理、队伍建设、员工激励
信息沟通能力	与人沟通分享
人际关系能力	有效联系的能力、对他人需要的敏感性程度

360 度反馈评估法的优势是很突出的，就是广开言路，让工作相关者都能反馈他们的评估意见，从而收集到更多、更深入的信息，保障评估的客观、公正、全面。同时，其劣势也比较明显：一方面，适用范围有一定的局限性，评估的指标维度也相对单一，并且很难量化，SMART 原则难以落实；另一方面，评估工作量太大，有时候会使人陷入为了评估而评估的陷阱。

国内导入 360 度反馈评估法的企业不少，但实际的效果不是很理想，一项针对 600 家企业进行调查的结果显示：三分之一的企业认为通过 360 度反馈评估法获得了绩效的改善，三分之一的企业则认为绩效没有什么改善，剩下三分之一的企业则认为这种方法造成了一定的负面影响。由此，有学者表示"360 度反馈评估法是美丽的陷阱，是真实的谎言"。

尽管在绩效管理的使用上有不少的负面评价，但 360 度反馈评估法在人才识别、人才梯队建设等场景，仍被广泛应用。

五、EVA

EVA 是帮助企业管理者和投资者评价绩效的工具，其基本思想是从现金流量折现模型中引申出来的。企业只有在营业收益超过所有使用的资本成本时，才为所有者创造价值。这一逻辑是衡量企业生产经营是否真正盈利的标准，用公式表示为：

$$EVA=EBIT \times (1-T) - K \times C$$

其中，$EBIT$ 为营业利润，K 为加权平均资本成本，C 为资本占用额（包括股东和债权人投入企业的资本），T 为所得税税率。

EVA 的概念最早在 1964 年由约尔·M. 斯腾恩（Joel M. Stern）提出，用于解决利用每股盈余计算企业价值的严重缺陷。它的优点是很突出的：考虑了所有资本的成本，真实地反映了企业的价值创造能力；实现了企业利益、经营者利益和员工利益的统一，激励经营者和所有员工为企业创造更多价值；能有效遏制企业盲目扩张规模以追求利润总量和增长率的倾向，引导企业注重价值创造。

EVA 以股东的视角设计，关注企业总体财务价值增加，这从客观上诱发了企业决策者的短视倾向。以华为公司这类高科技企业为例，一代通信技术需要提前10 年甚至更长时间布局，漫长的回报期与高层较短的任期，易使此类投入被放弃。同时，财务视角意味着基于事实（结果），导致过程监控弱化，一旦结果成为事实就没有改进的余地。对于间接部门，其价值很难体现出来，在绩效评价中难以用于指导组织与个人的绩效评估。最后，不同行业、不同发展阶段、不同规模的企业，其会计调整项和加权平均资本成本各不相同，计算比较复杂，影响指标的可比性。这些因素导致其在国内应用成功的案例比较少，但在设置绩效指标时应用EVA 理念已是常态。

六、BSC

BSC 是由哈佛大学商学院教授罗伯特·S. 卡普兰（Robert S. Kaplan）和复兴方案公司的创始人兼总裁戴维·P. 诺顿（David P. Norton）在 1992 年 1—2 月号的《哈佛商业评论》上发表的一篇论文《平衡计分卡——驱动业绩的指标》中提出。它基于平衡的战略思想，从财务、客户、内部业务流程、学习与成长四个维度，将组织的战略落实为可操作的衡量指标和目标值的绩效管理体系，如图附 B-3 所示。

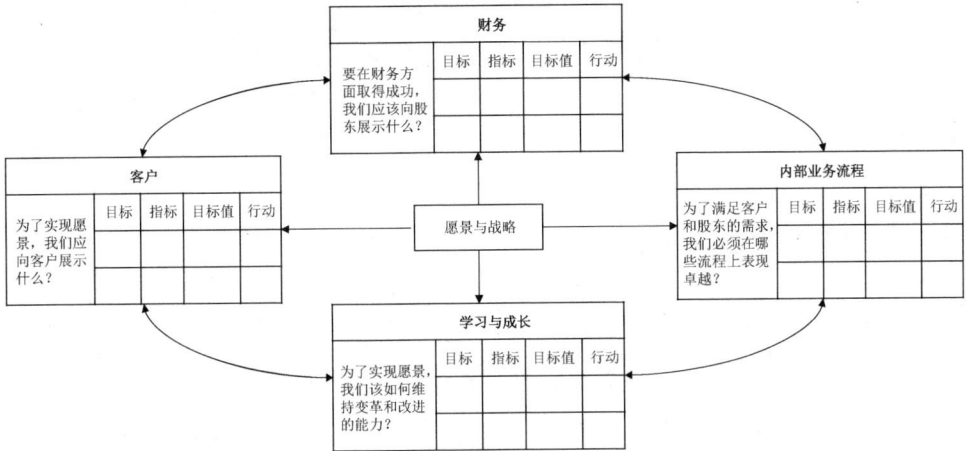

图附 B-3　BSC

财务维度。对股东（投资者）来说，首要的是财务指标。这个维度主要解决"我们怎样满足股东"的问题，典型的衡量指标有营收规模、净利润、ROI、EVA、资产负债率（风险角度）等。

客户维度。财务维度指标的实现依赖于客户维度指标的实现，企业赚取的利润源于客户，这既是基础，也是企业持续经营的前提。这个维度主要解决"客户怎么看待我们"的问题，典型的衡量指标有客户满意度、净推荐值、市场份额、客户维持率（或反向指标客户流失率）等。

内部业务流程维度。前面我们提到，财务维度指标的实现依赖于客户维度指标的实现。而客户维度指标的实现依赖于内部业务流程。企业运营就是不断地执行流程，价值创造构建在流程的执行过程中。这个维度主要解决"我们必须擅长什么以支撑客户价值实现"的问题，典型的衡量指标有产品开发周期、产品成本、交付及时率（B2C业务则看缺货率等）、产品良率、投诉比例等。

学习与成长维度。学习与成长的三个主要来源为人力、系统和组织程序。这个维度主要解决"我们能否不断提高能力并创造价值"的问题，即是否具备持续为客户提供价值的能力，典型的衡量指标有员工敬业度、劳动效率、信息系统覆盖率、系统响应时间、业务连续性、继任者计划等。

总的来说，财务维度的指标是我们要的结果，客户维度的指标是财务维度指标实现的驱动因素，内部业务流程则是为客户创造价值的机制，而学习与成长则是持续变革与改进机制的底层驱动因素。BSC 打破了单一的财务视角（股东/投资者视角）评价维度，强调了多个维度评价的均衡性，是重大的突破，至今仍被广泛应用。

七、绩效棱柱模型

在 BSC 推出近十年后，英国克兰菲尔德大学（Cranfield University）教授安迪·尼利（Andy Neely）和该校另外两名学者克里斯·亚当斯（Chris Adams）、迈克·肯尼利（Mike Kennerley）提出了绩效棱柱模型。绩效棱柱模型是指从企业利益相关者角度出发，以利益相关者的满意为出发点，以利益相关者的贡献为落脚点，以企业战略、业务流程、组织能力为手段，用棱柱的五个构面构建五维绩效评价体系，并据此进行绩效管理的方法，如图附 B-4 所示。

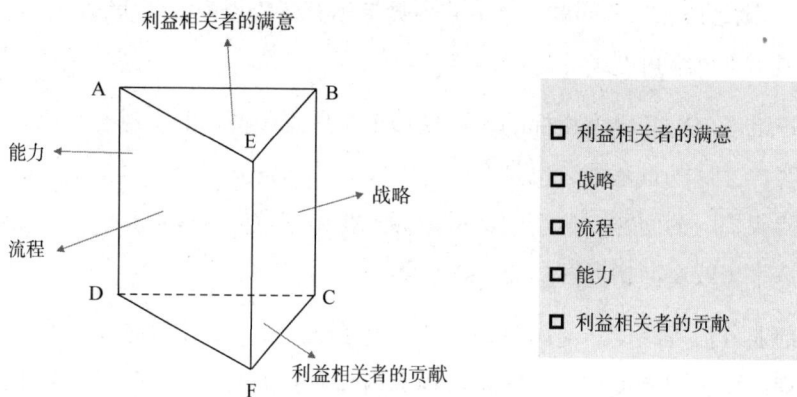

图附 B-4　绩效棱柱模型

利益相关者是指有能力影响企业或被企业所影响的人或组织，通常包括股东、债权人、员工、客户、供应商、监管机构等。

从图附 B-4 中可以知道，绩效棱柱模型有五个维度：利益相关者的满意、利益相关者的贡献、战略、流程和能力。其中，利益相关者的满意是核心，也是整个模型的基础，企业需通过战略规划、流程优化、能力建设，满足利益相关者的需求，以此来换取利益相关者的持续贡献。绩效棱柱模型的五个维度是相互关联的，需要作为一个整体来考虑，如图附 B-5 所示。

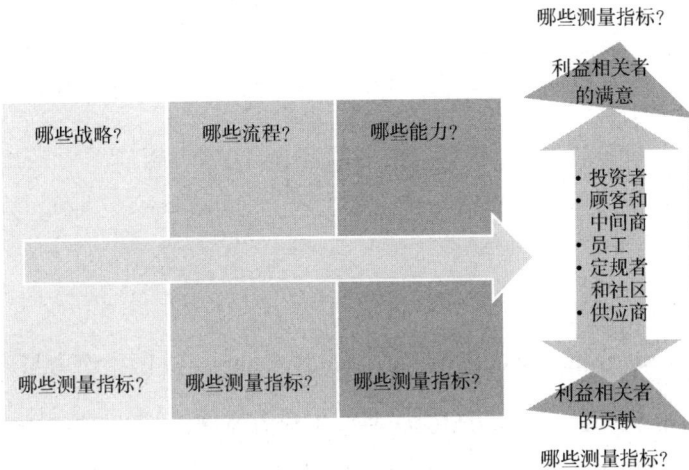

图附 B-5　绩效棱柱模型框架

　　作为借鉴 BSC 设计思路开发的绩效管理工具，绩效棱柱模型有其优越性，当然也有不足之处。一个客观的事实是知道这个工具的人并不多，应用它的企业就更少了，主要原因是该工具相对复杂、对企业的要求比较高等。尽管存在不足，但该模型在客观上打开了更广阔的视野，为后来管理理论和实践的研究做了有益的尝试，尤其在战略、流程和能力三个维度的开拓上具有里程碑意义。

缩略语表

APQC，American Productivity and Quality Center，美国生产力与质量中心。

BLM，Business Leadership Model 业务领导力模型，是用于战略问题识别与深入分析，以及战略制定与执行的一个工具与框架。

BEM，Business Execution Model，业务执行力模型，是一套完整的战略执行运营方法论（其核心是 PDCA），与 BLM 搭配使用。

BANI 时代，指具有以下特征的宏观环境：脆弱性（Brittleness）、焦虑感（Anxiety）、非线性（Nonlinearity）和难以理解（Incomprehensible）。

BEST 法则，B 表示 Behavior description（描述行为）、E 表示 Express consequence（表达后果）、S 表示 Solicit input（征求意见）、T 表示 Talk about positive outcomes（着眼未来），是一种有效的绩效反馈技巧，也被称为"刹车"原理，它通过四个步骤来帮助管理者和员工进行有效的沟通，从而促进员工的成长和发展。

CSF，Critical Success Factors，关键成功要素，是指在企业或项目中，对成功具有决定性影响的因素。

CT，Compliance Testing，遵从性测试，用于检查流程是否得到有效执行，是流程内控的一种手段。

GQM，Goal Question Metric，目标驱动度量法，是流程绩效指标设计最常用的方法之一。

ISC，Integrated Supply Chain，集成供应链，是由原材料、零部件的厂家和供应商等组成的网络，通过计划、采购、制造、订单履行等业务运作，为客户提供产品和服务。

IPD，Integrated Product Development，集成产品开发，它是一套覆盖市场需求分析、产品立项、开发到上市全流程的端到端产品研发投资管理体系。

IFS，Integrated Financial Service，集成财经服务，是指华为公司在财经管理领域进行的一项重大变革，旨在通过集成和优化财经服务流程，提升公司的整体运营效率和财务管理水平。

IBM，International Business Machines Corporation，国际商业机器公司或万国商业机器公司，于 1911 年由托马斯·约翰·沃森在美国创立，是全球最大的信息技术和业务解决方案公司之一。

ISPI，International Society for Performance Improvement，国际绩效改进协会，于 1962 年成立于美国，是全球绩效改进领域的专业协会，是深入研究绩效改进的专业机构。

IPOOC，英文单词 Input（输入）、Process（流程）、Output（输出）和 Outcome（效果/影响）的缩写，战略解码时导出 CSF 的构成要素时用的工具。

KCP，Key Control Point，关键控制点，又分为关键财务控制点（Key Control over Financial Reporting，KCFR）和关键运作控制点（Key Control over Operations，KCO）。

OGSM-T，Objective（目的）、Goal（目标）、Strategy（策略）、Measure（绩效考核）和 Tactics（行动方案）的缩写，是目标管理的方法。

OES，Operation Excellence System，卓越运营体系，一种管理理念，寻求整体而非局部的最优解。

PR，Proactive Review，主动性审视，是流程执行审视的一种方式。

QQTC，英文单词 Quantity（数量）、Quality（质量）、Time（时间）和 Cost（成本）的缩写，是一种简易的流程绩效指标方法。

SOD，Separation of Duties，职责分离矩阵，是企业在经营管理中控制风险的一种手段，常用于财务等内控管理中。

SACA，Semi-Annual Control Assessment，半年度控制评估，是由 IBM 导入华

为公司的内控管理工具，要求企业每半年进行一次内部控制自我评估。

SMART 原则，S 表示 Specific（具体、明确），M 表示 Measurable（可衡量、可度量），A 表示 Attainable（可达到、可实现），R 表示 Relevant（相关性），T 表示 Time-bound（有时限）。

参考文献

[1] 夏忠毅. 为客户服务是华为存在的唯一理由[M]. 北京：中信出版集团，2022.

[2] 徐均颂，孙伟. 打造流程型组织：流程管理体系建设实操方法[M]. 北京：电子工业出版社，2024.

[3] 周三多，陈传明，刘子馨，贾良定. 管理学——原理与方法：第 7 版[M]. 上海：复旦大学出版社，2018.

[4] 邱永明. 中国古代职官考核制度史[M]. 上海：华东师范大学出版社，2023.

[5] 李浩. 绩效管理[M]. 北京：机械工业出版社，2017.

[6] 余凯成，程文文，陈维政. MBA 人力资源管理[M]. 大连：大连理工大学出版社，2006.

[7] 北森人才管理研究院. 360 度评估反馈法：人才管理的关键技术[M]. 北京：中国经济出版社，2013.

[8] 罗伯特·S. 卡普兰，大卫·P. 诺顿. 平衡计分卡：化无形资产为有形成果[M]. 刘俊勇，孙薇，译. 广州：广东经济出版社，2005.

[9] 罗伯特·S. 卡普兰，大卫·P. 诺顿. 战略中心型组织（经典版）[M]. 上海博意门咨询有限公司，译. 北京：北京联合出版公司，2017.

[10] 梅尔达德·巴格海，斯蒂芬·科利，戴维·怀特. 增长炼金术：企业启动和持续增长之秘诀[M]. 奚博铨，许润民，译. 北京：经济科学出版社，1999.

[11] M. 塔玛拉·钱德勒. 绩效革命：重思、重设、重启绩效管理[M]. 孙冰，陈秋萍，译. 北京：电子工业出版社，2017.

[12] 费迪南德·F. 佛尼斯. 绩效教练：获得最佳绩效的教练方法与模型[M]. 吴忠岫，译. 北京：电子工业出版社，2014.

[13] 理查德·A. 斯旺森. 绩效分析与改进[M]. 孙仪，杨生斌，译. 北京：中国人民大学出版社，2010.

[14] 斯蒂芬·P. 罗宾斯. 组织行为学[M]. 孙健敏，朱曦济，李原，译. 北京：中国人民大学出版社，2021.

[15] 赫尔曼·阿吉斯. 绩效管理：第 4 版[M]. 刘昕，朱冰妍，严会，译. 北京：中国人民大学出版社，2021.

[16] 彼得·德鲁克. 管理的实践[M]. 齐若兰，译. 北京：机械工业出版社，2022.

[17] 亚拉伯罕·马斯洛. 动机与人格[M]. 许金声，译. 北京：中国人民大学出版社，2012.

[18] 道格拉斯·麦格雷戈，乔·卡彻·格尔圣菲尔德. 企业的人性面[M]. 韩卉，译. 杭州：浙江人民出版社，2017.

[19] 杰森·劳里森. 重建绩效管理：如何打造高效能自驱型团队[M]. 鞠婧，译. 北京：清华大学出版社，2021.

[20] 戴维·帕门特. 关键绩效指标：KPI 的开发、实施和应用[M]. 张丹，商国印，张风都，译. 北京：机械工业出版社，2018.

[21] 罗杰·爱迪生，卡罗·海格，林恩·卡尼. 绩效构建：提升组织绩效的科学与艺术[M]. 易虹，付庆波，熊洁，译. 北京：电子工业出版社，2018.

[22] 约翰·惠特莫尔. 绩效辅导：成就人员、绩效和目标的方法[M]. 孙璐璐，廉晓红，译. 北京：中国人民大学出版社，2006.

[23] M. 塔玛拉·钱德勒，劳拉·道林·格雷什. 反馈的力量：如何有效建议，以及如何从意见中获益[M]. 付倩，译. 北京：民主与建设出版社，2021.

[24] 约翰·杜尔. 这就是 OKR：让谷歌、亚马逊实现爆炸性增长的工作法[M]. 曹仰锋，王永贵，译. 北京：中信出版社，2018.

[25] 克里斯蒂娜·沃特克. OKR 工作法：谷歌、领英等顶级公司的高绩效秘籍[M]. 明道团队，译. 北京：中信出版社，2017.

[26] AI·埃巴. 经济增加值——如何为股东创造财富[M]. 凌晓东，等译. 北京：中信出版社，2001.

[27] 思腾恩. EVA 挑战：实施经济增加值变革方案[M]. 曾嵘，等译. 上海：上海交通大学出版社，2002.

[28] 马克·伯恩斯，安迪·格里菲斯. 认知本性：有效学习与组织绩效[M]. 张梦溪，许赐安，译. 北京：中华工商联合出版社，2021.

[29] 约翰·惠特默. 高绩效教练：第 5 版[M]. 徐中，姜瑞，佛影，译. 北京：机械工业出版社，2019.

[30] IBM 商业价值研究院. IBM 商业价值蓝皮书：比快更快[M]. 北京：东方出版社，2021.

[31] 弗雷德里克·泰勒. 科学管理原理[M]. 马风才，译. 北京：机械工业出版社，2013.

[32] 丹尼尔·雷恩，阿瑟·贝德安. 管理思想史：第 7 版[M]. 李原，黄小勇，孙健敏，译. 北京：中国人民大学出版社，2022.

[33] 斯图尔特·克雷纳. 战略制胜[M]. 孔令一，朱淑梅，译. 海口：海南出版社，2018.

反侵权盗版声明

电子工业出版社依法对本作品享有专有出版权。任何未经权利人书面许可，复制、销售或通过信息网络传播本作品的行为；歪曲、篡改、剽窃本作品的行为，均违反《中华人民共和国著作权法》，其行为人应承担相应的民事责任和行政责任，构成犯罪的，将被依法追究刑事责任。

为了维护市场秩序，保护权利人的合法权益，我社将依法查处和打击侵权盗版的单位和个人。欢迎社会各界人士积极举报侵权盗版行为，本社将奖励举报有功人员，并保证举报人的信息不被泄露。

举报电话：（010）88254396；（010）88258888

传　　真：（010）88254397

E-mail：dbqq@phei.com.cn

通信地址：北京市万寿路173信箱
　　　　　电子工业出版社总编办公室

邮　　编：100036